Inhaltsverzeichnis

Vorworte

Vorwort zur 6. Auflage

Für die sechste Auflage wurde der gesamte Text kritisch durchgesehen. Es wurden in allen Kapiteln Ergänzungen und Präzisierungen vorgenommen, um die Darstellungen auf den neuesten Forschungsstand zu bringen. Des Weiteren habe ich die Literaturangaben sowohl im Text als auch in der Bibliographie umfassend aktualisiert. Das Glossar wurde erweitert sowie ein neues Kapitel zur persuasiven Semantik eingefügt, um die Gesellschaftsrelevanz semantischer Analysen deutlich zu machen.

Konstanze Marx hat mir viele hilfreiche Hinweise und Kommentare zum Text gegeben. Beim Durchsehen und Korrekturlesen haben mir Maria Fritzsche, Gerrit Kotzur, Sabine Reichelt und Juliane Tietz geholfen, denen ich sehr herzlich dafür danke.

Bernd Villhauer und Tillmann Bub vom Narr Verlag danke ich für die konstruktive Zusammenarbeit.

Monika Schwarz-Friesel   Berlin, im August 2014

Vorwort zur 5. Auflage

Die Bibliographie wurde aktualisiert und erweitert, der Text bis auf wenige kleine Korrekturen unverändert gelassen.

Als Ergänzung und zur weiterführenden Vertiefung der im Arbeitsbuch vermittelten Kenntnisse können somit neben den bislang im Literaturverzeichnis aufgeführten und im Text als Lektüre empfohlenen Werken auch ganz aktuelle Abhandlungen hinzugezogen werden.

Monika Schwarz-Friesel   Jena, im November 2006

Vorwort zur 4. Auflage

Für die vierte Auflage habe ich das Literaturverzeichnis erweitert und aktualisiert. Dabei wurden neben aktuellen Semantik-Einführungen und Neuauflagen (z. B. Allan 2001, Chierchia/McConnell-Ginet ²2000, Cruse ³2011, Lyons 1995, Portner/Partee 2008, Saeed ³2009) auch neuere Linguistik-Einführungen und allgemeine Überblicksmonographien (wie Adamzik ³2010, Croft/Cruse 2012, Kürschner [3]2007, Lee 2005, Linke/Nussbaumer/Portmann [5]2004, Meibauer et al. [2]2007, Pörings/Schmitz [2]2003, Ungerer/Schmid [2]2007, Vater [4]2002) aufgenommen.

An diachronen Fragen der Semantik interessierte Leser(innen) seien auf Fritz ([2]2006) und Blank (2001) verwiesen. Pragmatische Bedeutungsaspekte werden u. a. in Meibauer ([2]2001), Fischer (2000) und Deppermann/Spranz-Fogasy ([2]2006) behandelt. Psycholinguistische Probleme werden von Dietrich ([2]2007) und Rickheit/Sichelschmidt/Strohner ([2]2007) erörtert.

Textsemantische Bedingungen von Referenz, Kohärenz, Deixis und Anaphorik werden in Schwarz (2000) und Consten (2004) diskutiert.

Für den Bereich der Lexikologie ist vor allem das internationale Handbuch (Cruse et al. 2002) „Lexikologie/Lexicology" als Nachschlagewerk und Orientierungshilfe relevant. Anglisten und Romanisten finden sprachspezifische Einführungen bei Lipka ([3]2002) und Schwarze (2001).

Die an spezifischen Detailuntersuchungen und theoretischen Fragestellungen interessierten Leser(innen) verweise ich im Bereich der formalen Semantik und Schnittstellenproblematik „Syntax/Semantik" auf Maienborn (2003), Hamm/Zimmermann (2002) und Egg (2004, 2005), im Bereich der kognitiven Semantik auf Jackendoff (2009) und Talmy (2003).

Zur Polysemie finden sich unterschiedliche Abhandlungen in Ravin/Leacock (2002); Murphy (2003) geht genauer auf semantische Relationen im Lexikon ein, und in Kailuweit/Hummel (2004) wird das Problem der semantischen Rollen behandelt. Einen Einblick in verschiedene Arbeitsfelder der modernen Semantik vermittelt der interdisziplinär ausgerichtete Sammelband von Pohl/Konerding (2004).

Monika Schwarz-Friesel   Jena, Jerusalem, im März 2004

Vorwort zur 3. Auflage

Nach Bestandsaufnahme der neuesten Forschungsliteratur zur Semantik und kritischer Durchsicht unseres Buchs haben wir uns entschlossen, anlässlich der dritten Auflage keine Änderungen am Text vorzunehmen, da das Arbeitsbuch unseres Erachtens nach wie vor eine aktuelle, dem Stand der Forschung entsprechende Basis-Einführung darstellt. Neuere und weiterführende Literatur (Allwood/Gärdenfors, Cruse, Heim/Kratzer, Lipka, Lohnstein, Saeed) zur Vertiefung der hier vermittelten Kenntnisse wurde in die Bibliographie eingearbeitet.

Monika Schwarz, Jeannette Chur   Köln, Tübingen/Erbach, im November 2000

Vorwort zur 2. Auflage

Anlässlich der zweiten Auflage haben wir die Gelegenheit genutzt, das Literaturverzeichnis und die Lektüreempfehlungen zu ergänzen und zu aktualisieren, sowie notwendige Korrekturen vorzunehmen. Dabei haben wir auch die zahlreichen Anmerkungen und Kommentare unserer Leserinnen und Leser berücksichtigt, für die wir an dieser Stelle allen (insbesondere aber Prof. Jürgen Dittmann) herzlich danken.

Monika Schwarz, Jeannette Chur   Köln, Tübingen, im April 1996

Vorwort zur 1. Auflage

Linguistics without meaning is meaningless. (Roman Jakobson)

Das vorliegende Buch hat das Ziel, eine leserfreundliche, also leicht verständliche und anwendungsorientierte Einführung in die moderne Semantikforschung zu liefern. Der Leser soll mit den Grundbegriffen, den Fragen und Problemen sowie den neuesten Ergebnissen der semantischen Forschung vertraut gemacht werden. Dabei werden linguistische, psychologische (am Rande auch neuropsychologische) und logische Aspekte der Semantik berücksichtigt. Damit trägt das Arbeitsbuch der Breite semantischer Forschung Rechnung und beschränkt sich nicht nur auf eine Forschungsrichtung. Die Übungen bieten die Möglichkeit, den behandelten Stoff direkt anzuwenden bzw. im Seminargespräch zu behandeln.

Im Vordergrund stehen die aktuellen Probleme semantischer Analysen und nicht so sehr die theoriegeleiteten Kontroversen der Forschungsdiskussion. Das Buch soll Interessierte in die Lage versetzen, sich mit weiterführenden Texten zur Semantik selbständig auseinandersetzen zu können. Die Kontrollfragen im Text und die Übungsaufgaben am Ende jedes Abschnitts sollen zum Nachdenken und Ausprobieren anregen und als Ergänzung zur Lektüre zu einem tieferen Verständnis der erörterten Probleme führen. Sie können im Seminargespräch zur Diskussion gestellt werden. Die Lösungsvorschläge sollen als eine Art Orientierungshilfe und Kontrollinstanz angesehen werden. Durch spezifische Literaturempfehlungen am Ende eines jeden Abschnitts wird es dem Leser ermöglicht, seine Kenntnisse gezielt zu vertiefen. Im Glossar werden die im Text benutzten Fachtermini noch einmal knapp erläutert.

Für die Hilfe beim Korrekturlesen danken wir Marie-Luise Höbelt, Margarete Schwarz und Erich Knuth. Frau Monika Schwarz dankt der Deutschen Forschungsgemeinschaft, die ihr durch finanzielle Unterstützung in Form eines Stipendiums die Abfassung ihres Buchteils ermöglichte.

Monika Schwarz, Jeannette Chur   Köln, im Januar 1993

Erläuterung der Piktogramme

Bei dem dazugehörigen Text handelt es sich um **wichtige Informationen, Zusammenfassungen oder Merksätze**.

Bei dem dazugehörigen Text handelt es sich um **illustrierende Beispiele**, die das Verständnis erleichtern sollen.

Kontrollaufgabe mit Lösung im Text

Bei dem dazugehörigen Text handelt es sich um eine Kontrollaufgabe. Sie dient der Selbstkontrolle. Es wird empfohlen, dass jede/r versucht, sie zu lösen, bevor mit der Lektüre fortgefahren wird. Die Lösung dieser Aufgabe erfolgt (meist ausführlich) in dem sich daran anschließenden Text.

Kontrollaufgabe ohne Lösung im Text

Bei dem dazugehörigen Text handelt es sich um Kontrollaufgaben (s. o.), deren Lösung erst im Lösungsteil angegeben wird.

Teil I

Monika Schwarz

Semantik, das Fenster zum Geist

Ich bin der Überzeugung, dass die Sprache der beste Spiegel des menschlichen Geistes ist und eine genaue Untersuchung der Wortbedeutungen besser als jede andere Untersuchung zeigen kann, wie der Verstand funktioniert. (Gottfried Wilhelm Leibniz)

1 Linguistische Semantik: Fragen, Probleme, Ziele

1.1 Semantik als Wissenschaft

1.1.1 Fragestellungen der Semantik

Handschrift am Rand: Lehre von den Wortbedeutungen und inhaltl. Bedeutungen einer Sprache

> Why study semantics? Semantics (as the study of meaning) is central to the study of communication; and as communication becomes more and more a crucial factor in social organization, the need to understand it becomes more and more pressing. Semantics is also at the centre of the study of the human mind thought processes, cognition, conceptualization – all these are intricately bound up with the way in which we classify and convey our experience of the world through language. (Leech [2]1981: ix)

Ein für uns alltägliches, ganz selbstverständliches Phänomen, das wir normalerweise nicht besonders beachten, ist die Tatsache, dass wir den sprachlichen Äußerungen, die wir im kommunikativen Umgang mit anderen produzieren und rezipieren, Bedeutung zusprechen. Wir benutzen die Sprache, um unsere Gedanken auszudrücken, Aussagen über die Welt zu machen, Anweisungen zu geben usw. Was läuft dabei in unseren Köpfen ab? Auf welche Kenntnisse müssen wir zurückgreifen können, damit wir sprachliche Äußerungen verstehen und produzieren können? Diese Frage steht im Mittelpunkt der linguistischen Forschung.

Sprachliches Wissen ist in unserem Gedächtnis verankert. In der modernen Linguistik wird die menschliche Sprache als ein komplexes kognitives Kenntnissystem betrachtet, das in unserem Langzeitgedächtnis (LZG) gespeichert ist. Beim Sprechen und Verstehen von Sprache aktivieren wir Teile dieses Kenntnissystems. All unsere geistigen Leistungen hängen von Gedächtnisprozessen ab. Wir könnten keinen Menschen als Bekannten erkennen, uns an kein Gedicht oder Kochrezept erinnern, keinen Satz produzieren oder verstehen, wenn wir nicht auf ein langfristig gespeichertes Wissensreservoir zurückgreifen könnten.

Im Langzeitgedächtnis ist unser gesamtes Wissen gespeichert und kann von dort bei Bedarf in das Kurzzeitgedächtnis (KZG) abgerufen werden. Derjenige Teil des LZG, in dem das sprachliche Wissen über Wörter repräsentiert ist, wird mentales Lexikon genannt.

Bei sprachlichen Äußerungen sind verschiedene Repräsentationsebenen involviert: Laute verknüpfen wir zu Wörtern, Wörter zu Sätzen, Wörter und Sätze haben Bedeutungen. Mit der Äußerung von Sätzen vollziehen wir bestimmte sprachliche Handlungen, d. h. wir realisieren bestimmte Intentionen. Diese Ebenen lassen sich bestimmten Subsystemen des Sprachsystems zuordnen: Das phonologische System repräsentiert die Laute einer bestimmten Sprache und deren Verbindungsmöglichkeiten. So erkennen wir *Baum* als eine korrekte und *Haum* als eine mögliche Lautverbindung des Deutschen. Eine Verbindung wie **bdrzhrig* ist dagegen nicht möglich. Das morphologische System ist verantwortlich für die Struktur und die Bildung von Wörtern. So ist *trinkbar* korrekt, **bartrink* nicht (vgl. auch *unglücklich*

Handschrift am Rand: Laute / Phonologie, Morphologie (Struktur + Bildung v. Wörtern)

vs. *glückun). Das syntaktische System regelt die Verknüpfbarkeit von Wörtern zu grammatischen Sätzen.

(1)   *ist Peter der weggelaufen.

ist kein grammatischer Satz des Deutschen, wohl aber

(2)   Der Peter ist weggelaufen.

Das semantische System repräsentiert die Bedeutungen von Wörtern und hält Prinzipien zum Verstehen und Produzieren von sinnvollen Sätzen bereit. Einen Satz wie

(3)   ˀDas Pferd miaut.

würden wir daher normalerweise als semantisch anomal einstufen. Schließlich verfügen wir auch noch über ein pragmatisches System, das unser kommunikatives Verhalten steuert. Dieses pragmatische System beinhaltet z. B. das Wissen, dass wir in bestimmten Situationen *Guten Abend, Danke* oder *Auf Wiedersehen* sagen sollten.

Zusammenfassend lässt sich festhalten, dass die Sprache ein auf mehreren Ebenen organisiertes Kenntnissystem von Einheiten und Regeln ist. Die Linguistik will näheren Aufschluss über dieses System erlangen. Dies ist zum einen ein wissenschaftliches Anliegen, das dem Interesse entspringt, Erkenntnis über diesen relevanten Teil unseres Geistes zu erhalten; zum anderen hat die Erforschung der Sprache aber natürlich auch praktische, anwendungsorientierte Gründe (man denke nur an den Fremdsprachenunterricht, an Sprachstörungen, Sprachbarrieren, Kommunikationsprobleme im Alltag, Manipulation durch Sprache usw.).

Semantisches Wissen hat eine ganz zentrale Bedeutung für alle Kommunikationsvorgänge. Formen ohne Bedeutungen haben für uns keinerlei kommunikativen Wert. Eine Konstruktion wie *Kutte Kutten kutten kuttig.* ist zwar formal äquivalent zu einem nach den grammatischen Regeln des Deutschen gebildeten Satz wie *Gute Medien berichten objektiv*, aber nur der bedeutungsaktivierende Satz hat für uns Sinn. Sprachliche Strukturen dienen dazu, Ideen, Wünsche usw. zu vermitteln. Will man die menschliche Sprachfähigkeit verstehen, muss man wissen, wie Bedeutungen an sprachliche Ausdrücke geknüpft sind. Die Semantik spielt zudem auch eine ganz entscheidende Rolle für einen großen Teil unserer Denkvorgänge. Viele Denkprozesse (insbesondere die abstrakter Natur) sind sprachlich motiviert: Versuchen Sie einmal, am Beispiel des Satzes

(4)   Sie wäre heute nicht dort, wo sie ist, wenn sie nicht hart dafür gekämpft hätte!

sich vorzustellen, ob es möglich wäre, diesen Inhalt ohne sprachliche Repräsentationen zu denken, d. h. bewusst zu machen oder gar an andere zu vermitteln. Das ist unmöglich. Wie wir an diesem Satz sehen, gibt Sprache dem menschlichen Geist durch ihre Einheiten und Strukturen eigene Kategorien wie Negation und Konditionalität, die Denkprozesse gestalten, formen, oder auch erst ermöglichen.

An dieser Stelle ist als Einschub eine Anmerkung zur Verwendung des Terminus *Semantik* notwendig: Wie andere linguistische Termini auch (vgl. *Grammatik, Syntax, Morphologie*) wird der Terminus *Semantik* in unterschiedlichen Varianten benutzt: Zum einen benutzt man *Semantik*, um auf das in unserem LZG gespeicherte Kenntnissystem zu referieren, d. h. auf den Untersuchungsgegenstand linguistischer Forschung. Zum anderen versteht man Semantik als die Forschungsdisziplin, als die Wissenschaft, die sich mit diesem mentalen Kenntnissystem beschäftigt.

Die Semantik wird allgemein definiert als die Wissenschaft, die sich mit den Bedeutungen von sprachlichen Ausdrücken beschäftigt. Schlüsselbegriff aller Semantiktheorien ist also die Bedeutung. Was sind eigentlich Bedeutungen? Der Ausdruck *Bedeutung* selbst ist mehrdeutig. Im Alltag begegnen uns mindestens zwei Varianten: Bedeutung im Sinne von Funktion/Meinung in einem bestimmten Kontext (s. (5)) und Bedeutung im Sinne von konventionell festgelegtem Informationsgehalt sprachlicher Ausdrücke (s. (6)):

(5)   Du nennst mich einen Blödmann! Was bedeutet denn das jetzt schon wieder? (Was meinst du damit?)

(6)   Kennst du die Bedeutung des Wortes *tauschen*?

Die linguistische Semantik interessiert sich primär für den zweiten Bedeutungsaspekt.[1]

Wenden wir uns hierbei zuerst der Wortsemantik zu. Was sind Bedeutungen von Wörtern? Es sind geistige Einheiten, die an sprachliche Ausdrücke geknüpft sind und Informationen über die Welt abspeichern. Die Bedeutungsrepräsentation des Wortes *Stuhl* beispielsweise enthält die Informationen (‚ist ein Möbelstück, zum Sitzen, hat eine Lehne, ist für eine Person‘).

Mental gespeicherte Informationen dieser Art nennt man konzeptuelle Informationen. Bedeutungen sind also an sprachliche Ausdrücke gekoppelte konzeptuelle Einheiten in unserem Langzeitgedächtnis (s. hierzu 1.2.2).

Die Semantik ist ein komplexes und vielseitiges Arbeitsgebiet, denn die Bedeutungsproblematik involviert eine Reihe von verschiedenen Themenbereichen. Die folgende Übung soll verdeutlichen, mit welchen Fragen und Problemen sich die moderne Semantikforschung auseinandersetzt.

---

[1]   Bedeutung ist ein komplexer, äußerst problematischer und in der Forschung uneinheitlich definierter Begriff. Um den Leser nicht gleich zu Anfang mit den z. T. heterogenen Definitionen zu verwirren, wird hier zunächst auf eine Problematisierung verzichtet. In den folgenden Kapiteln werden dann die unterschiedlichen Aspekte und Varianten des Bedeutungsbegriffs erläutert.

Semantik-Test: Beantworten Sie bitte so schnell wie möglich die folgenden Fragen:

1. Geben Sie die Bedeutung der folgenden Wörter an:
   Hochschullehrer – Buch – Frau – Bulle – Idiot – Knast – Kategorie.

2. Was fällt Ihnen spontan ein, wenn Sie die folgenden Wörter hören?
   Treibhaus – Tod – Tauben – Brandstifter – Prozess – Birnbaum.

3. Nennen Sie zu den folgenden Wörtern zum einen Wörter, die diesen von der Bedeutung her am ähnlichsten sind, und zum anderen die Wörter, die zu diesen in der Bedeutung im Gegensatz stehen:
   Junge – Mutter – gut – groß – Blume – geben – tanzen – Hypothese.

4. Was fällt Ihnen bei den folgenden Wörtern auf?
   Rose – Nelke – Veilchen – Sauerkraut.

5. Gegeben ist der folgende Satz: *Die Frau auf der Bühne nahm den tosenden Beifall strahlend entgegen.* Geben Sie die Bedeutung von *Frau* an.

6. Geben Sie die Bedeutung des folgenden Satzes an:
   Es war spätabends, als K. ankam.

7. Beurteilen Sie den folgenden Satz nach seinem Sinn:
   Der greisenhafte Säugling trinkt die Banane.

8. Benennen Sie mit einem Wort oder mehreren Wörtern den folgenden Gegenstand:

9. Übersetzen Sie Folgendes ins Englische: *der Schrank – der Rand.*

10. Schreiben Sie mit einem Satz auf, was Sie jetzt in diesem Augenblick denken.

Vermutlich haben sich die meisten Leser spätestens bei Frage 9 gefragt, was dieser seltsam anmutende Test eigentlich soll. Alles, was im Rahmen dieses Tests auf eine unvermittelte und artifizielle Weise überprüft wurde, fällt in den Bereich der Semantik. Überprüft wurden dabei Teile unserer *semantischen Kompetenz*. Dies ist die Fähigkeit, aufgrund von im Gedächtnis gespeichertem Wissen sprachliche Äußerungen (also Wörter, Phrasen, Sätze und Texte) auf eine sinnvolle Weise zu produzieren und zu verstehen, indem man ihnen Bedeutung(en) zuordnet. Das, was Sie in diesem Augenblick tun, nämlich den Sätzen, die Sie gerade lesen, Bedeutung zuzuordnen, wird durch Ihre semantische Kompetenz ermöglicht.

Die semantische Kompetenz umfasst ein Kenntnissystem, das unser Bedeutungswissen repräsentiert, und ein System von Prozeduren (auch: Mechanismen), die dieses Bedeutungswissen aktivieren können. Unsere semantische Kompetenz ermöglicht also das Verstehen und Produzieren von sinnvollen Äußerungen, aber auch das Erkennen und Einordnen von Bedeutungsrelationen, die sprachliche Bezugnahme auf die Welt und die Fähigkeit, Sätze nach ihrem Sinn und Wahrheitsgehalt zu beurteilen.

Die lexikalische Semantik (auch Wortsemantik) beschäftigt sich mit den wörtlichen, kontextunabhängigen Bedeutungen von Wörtern, d. h. mit den im mentalen Lexikon gespeicherten Bedeutungen. Um miteinander sinnvoll kommunizieren zu können, müssen wir annähernd gleiche Bedeutungen im LZG haben. Zum Teil unterscheiden sich natürlich auch die Bedeutungsrepräsentationen verschiedener Sprecher erheblich voneinander, vor allem im Bereich der Abstrakta. Was für Informationen beinhalten Bedeutungen und wie sind diese Bedeutungen im LZG repräsentiert? Bei Frage 1 ist Ihnen sicher aufgefallen, dass ein großer Unterschied besteht zwischen dem, was wir kennen und verstehen, und dem, was wir darüber aussagen können (s. hierzu 1.1.2). An unsere Bedeutungen gekoppelt sind auch zusätzliche Informationen (Weltwissen, Expertenwissen, aber auch ganz persönliches Wissen). Ein Literaturwissenschaftler wird vielleicht bei der Wortkette *Tauben* usw. (vgl. Frage 2) die Assoziation Wolfgang Koeppen haben, beim *Brandstifter* den Biedermann und Frisch, bei *Prozess* Kafka, bei *Birnbaum* Fontane. Ein anderer hat vielleicht zu den gleichen Wörtern die Assoziationen Taubendreck, Rechtsradikaler, Honecker, Früchte. Diese individuellen Assoziationen sind aber von eher geringem Interesse für die linguistische Semantik.

Die lexikalische Semantik untersucht neben den Wortbedeutungen auch die Relationen, die zwischen Bedeutungen bestehen, die sogenannten Sinnrelationen (vgl. Frage 3). Bedeutungen sind offensichtlich eng mit den Bedeutungen anderer Wörter verknüpft (wie bei *Junge/Mädchen*, *groß/klein*, *Mutter/Vater*). Manchmal fällt es uns aber auch schwer, Wortbedeutungen mittels semantischer Relationen zu beschreiben (z. B. bei *Hypothese*). Zum Teil bilden Wortbedeutungen ein semantisches Feld. Unter Frage 4 beispielsweise fällt *Sauerkraut* aus dem Rahmen, weil es nicht zum Feld der Blumennamen gehört.

Lexikalische Bedeutungen und aktuelle Bedeutungen, also Bedeutungen, die sich in einer bestimmten Situation ergeben, fallen nicht immer zusammen. Der Kontext spezifiziert sehr oft die Bedeutung von Wörtern. Eine Umfrage in einem Proseminar, in dem dieser Test durchgeführt wurde, ergab, dass bei Frage 5 stets *Schauspielerin* oder *Sängerin* genannt wurde.

Die Satzsemantik beschäftigt sich mit der Frage, wie wir Sätze verstehen, d. h. wie wir aus den einzelnen Wortbedeutungen und ihren Relationen im Satz die Satzbedeutung erfassen (s. Frage 6; vgl. hierzu ausführlich Teil II). Die Semantik beschreibt auch, wieso wir in der Lage sind, Sätze auf ihren Sinngehalt bzw. ihre semantische Akzeptabilität hin beurteilen zu können (s. Frage 7). In der Textsemantik werden die satzübergreifenden Relationen zwischen Einheiten analysiert. Dabei geht es um die Erklärung der Kohärenz, d. h. des inhaltlichen Zusammenhangs von komplexen Sprachstrukturen (s. Kap. 3.5 und 7.1 in Teil II). In der Referenzsemantik geht man der Frage nach, wie wir mit sprachlichen Ausdrücken auf Gegenstände und Vorgänge unserer Welt Bezug nehmen (s. Frage 8). Schließlich untersucht die kontrastive Semantikforschung, inwiefern die Wortschatzstrukturen verschiedener Sprachen voneinander abweichen (s. Frage 9). Ein uraltes Problem besteht auch darin, die Relation zwischen Sprache und Denken zu bestimmen. Determiniert die Sprache all unser Denken? Oder gibt es auch sprachunabhängige Gedanken?

Pragmatik
Morphologie   Phonologie
Syntax → verkümplkunkent v. Wörtern zu gramm. Sätzen

konventionell
festgelegter
Informations-
gehalt

sprachl.
Ausdrücke

1. Nennen Sie die Subdisziplinen der Semantikforschung und geben Sie an, mit welchen Fragen sich die jeweiligen Teilbereiche beschäftigen.

2. Welche Bedeutung hat der Ausdruck Bedeutung in der linguistischen Semantiktheorie?

glauben?

3. Überlegen Sie, in welchem Zusammenhang Sagen, Meinen und Bedeuten stehen!

setzt eine   Erklären
best. Einstellung   Interpretieren
voraus

Lektüre:

Leech [2]1981: Kap. 1, Fromkin/Rodman/Hyams [10]2014: Kap. 7, Hurford/Heasley [2]2008: Kap. 1, von Stechow 1988, Linke/Nussbaumer/Portmann [5]2004: Kap. 4, Schwarz-Friesel 2009, Steinbach [2]2007.

1.1.2 Zur Relevanz semantischer Analysen: implizites Explizieren

> Man soll öfters dasjenige untersuchen, was von den Menschen meist vergessen wird, wo sie nicht hinsehen und was so sehr als bekannt angenommen wird, daß es keiner Untersuchung mehr wert geachtet wird. (Georg Christoph Lichtenberg)

Wenn nun Semantik die Lehre von den Bedeutungen ist und wir die Bedeutungen unserer Wörter kennen, was können wir dann noch von der Semantik lernen?

Das semantische Wissen ist zu einem großen Teil ein implizites Wissen: Wir verfügen zwar über die semantischen Kenntnisse in unserem LZG und wenden sie ganz automatisch im alltäglichen Leben an, aber wenn wir bewusst darauf achten oder aufgefordert werden, Beurteilungen über unser semantisches Wissen abzugeben, dann stoßen wir auf erhebliche Schwierigkeiten. Wir können die Wörter unserer Sprache weitgehend problemlos gebrauchen und verstehen, obwohl wir über ihre Bedeutungen oft keine besonders zuverlässige oder eindeutige Auskunft geben können. Man benutzt und kennt die Wörter, aber es fällt schwer, die zugrundeliegenden Kenntnisse zu verbalisieren. Dies kommt in dem folgenden Zitat von Wittgenstein zum Ausdruck:

IMPLIZIT

> Vergleiche wissen und sagen: wieviele m hoch der Mont-Blanc ist – wie das Wort ‚Spiel' gebraucht wird – wie eine Klarinette klingt. Wer sich wundert, daß man etwas wissen könne, und nicht sagen, denkt vielleicht an einen Fall wie den ersten. Gewiß nicht an einen wie den dritten. (Wittgenstein [1953] 1960: 78)

Die Bedeutungsanalyse von Wörtern und Sätzen, die unreflektiert so unkompliziert verläuft, wird daher zu einem Problem, wenn sie (wie im Test in 1.1.1) bewusst als Aufgabe gestellt wird. Normalerweise laufen semantische Prozesse blitzschnell und weitgehend unabhängig von unserem Bewusstsein ab. Wir verstehen sprachliche Äußerungen als bedeutungsvoll, ohne dass uns der Prozess der Bedeutungszuordnung bewusst wird. Bedeutungszuordnung ist obligatorisch, läuft wie ein Reflex ab. Die Aufforderung: *Verstehen Sie diese Zeile jetzt nicht!* ist daher von vornherein zum Scheitern verurteilt. Wir können als Menschen nicht anders, als sprachlichen Äußerungen Bedeutung zuzuordnen. Dies betrifft natürlich nur die uns vertraute(n) Sprache(n).

Der im folgenden Beckett-Zitat geschilderte Zustand ist normalerweise nicht vorzufinden. Warum nicht?

„Ja, die Worte, die ich hörte, vernahm ich als reine Laute, die kein Sinn belastete … Und meine eigenen Worte kamen mir oft vor wie das Gesumme von Insekten". (Samuel Beckett 1951, *Molloy*)

Aufgabe der Semantiktheorie ist es, das implizite Bedeutungswissen explizit zu machen, es zu beschreiben und zu erklären. Wir erfahren also etwas über das Fundament unserer geistigen und kommunikativen Fähigkeiten. Indem das Studium der Semantik dabei hilft, die Prozesse unseres sprachlichen Verstehens und Kategorisierens einsichtig zu machen, ist es ein Schlüssel zu einem besseren Selbstverständnis. Wir machen uns nämlich klar, was da eigentlich in uns abläuft, wenn wir sprechen/schreiben und hören/lesen. Damit schärft die Beschäftigung mit semantischen Fragen auch den Blick für Bedeutungsprobleme im alltäglichen Leben (z. B. finden wir Erklärungsvorschläge für das Aneinandervorbeireden, das so oft auftretende gegenseitige Unverständnis, das Problem, Gedanken nicht angemessen verbalisieren zu können usw.). Die Semantik ermöglicht Einblicke in das komplexe Gefüge von Sprache, Geist und Welt, indem sie erklären hilft, wie wir mittels verbaler Einheiten im Rahmen kognitiver Prozesse auf unsere äußere Umgebung sowie unsere inneren Vorgänge (Gefühle, Gedanken) Bezug nehmen. Sie ist damit sowohl eine Treppe in den menschlichen Geist als auch Fenster zur Welt. In anwendungsorientierten Detailanalysen können wir zudem das persuasive und manipulative Potenzial sprachlicher Konstruktionen (z. B. in der massenmedialen Kommunikation) klarer benennen und analysieren und somit das Macht- und Beeinflussungspotenzial von Sprache transparent machen (s. hierzu Kap. 4.3). Semantische Analysen erhöhen die Sensibilität und die Aufmerksamkeit für sprachliche Unterschiede und für Auffälligkeiten, und die semantische Terminologie bietet die Möglichkeit, diese Aspekte auch adäquat zu beschreiben.

Zur Relevanz der Notation (Schreibweise): Um die verschiedenen Ebenen bei der Beschreibung semantischer Analysen auch formell klar darstellen und voneinander abgrenzen zu können, ist es wichtig, eine bestimmte Notation einzuhalten. So unterscheidet man Objekt- und Metasprache. Einheiten der realen Welt bzw. der bezeichneten Gegenstände werden in Normalschrift (der Baum draußen), sprachliche Ausdrücke in Kursivschrift (die Äußerung *der Baum dort*) gesetzt. Geistige, konzeptuelle Einheiten sind mit Großbuchstaben/Kapitälchen zu schreiben (das Konzept BAUM), Bedeutungsinformationen werden in einfache Anführungszeichen gesetzt (das semantische Merkmal ‚belebt').

Lektüre:

Leech [2]1981: Kap. 4, Johnson 1992, Lyons 1995, Schwarz-Friesel [2]2013: Kap. 2, Schwarz-Friesel/Marx 2014.

1.1.3 Geschichtliches: ein kurzer Rückblick

Meanings cannot be defined in terms of our science. (Bloomfield 1933: 167)

> Unsere Untersuchungen galten den internen Aspekten des Sprechens, die in der Wissenschaft so unbekannt waren, wie die Rückseite des Mondes. (Vygotsky [1934] 1962: 153, übersetzt aus dem Amerikanischen)

Dichter und Denker haben sich seit Jahrhunderten mit der menschlichen Sprache beschäftigt. Fragen der Semantik, die das Verhältnis zwischen Sprache, Geist und Welt betreffen, sind schon in der Antike diskutiert worden (vgl. u. a. Platons *Kratylos*). Bereits bei Heraklit findet sich die Auffassung, dass die Analyse der Sprache die beste Quelle für ein Wissen der in der Realität befindlichen Dinge sei.

Wirft man jedoch einen Blick auf die Geschichte der neueren Linguistik, so fällt auf, dass die semantische Komponente der Sprache lange Zeit entweder nur am Rande betrachtet oder ganz aus der Forschung ausgeklammert wurde. Woran liegt das?

Im linguistischen Strukturalismus, der in der ersten Hälfte des 20. Jahrhunderts die vorherrschende Forschungsrichtung war, wurde die Semantik zunächst ganz aus der Untersuchung ausgeklammert. Der Strukturalismus war in seiner Methodik und Wissenschaftstheorie stark beeinflusst vom philosophischen Positivismus und vom psychologischen Behaviorismus. Im Positivismus zählen (in Anlehnung an den Philosophen Auguste Comte) nur die „positiven Fakten", d. h. die beobachtbaren Daten. Eine ähnliche Auffassung wird im Behaviorismus vertreten: Nur das mit naturwissenschaftlichen Methoden Messbare, nur das objektiv Beobachtbare kann Gegenstand wissenschaftlicher Untersuchungen sein. Nur das Verhalten von Menschen ist beobachtbar, nicht aber die geistigen Fähigkeiten. Dementsprechend war jede Art von Mentalismus verpönt. In der strukturalistischen Linguistik beschränkte man sich deshalb darauf, sprachliche Daten zu segmentieren und zu klassifizieren. Die inhaltlichen Aspekte wurden dabei mit der Begründung bewusst ausgegrenzt, man könne keine wissenschaftlichen Aussagen über diese geistigen Blackbox-Phänomene machen (vgl. hierzu das obige Bloomfield-Zitat).

Auch in der frühen Phase der mentalistisch ausgerichteten Generativen Grammatiktheorie, die sich Ende der 1950er Jahre zu entwickeln beginnt, findet die Semantik zunächst keine Beachtung. Von Interesse ist hier vor allem die Syntax, die losgelöst von allen anderen kognitiven Kenntnissystemen als ein autonomes (also als ein von semantischen und pragmatischen Faktoren unabhängiges) Regelsystem beschrieben werden soll. Erst in den 1970er Jahren erlebt die Semantikforschung einen Aufschwung. Dies liegt an der Entstehung der sogenannten Kognitiven Wissenschaft (*cognitive science*), einer interdisziplinären Wissenschaft, die sich das Ziel setzt, alle kognitiven Phänomene umfassend zu erforschen. Die Kognitive Linguistik, die sich als derjenige Teil der Kognitiven Wissenschaft versteht, der sprachliche Phänomene in ihrer kognitiven Realität untersucht, nimmt sich verstärkt der so lange vernachlässigten semantischen Fragen an. Dabei richtet sich das Augenmerk nicht mehr nur auf einzelne Detailanalysen von Bedeutungen und Bedeutungsrelationen, sondern auf das semantische Kenntnissystem und seine Stellung im Gesamtsystem der Kognition.

In der Kognitiven Semantiktheorie werden die folgenden Fragen gestellt: Was gehört alles an Informationen zu unserem semantischen Kenntnissystem? Wie sind diese Informationen im mentalen Lexikon repräsentiert? Wie aktivieren wir diese Informationen in Sprachproduktions- und Sprachrezeptionsprozessen?

1. Lesen Sie in Bloomfields *Language* (1933) nach, wie dort Bedeutungen definiert werden.

2. Wieso nannte man alle geistigen Phänomene im Behaviorismus Blackbox-Phänomene?

Lektüre:

Gardner 1985: Kap. 1, Stillings et al. [2]1995, Schwarz [3]2008: Kap. 1.

1.2 Grundlegendes

1.2.1 Zum Verhältnis zwischen Bedeutung und Ausdruck

> *Hermogenes*: Kratylos hier, o Sokrates, behauptet, jegliches Ding habe seine von Natur ihm zukommende richtige Benennung … (Platon, *Kratylos*)

> *Hermogenes*: … kein Name irgendeines Dinges gehört ihm von Natur, sondern durch Anordnung und Gewohnheit derer, welche die Wörter zur Gewohnheit machen und gebrauchen. (Platon, *Kratylos*)

Die grundlegenden Einheiten der Sprache, ihre kleinsten selbständigen Einheiten, sind für uns die Wörter, und Wörter kombinieren wir zu Sätzen. Wörter sind sprachliche Zeichen. Zeichen setzen sich aus zwei Komponenten zusammen: einer Inhalts- und einer Ausdrucksseite. Der Ausdruck eines sprachlichen Zeichens ist dessen Lautgestalt, d. h. eine Einheit, die eine Sequenz von Lauten darstellt. So ist *Baum* eine korrekte Lautsequenz im Deutschen, nicht aber *rsgrzig*.

An die Ausdrücke einer Sprache sind Inhalte geknüpft, d. h. Informationen über bestimmte Gegenstandsbereiche. So lässt sich der konzeptuelle Inhalt von BAUM beispielsweise umschreiben als (‚ist eine Pflanze‘, ‚hat einen Stamm, Äste, Blätter‘ usw.). Diese Inhalte stellen die Bedeutungen sprachlicher Ausdrücke dar.

Eine solche Zeichenkonzeption (die von de Saussure eingeführt wurde) nennt man bilateral. Nach de Saussure ([1916] 2013) sind Inhalts- und Ausdrucksseite sprachlicher Zeichen in einer Sprachgemeinschaft untrennbar miteinander verbunden, so wie die Seiten eines Papierblattes. Wenn wir den Ausdruck *Baum* hören, aktivieren wir automatisch den entsprechenden Inhalt dazu.

Wie kommt es nun zu bestimmten Verbindungen zwischen Ausdrücken und Inhalten? Ist die Verbindung in irgendeiner Weise von den Gegenständen her motiviert, auf die Wörter verweisen (wie es noch Kratylos im gleichnamigen Dialog

Platons annimmt)? Gibt es eine natürliche Affinität zwischen der Lautgestalt eines Wortes und seiner Bedeutung?

Nein

Die Verbindung von Inhalt und Ausdruck ist arbiträr, d. h. es besteht eine willkürliche, und nicht eine naturgegebene Zuordnung von Inhalt und Ausdruck. Aus dem Ausdruck können wir nicht schließen, welche Eigenschaften die bezeichneten Gegenstände haben. Ein Baum wird nicht *Baum* genannt, weil er ‚baumig‘ ist. Die beiden Komponenten sind innerhalb einer Gesellschaft konventionell miteinander verbunden. Dies kann man sich auch mit einem Blick auf andere Sprachen verdeutlichen: Im Französischen wird derselbe Gegenstand *arbre* und im Englischen *tree* genannt. Die Zuordnung von Zeicheninhalt und Zeichengestalt beruht also auf einer konventionell geregelten Vereinbarung zwischen Kommunizierenden einer Sprachgemeinschaft. Es handelt sich dabei um überlieferte Normen im Sprachgebrauch. Wir übernehmen im Sozialisationsprozess (der den Spracherwerb einschließt) diese Normen. Als Gegenstück zu den willkürlichen Zeichen werden oft die sogenannten Onomatopoetika genannt, lautmalende Wörter, die Geräusche imitieren: z. B. *Kuckuck, Kikeriki, muhen, Wauwau.* Doch selbst diese Wörter sind nicht in allen Sprachen gleich: vgl. *cock-a-doodle-doo* und *coquelicot* für *Kikeriki.*

Willkürlich

bzw nicht- natürlich

Onomato- poetika als „Ausnahme“

Aliquid stat pro aliquod / ‚Etwas steht für etwas anderes‘ (Aristoteles)

Der bilaterale Zeichenbegriff muss noch erweitert werden: Mit sprachlichen Zeichen nehmen wir Bezug auf Gegenstände der Welt. Diese werden als Referenten bezeichnet. Das Verhältnis zwischen Inhalt, Ausdruck und Referent ist derart, dass die an die Ausdrücke gekoppelten Inhalte Referenz ermöglichen, wie das semiotische Dreieck von Ogden/Richards (1923) verdeutlicht:

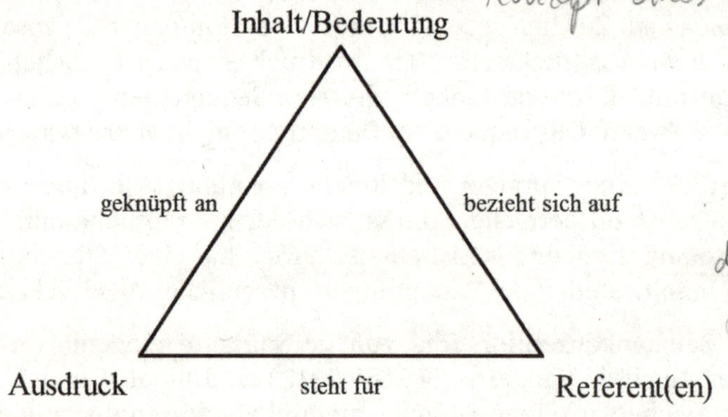

Referenten = Gegenstände in der Welt

Konzept eines Baumes

Inhalt/Bedeutung

geknüpft an　　　　　　　bezieht sich auf

der tatsächlich Baum in der Wirklich- keit

„Baum"　Ausdruck　　　steht für　　　Referent(en)

Abb. 1: Das semiotische Dreieck nach Ogden/Richards (1923)

Auf den Unterschied zwischen Bedeutung und Referenz (in Freges Terminologie für uns heute verwirrend „Sinn" und „Bedeutung") hatte schon Frege (1892) hingewiesen: Die Wörter *Abendstern* und *Morgenstern* haben unterschiedliche

Bedeutungen, beziehen sich aber auf denselben Referenten, den Planeten Venus. In der zeichenorientierten Semasiologie betrachtet man Bedeutungen in erster Linie als interne Repräsentationen, in der gegenstandsorientierten Onomasiologie als Bezeichnungen für Gegenstände. Beide Disziplinen lassen sich aber in der praktischen Bedeutungs- und Referenzanalyse nicht wirklich scharf voneinander trennen.

Bühler (1934) hat in seinem Organonmodell der Sprache (Organon: Instrument/Werkzeug) drei fundamentale Funktionen sprachlicher Zeichen unterschieden: Zeichen können Symptom, also Ausdruck der Empfindungen usw. des Sprechers wie in dem Satz (7) sein:

(7)   Mir geht es schlecht.

Sie können Signal, also Appell an den Hörer wie in dem Satz (8) sein:

(8)   Mach das Fenster zu, bitte!

Schließlich können sie Symbol, also Darstellung eines Sachverhalts wie in dem Satz (9) sein:

(9)   Das Dreieck ist blau.

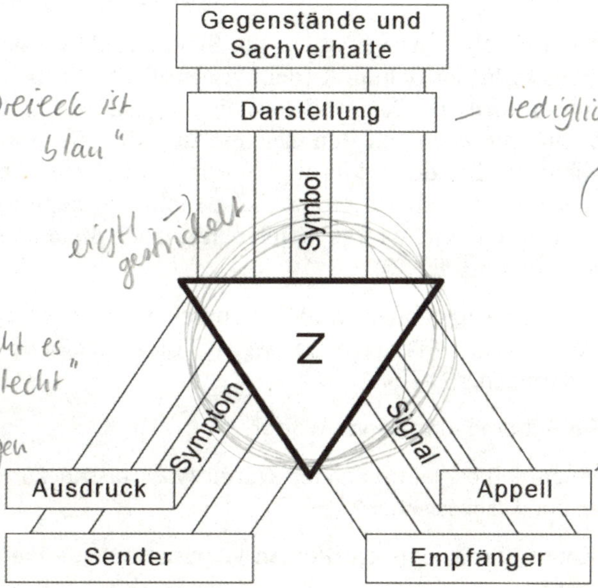

Abb. 2: Das Organonmodell nach Bühler (1934)

Meistens haben sprachliche Äußerungen alle drei Funktionen zugleich. Eine Äußerung wie *Ich habe Kopfschmerzen* erfüllt die Symbolfunktion, da sie eine spezifische Befindlichkeit des Sprechers darstellt; zugleich ist sie Symptom (für sein Unbehagen) und auch Signal (als indirekter Appell an den Hörer, Rücksicht auf diesen Zustand zu nehmen).

Roman Jakobson, ein bedeutender Strukturalist, der sich u. a. mit linguistischer Poetik beschäftigt hat (Jakobson 1980, 1981), unterscheidet in seinem funktionalen Sprachmodell sechs Funktionen sprachlicher Zeichen und erweitert somit das Bühlersche Organonmodell: referenzielle, konative und emotive Funktion entsprechen Symbol-, Signal- und Symptomfunktion, hinzu kommen die metasprachliche, die phatische und die ästhetische/poetische Funktion. Die metasprachliche Funktion zeigt sich in Äußerungen wie *Was bedeutet das Wort Amnesie?* Hier wird mittels Sprache auf Sprache referiert. Bei der phatischen Funktion steht die Kontaktaufnahme in der Kommunikation im Vordergrund: Eine Floskel wie *Schönes Wetter heute!* z. B. an der Bushaltestelle geäußert, hat wenig Informationswert (da das kommunikative Gegenüber das Wetter sicher auch bemerkt hat), dient aber der Etablierung eines Kontaktes. Die ästhetische, poetische Funktion betont nach Jakobson die Form, die Gestalt der sprachlichen Botschaft selbst, richtet das Augenmerk auf Strukturmerkmale, die ihm zufolge den ästhetischen Wert eines Textes bestimmen. So lenken z. B. Alliterationen, lexikalische Wiederholungen und Aneinanderreihungen von semantisch ähnlichen Wörtern den Blick auf die Nachricht selbst:

(10)   Singet leise, leise, leise ...
        summen, murmeln, flüstern, rieseln.
        (erste und letzte Zeile des Gedichts *Wiegenlied* von Clemens Brentano)

Für die semantische Analyse ist vor allem die Symbolfunktion von sprachlichen Zeichen von Interesse. In der Semiotik (der Wissenschaft, die sich allgemein mit Zeichen beschäftigt) wird die Semantik als diejenige Disziplin bezeichnet, die sich mit dem Verhältnis zwischen den Zeichen und den Gegenständen, die sie bezeichnen, beschäftigt. Bei der Erklärung, wie lexikalische und aktuelle Bedeutungen zueinander stehen und wie semantische Einheiten kognitiv und kommunikativ eingesetzt werden bzw. wirken, spielen aber auch die anderen Funktionen eine wichtige Rolle (s. Kap. 1.2.2).

1. Vergleichen Sie die folgenden Ausdrücke miteinander: *der Sieger von Austerlitz* und *der Verlierer von Waterloo*. Welche Unterscheidung kann man sich daran gut klarmachen?

2. Nennen Sie weitere lautmalende Wörter.

3. Wie übersetzt man die lautmalenden Wörter *Wauwau*, *Kuckuck* und *muhen* im Englischen und Französischen?

4. Nach welchem Prinzip entsteht Roman Jakobson zufolge die Poetik sprachlicher Zeichen?

Lektüre:

Ogden/Richards 1923, Brekle [3]1991: Kap. 4, Kutschera [2]1975: Kap. 2.1.1, Cruse [3]2011: Teil 2 und Lyons 1995: Kap. 3.

1.2.2 Konzepte, Bedeutungen, Wörter

> Worte … Sie brauchen nur die Schwingen zu öffnen und Jahrtausende entfallen ihrem Flug. (Gottfried Benn, *Probleme der Lyrik*)

> Ein Wort ohne Bedeutung ist kein Wort, sondern ein leerer Klang. (Lev Semyonovich Vygotsky)

Wir haben gesagt, dass Bedeutungen konzeptuelle Informationseinheiten darstellen. Was genau sind konzeptuelle Einheiten?

Konzepte (häufig auch: Begriffe) sind die Bausteine unseres Wissens. Konzepte sind mentale Einheiten; sie basieren auf Erfahrungen, die wir im Umgang mit der Welt und mit anderen Menschen machen. Im LZG haben wir kategoriales und individuell-episodisches Wissen über die Welt gespeichert. Kategoriales Wissen ist allgemeines Wissen über die Welt, Wissen über Klassen von Gegenständen. Einheiten, die Informationen über ganze Klassen repräsentieren, sind Kategorien(konzepte). Die Fähigkeit zur Kategorisierung ist eine der elementarsten Eigenschaften der menschlichen Kognition. So haben wir beispielsweise in der Kategorie BLUME das Wissen gespeichert, dass Blumen Pflanzen sind, dass sie Blüten haben, dass wir sie in Vasen stellen können usw. Wir erkennen Gegenstände als Blumen, weil wir das Kategorienkonzept einer Blume im LZG haben, das uns bei der Identifizierung und Klassifikation hilft. Kategoriale Konzepte ermöglichen uns die Einordnung von Reizen aus der Umwelt, ermöglichen die Klassifizierung und Identifizierung von einzelnen Objekten als Klassenmitglieder.

Wir verfügen über zwei Arten von Konzepten: die bereits erwähnten Kategorien- oder Type-Konzepte und die Partikular-, Individuen- oder Tokenkonzepte. Letztere repräsentieren Informationen über einzelne Gegenstände, Situationen oder Personen. So besitzen wir Token-Konzepte über die Menschen, die wir kennen, die Bücher, die wir gelesen haben, die Blumen, die in unserem Garten stehen. Dieses Wissen nennt man individuell-episodisch, weil es an raum-zeitliche Erfahrungssequenzen gebunden ist und von den subjektiven Erlebnissen einer Person abhängig ist.

Token- und Type-Repräsentationen sind auf das engste mit den Prinzipien von Identität und Äquivalenz verknüpft. Weil wir mentale Repräsentationen im LZG gespeichert haben, sind wir ja überhaupt in der Lage, Objekte zu erkennen bzw. wiederzuerkennen: Das Prinzip der Identität lässt uns ein Objekt zu unterschiedlichen Zeitpunkten und an verschiedenen Orten als dasselbe Objekt erkennen. Beispielsweise kann ich meine Nachbarin auch nächsten Monat in einer Boutique als die Frau identifizieren, die neben mir wohnt. Nur bei bestimmten Gedächtnisstörungen (den Amnesien) ist dies nicht mehr möglich. Das Prinzip der Äquivalenz ermöglicht die Klassifizierung von zwei verschiedenen Objekten (z. B. eine Eiche im Wald und eine Buche im Park) als Vertreter (Instanzen) einer Klasse (nämlich der der Bäume).

Allgemeines und spezifisch-individuelles Wissen sind nicht als zwei völlig separate Gedächtnissysteme zu betrachten. Vielmehr stehen beide in einer ständigen Interaktion: Allgemeines Wissen wird benutzt, um partikulares Wissen zu verstehen, partikulares Wissen wird benutzt, um allgemeines Wissen zu vervollständigen und eventuell zu modifizieren.

Wenden wir uns nach dieser kurzen Ausführung dem Verhältnis zwischen Bedeutungen und Konzepten zu. Wir haben gesagt, dass Bedeutungen konzeptuelle Einheiten darstellen. Sind damit Bedeutungen und Konzepte identisch? Das semantische Kenntnissystem einer Sprache bezieht auf jeden Fall seine Informationen aus dem kategorialen konzeptuellen System (und bei Eigennamen aus dem individuell-episodischen Kenntnissystem; s. hierzu 3.1). Im Spracherwerb lernt das Kind, sprachliche Ausdrücke an Konzepte zu knüpfen. Konzeptuelle und sprachliche Entwicklung verlaufen dabei nicht simultan: Das Kind kann bereits über Konzepte verfügen, während ihm die entsprechenden Ausdrücke dazu noch fehlen. Dies zeigt sich deutlich beim Phänomen der Übergeneralisierung: Ein Kind benutzt z. B. eine Zeit lang den Ausdruck *Wauwau* für lebende Hunde und Katzen, Stofftiere mit vier Beinen und für Teddybären, da ihm andere Lexeme noch nicht zur Verfügung stehen. Dennoch ist das Kind sehr wohl in der Lage, konzeptuell zwischen den jeweiligen Referenten zu unterscheiden.

Von einer Bedeutung sprechen wir dann, wenn einer konzeptuellen Einheit eine sprachliche Form zugeordnet ist. Bedeutungen sind in diesem Sinne versprachlichte, mit Wortformen belegte Konzepte. Jede Bedeutung ist damit ein Konzept, aber nicht jedes Konzept ist auch eine Bedeutung.

Wir verfügen zusätzlich über Konzepte, die nicht mit einem sprachlichen Ausdruck belegt sind, also nicht als Wörter im LZG vermerkt sind. So haben wir beispielsweise kein einzelnes Wort für das Konzept NICHT-MEHR-DURSTIG-SEIN; vgl. *hungrig/satt* vs. *durstig/?*. Die Existenz von Konzepten ist demnach nicht an die Existenz von Wörtern geknüpft (vgl. hierzu Kap. 2.3). Da nicht alle Konzepte mit sprachlichen Ausdrücken belegt sind, haben wir oft das Gefühl, dass unsere sprachlichen Mittel nicht ausreichen, um unsere Gedanken und Gefühle hinreichend darzustellen.

(handschriftliche Notiz am Rand: Konzept GROSSBUCHST.)

(11)   Und wenn du ganz in dem Gefühle selig bist,
       Nenn es dann, wie du willst,
       Nenn's Glück! Herz! Liebe! Gott!
       Ich habe keinen Namen
       Dafür!
       (Johann Wolfgang von Goethe 1808, *Faust*)

In der linguistischen Semantikforschung wird noch intensiv diskutiert, ob und inwieweit konzeptuelles und semantisches Wissen identisch sind. Mittlerweile gibt es drei verschiedene Erklärungsansätze, die das Verhältnis zwischen Bedeutungen und Konzepten explizieren sowie erklären, wie lexikalische und aktuelle Bedeutungen zueinander stehen: In der sogenannten Ein-Stufen-Semantik, der holistisch orientierten Linguistik, werden konzeptuelle und semantische Einheiten gleichgesetzt. Es gibt keine Trennung von semantischem Lexikon und enzyklopädischem Weltwissen (s. u. a. Langacker 1988, Jackendoff 1983). Bedeutungen sind Konzepte, die sprachlichen Formen direkt zugeordnet werden.

Im Lexikon wird Lexemen ein großes Maß an Polysemie zugesprochen, so sind diesem Ansatz zufolge die Lesarten des Verbs *öffnen* (z. B. öffnen einer Büchse, eines Buches, eines Fensters) nebeneinander in semantischen Netzen abgespeichert. Je nach Kontext wird eine dieser Bedeutungsvarianten dann mittels einer Präferenzregel ausgewählt und dient als aktuelle Bedeutung: So wird dem Verb *öffnen* im Satz *Die Bank öffnete* die entsprechend passende Bedeutungsrepräsentation zugeordnet. Das Lexem *Gefäß* kann beispielsweise auch je nach kontextsensitiver Präferenzregel als Tasse, Schale, Vase oder Becher repräsentiert werden.

Die modularistische Zwei-Stufen-Semantik dagegen postuliert erstens eine Unterscheidung zwischen Konzepten, die dem allgemeinen Weltwissen zugeordnet werden, und Bedeutungen, die dem sprachlichen Wissen angehören (Bierwisch 1983a, Bierwisch/Lang 1987, Lang 1994 und Dölling 2005). Zweitens geht sie davon aus, dass Lexikoneinträge nur minimalistisch Informationen speichern und dass Bedeutungen in konkreten Äußerungen post-lexikalisch und kontextbedingt konzeptuell angereichert werden.

Als Beispiel hierfür betrachten wir die Bedeutung der Präposition *in*, die je nach Verwendung unterschiedliche Lesarten haben kann:

Wasser in Vase / Sprung in Vase / Blumen in Vase

Beim ersten Beispiel befindet sich das Wasser im Hohlraum, beim zweiten ist der Sprung in der materiellen Substanz der Vase und im dritten Fall bezieht sich das *in* bei den Blumen auch auf den unteren Teil im Hohlraum der Vase, aber die Blumen sind nicht vollständig darin, sondern sie ragen oben heraus. In Ein-Stufen-Semantiken würden alle diese Lesarten in einem semantischen Netz nebeneinander gespeichert, in der Zwei-Stufen-Semantik dagegen gibt es nur einen gemeinsamen Bedeutungskern bei *in*, nämlich ‚X ist enthalten in Y', alle weiteren Spezifikationen ergeben sich kontextuell. Aus ‚das zu situierende Objekt x ist enthalten in einer Region von y' entsteht je nach Ko- und Kontext eine spezifische Lesart.

Die Drei-Stufen-Semantik unterscheidet zwischen den abstrakten (amodalen) Konzepten, den sprachspezifischen lexikalischen Bedeutungen und den kontextdeterminierten aktuellen Bedeutungen (Schwarz 1992, 1995a). Wie oben ausgeführt, sprechen Daten aus dem Spracherwerb, aber auch aus der Neuropathologie dafür, dass Konzepte und Bedeutungen zwar eng miteinander verknüpft, aber nicht identisch sind. Nicht jedes Konzept wird versprachlicht und damit zur Bedeutung. Die Bedeutung eines Wortes ist zudem in der Regel ein Ausschnitt aus dem zugrundeliegenden Konzeptinhalt:

$$\text{Kon}(x_1 - x_n) < - > \text{Sem}_{syn}(x_2 - x_5) < - > R_{phon}$$

Eine Bedeutung (Sem) entsteht aus einer selektiven Lexikalisierung $(x_2 - x_5)$ von Konzeptinformationen $\text{Kon}(x_1 - x_n)$ und der Bindung ($< - >$ steht für die Kopplung) an eine phonologische/graphemische Repräsentation (R_{phon}) sowie ein syntaktisches Subkategorisierungsraster (syn). Die Semantik bezieht ihre Inhalte aus dem konzeptuellen System, ihre Formen aus dem sprachlichen System. Konzeptuelle Inhalte werden also sprachspezifisch durch phonologische Repräsentationen und syntaktische Raster gebunden. Das semantische Kenntnissystem ist somit Schnittstelle zwischen konzeptuellem und sprachlichem Wissen. Werden Bedeutungen nun in konkreten Äußerungssituationen und spezifischen Kotexten (d. h. sprachlichen Umgebungen) aktiviert und als aktuelle Bedeutungen repräsentiert, spricht man von Bedeutungskonstitution. Hier wirken neben der lexikalischen Bedeutung auch der kognitionsinhärente Kontext (also die mentale Umgebung des Lexems im Langzeitgedächtnis) sowie konstruktive, kontextgesteuerte Schlussfolgerungs- und Spezifikationsprozesse (s. Beispiel (5) in Kap. 1.1.1 und Kap. 1.2.4).

Ein Satz wie *Der Vogel kreiste über den Verdurstenden.* aktiviert nicht nur die lexikalischen Bedeutungen der einzelnen Wörter, sondern auch das dazugehörige konzeptuelle Weltwissen über Vögel im LZG und über Verdurstende. Dieses Wissen ermöglicht kognitive Prozesse wie ‚Verdurstende mit Vögeln überm Kopf sind in der Wüste und nicht im Supermarkt anzutreffen‘ und ‚In der Wüste kreisen Aasgeier und nicht Rotkehlchen über Verdurstenden‘. Auf der Basis dieser Elaboration wird die vage Bedeutung von *Vogel* präzisiert.

 Überlegen Sie, ob ein Wort immer nur ein einzelnes Konzept benennt. Stehen Wort und Konzept informationell immer in einer 1:1-Relation?

Lektüre:

Snodgrass 1984, Medin/Smith 1984, Neisser 1987, Schwarz [3]2008: Kap. 3.3.2.1 und Schwarz 1992: Kap. 4, Schwarz 2002, Konerding 2009.

1.2.3 Wortbedeutung und Wortgebrauch: die Macht der Konvention

Mach diesen Versuch: Sag „Hier ist es kalt" und meine „Hier ist es warm". Kannst du es? – und was tust du dabei? (Ludwig Wittgenstein)

„Eine Zierde für Dich!" „Ich verstehe nicht, was Sie mit Zierde meinen", sagte Alice. Goggelmoggel lächelte verächtlich. „Wie solltest du auch, ich muß es dir doch zuerst sagen. Ich meinte: Wenn das kein einmalig schlagender Beweis ist." „Aber Zierde heißt doch gar nicht einmalig schlagender Beweis", wandte Alice ein. „Wenn ich ein Wort gebrauche", sagte Goggelmoggel in recht hochmütigem Ton, „dann heißt es genau das, was ich für richtig halte – nicht mehr und nicht weniger." „Es fragt sich nur", sagte Alice, „ob man Wörter einfach etwas anderes heißen lassen kann." „Es fragt sich nur", sagte Goggelmoggel, „wer das Sagen hat, das ist alles." (Lewis Carroll 1871, *Through the Looking Glass*)

Mit diesem oft zitierten Text von Carroll kann man sich einen wichtigen Aspekt der Semantikforschung vor Augen führen: den Unterschied zwischen Wortbedeutung und Wortgebrauch, zwischen Sagen und Meinen.

Wir können nicht beliebig mit den Wörtern unserer Sprache umgehen, wenn wir verstanden werden wollen. Die Mitglieder einer Sprachgemeinschaft greifen beim Sprechen auf einen gemeinsamen Wortschatz zurück, in dem Bedeutungen konventionell an bestimmte Lautformen (Ausdrücke) geknüpft sind. Wörter haben für uns ganz bestimmte, festgelegte Inhalte. Je nach Kontext und Gesprächssituation können diese Inhalte zwar variieren (in dem Sinne, dass sie enger oder weiter sind), doch wichtige Bestandteile der Grundbedeutungen bleiben normalerweise erhalten. Eine willkürliche Handhabe von Wörtern ohne vorherige

Absprache mit den Kommunikationspartnern, die sich über die konventionell geregelte Benutzung hinwegsetzt, führt zu Miss- oder sogar Unverständnis auf Seiten der Hörer. Peter Bichsel hat in seiner Kindergeschichte „Ein Tisch ist ein Tisch" demonstriert, zu welch chaotischen Verhältnissen ein willkürlicher Sprachgebrauch führt. Wir können nicht *Tisch* sagen und *Tür* meinen.

(12) „Weshalb heißt das Bett nicht Bild", dachte der Mann ... „Jetzt ändert es sich", rief er, und er sagte von nun an dem Bett Bild. „Ich bin müde, ich will ins Bild", sagte er, und morgens blieb er oft lange im Bild liegen und überlegte, wie er nun dem Stuhl sagen wolle, und er nannte ihn Wecker. Er stand also auf, zog sich an, setzte sich auf den Wecker und stützte die Arme auf den Tisch. Aber der Tisch hieß jetzt nicht mehr Tisch, er hieß jetzt Teppich. Am Morgen verließ also der Mann das Bild, zog sich an, setzte sich an den Teppich auf den Wecker und überlegte, wem er wie sagen könnte. ... Der Zeitung sagte er Bett. Dem Spiegel sagte er Stuhl. Dem Wecker sagte er Fotoalbum. ... Dann lernte er für alle Dinge die neuen Bezeichnungen und vergaß dabei mehr und mehr die richtigen. ... Der alte Mann ... konnte die Leute nicht mehr verstehen, das war nicht so schlimm. Viel schlimmer war, sie konnten ihn nicht mehr verstehen. Und deshalb sagte er nichts mehr. Er schwieg, sprach nur noch mit sich selbst, grüßte nicht einmal mehr. (Peter Bichsel 1969, *Ein Tisch ist ein Tisch*)

Wörter und Sätze haben qua Konvention Bedeutung. Jeder Sprecher meint aber auch etwas ganz Spezifisches, wenn er Sätze äußert. Der Sprecher meint etwas mittels der Bedeutung, d. h. er kann sich nicht über die Bedeutung hinwegsetzen (s. das Wittgenstein-Zitat am Anfang dieses Kapitels). In diesem Zusammenhang stoßen wir auch auf den Unterschied von Sagen und Meinen: Sagen ist ein erfahrbarer, wahrnehmbarer, Meinen dagegen ein geistiger und somit nicht beobachtbarer und überprüfbarer, also auch nicht kontrollierbarer Vorgang (vgl. *Die Gedanken sind frei* ...). Wenn man seine Gedanken in Sprache fasst und sie sagt, also verbal ausdrückt, vermittelt man über die Bedeutungen der Ausdrücke konventionell festgelegte Informationen, das individuell und subjektiv Gemeinte wird in diesem Moment intersubjektiv und wahrnehmbar für andere. Überlegen Sie jetzt, ob die Sätze *Ich sage, was ich meine* und *Ich meine, was ich sage* das Gleiche bedeuten oder meinen.

1. Worauf beruht die Wirkung des folgenden Witzes? *„Woran denkst du gerade?" „An nichts Besonderes." „Schade, ich dachte, du denkst an mich." „Das tue ich ja!"*

2. Bei ironischen Äußerungen kehrt sich die wörtliche Bedeutung (als Spott oder Kritik gemeint) oftmals in ihr Gegenteil um: Wenn ich zu jemandem, der gerade eine Scheibe zerbrochen hat, sage: *Das hast du aber schön gemacht*, meine ich damit: ‚Das hast du aber idiotisch angestellt'. Wie ist das möglich?

Lektüre:

Keller 1977, Lutzeier 1985: Kap. 1.3 und 1.5, Deppermann/Spranz-Fogasy [2]2006, Deppermann 2007.

1.2.4 Lexikalische Bedeutung, aktuelle Bedeutung und kommunikativer Sinn: Semantik vs. Pragmatik oder Semantik und Pragmatik?

> „Soll das heißen, daß du die Antwort auf die Frage weißt?" fragte der Märzhase. „Genau das!" antwortete Alice. „Dann solltest du sagen, was du meinst." „Das tue ich doch", sagte Alice schnell, „ich – ich meine wenigstens das, was ich sage – das ist nämlich dasselbe, verstehen Sie." „Nicht im geringsten dasselbe!" widersprach der Hutmacher. „Dann könntest du ebenso gut behaupten, ‚Ich sehe, was ich esse' sei dasselbe wie ‚Ich esse, was ich sehe'." (Lewis Carroll 1865, *Alice im Wunderland*)

> Wenn ein Diplomat „ja" sagt, meint er „vielleicht"; wenn er „vielleicht" sagt, meint er „nein"; und wenn er „nein" sagt, ist er kein Diplomat. (Voltaire)

Die Ausführung im letzten Abschnitt führt uns zu einer wichtigen Unterscheidung, der zwischen lexikalischen Bedeutungen und aktuellen Bedeutungen. Auf diese Unterscheidung müssen wir noch einmal näher eingehen. Lexikalische (oder auch „wörtliche") Bedeutungen sind die im mentalen Lexikon permanent gespeicherten Bedeutungen, sie sind Bestandteil unserer semantischen Kompetenz. Aktuelle Bedeutungen ergeben sich erst in einem bestimmten Ko- und Kontext: Normalerweise benutzen und verstehen wir Wörter nicht isoliert, sondern im Satzzusammenhang und zudem eingebettet in eine bestimmte Rede- bzw. Rezeptionssituation. Aktuelle Bedeutungen gehören damit dem Bereich der Performanz an, gehören also nach der traditionellen Kompetenz/Performanz-Einteilung in die Pragmatik.

In welchem Verhältnis stehen lexikalische und aktuelle Bedeutung zueinander? Sind aktuelle Bedeutungen lediglich die im LZG aktivierten und ins Bewusstsein abgerufenen lexikalischen Bedeutungen? Aktivieren also Sprecher und Hörer all ihr im Lexikon gespeichertes Wissen bei der semantischen Repräsentation und Interpretation sprachlicher Äußerungen?

Berücksichtigt man das Wissen über die zeitliche und kapazitäre Begrenzung unseres Kurzzeitgedächtnisses (KZG), scheint diese Annahme psychologisch unplausibel zu sein. Die mentale Spanne des KZG wäre schon überlastet, wenn alle lexikalischen Informationen nur eines Wortes wie *Mensch* oder *Bühne* aktiviert und ins KZG transferiert würden.

Es muss also zum einen eine Art Auswahlverfahren stattfinden, das nur bestimmte, für die Äußerung relevante Informationen aktualisiert; zum anderen werden die allgemeinen wörtlichen Bedeutungen sehr oft im Satzkontext spezifiziert. Bei dem folgenden Satz beispielsweise wird *Frau* als Sängerin/Schauspielerin interpretiert.

(13) In ihrer Rolle auf der Bühne war die Frau einfach phantastisch.

Man kann deshalb sagen, dass die aktuelle Bedeutung sowohl von der lexikalischen Bedeutung als auch vom jeweiligen Kontext determiniert wird. Der kognitive Prozess der Bedeutungskonstitution, der von der lexikalischen zur aktuellen Bedeutung führt, wird vor allem in der experimentell ausgerichteten Psycholinguistik untersucht.

Aber auch in der Semantik hat man sich mit dieser Frage beschäftigt und drei Ebenen unterschieden: In konkreten Sprechsituationen haben sprachliche Äußerungen neben ihrer aktuellen Bedeutung, die von der lexikalischen Bedeutung abhängt, oft noch zusätzliche, sich aus der Situation heraus ergebende Bedeutungen. Jede Äußerung hat also noch einen kommunikativen Sinn (auch: pragmatische Bedeutung), der von den jeweiligen Intentionen des Sprechers abhängig ist. Dies ist in der folgenden Formel komprimiert dargestellt (vgl. Bierwisch 1979, 1983b):

(14)   (((äuß(phon, syn, sem))ct,m)ias,ks)

Jede Äußerung **äuß** besteht aus einer sprachlichen Repräsentation, welche die Ebenen **Phon**(ologie), **Syn**(tax) und **Sem**(antik) involviert. Jede Äußerung hat eine aktuelle (Äußerungsbedeutung) Bedeutung **m**, die vom Kontext **ct** beeinflusst wird. Jede Äußerung findet zudem in einer bestimmten Interaktionssituation **ias** statt und hat einen kommunikativen Sinn **ks**.

So kann der Satz

(15)   Das würde ich nicht tun.

geäußert werden, um den Hörer zu warnen, und die Äußerung

(16)   Es zieht!

kann noch neben der Feststellung als ks die Aufforderung implizieren:

(17)   Mach bitte die Tür zu.

Die Äußerung

(18)   Ich habe jetzt aber großen Hunger.

kann die Bitte enthalten, etwas zu essen zu machen. Dies wird vom Sprecher nicht explizit gesagt, sondern nur angedeutet (auch: implikatiert). Wir können also auf eine direkte oder eine indirekte Weise Bedeutungen vermitteln. Der Ausdruck *Implikatur* ist eingeführt worden, um zu bezeichnen, was ein Sprecher neben dem, was er explizit sagt, noch meinen kann (s. hierzu besonders Grice 1975, der den Terminus geprägt hat).

Implikaturen sind aus Sprecherperspektive nicht ausgedrückte, aber gemeinte Bedeutungsbestandteile, aus Hörerperspektive Ergebnisse von Schlussfolgerungen, die pragmatisch motiviert sind.

Achtung: In der Forschungsliteratur wird manchmal nicht ganz klar unterschieden, ob es sich um intendierte Sprecher- oder mögliche Hörer-Implikaturen handelt. Weiterhin finden sich z. T. zwei Lesarten: Implikaturen sind Schlussfolgerungen (prozedurale, dynamische Lesart; in diesem Sinne auch oft als *Inferenzen* bezeichnet), und Implikaturen sind das Ergebnis von Schlussfolgerungen (statische Lesart).

Die sogenannten pragmatischen oder konversationellen Implikaturen sind indirekte Bedeutungsbestandteile, die von der Absicht des Sprechers und der jeweiligen Kommunikationssituation abhängen. Es reicht aber nicht aus, dass der Sprecher etwas implikatieren will (s. hierzu das Beispiel (12) *Ein Tisch ist ein Tisch* in

Kap. 1.2.3). Um auf Hörerseite Implikaturen erkennen zu können, müssen sie sich aus der wörtlichen Bedeutung und der Situation plausibel ableiten lassen. Searle nennt hier als Beispiel einen im 2. Weltkrieg in italienische Gefangenschaft geratenen Amerikaner, der die Gedichtzeile *Kennst du das Land, wo die Zitronen blühen?* sagt (da dies der einzige deutsche Satz ist, den er kennt), um sich als Deutscher auszugeben. Er will damit erreichen, dass die Italiener erkennen, dass er Deutsch spricht (somit als Deutscher ein Alliierter der Italiener ist) und sich zu Unrecht in Kriegsgefangenschaft befindet. Aus der wörtlichen Bedeutung des geäußerten Satzes wird diese Intention natürlich nicht ersichtlich; und die vom Amerikaner intendierte Implikatur ergibt sich in der Situation auch nicht zwingend. Somit ist sein Versuch zum Scheitern verurteilt.

Es ist für uns daher notwendig, dass wir alles, was wir implizit meinen können, prinzipiell auch explizit sagen können:

(19)　Linus: Spielst Du mit mir, Violet? V: Du bist jünger als ich! (geht davon) Linus: Sie hat meine Frage nicht beantwortet!

In diesem Beispiel aus den Peanuts-Geschichten um Charlie Brown beruht der Witz auf der Unfähigkeit des kleinen Linus, den indirekten Sprechakt von Violet zu verstehen. Sie hätte also explizit *Nein* sagen müssen. Violet stellt nur eine Tatsache fest, aus der ein kompetenter und erfahrener Hörer mittels einer konversationellen Implikatur schließen würde, dass sie damit eine negative Antwort gibt (denn es ist offensichtlich unter ihrer Würde, mit einem jüngeren Kind zu spielen).

Konversationelle Implikaturen ergeben sich immer nur in bestimmten Situationen; sie sind nicht Bestandteil der lexikalischen Bedeutung von Ausdrücken. Vielmehr sind sie das Resultat eines Schlussfolgerungsprozesses, der vor dem Hintergrund bestimmter Gesprächserfahrungen abläuft (s. hierzu 3.2). Diese rein pragmatisch zu rekonstruierenden Bedeutungsbestandteile unterscheiden sich in zwei wesentlichen Punkten von den lexikalischen Bedeutungen:

> Die semantische (konventionelle) Bedeutung von Ausdrücken ist im Lexikon gespeichert, die pragmatische (konversationelle) ergibt sich aus der Situation. Und pragmatische Bedeutungsbestandteile lassen sich im Gespräch zurücknehmen/ streichen, semantische nicht.

So können wir nach der Äußerung der Sätze (16) und (18) sagen:

(20)　Damit will ich aber nicht andeuten, dass du jetzt das Fenster zumachen/
mir etwas zu essen machen sollst.

Teile der wörtlichen Bedeutung können wir nicht zurücknehmen, ohne dass sich ein krasser Widerspruch ergibt. Wir können also beispielsweise nicht sagen:

(21)　*Es zieht, aber damit will ich nicht sagen, dass es zieht/dass ein Luftzug durch den Raum geht.

Nicht alle Bestandteile der semantischen Bedeutung eines Ausdrucks werden also grammatisch und lexikalisch ausgedrückt: Es gibt auch semantische Implikaturen (auch: Implikationen). Der Streichbarkeitstest hilft zu entscheiden, ob eine Bedeutung semantisch (konventionell) oder pragmatisch (konversationell) ist.

Der Satz *Das Fenster wird geöffnet.* impliziert ‚Es gibt ein Fenster‘ und ‚Das Fenster war vorher zu‘. Beide Implikationen lassen sich nicht streichen (ohne dass ein Widerspruch entsteht).

In manchen Situationen allerdings können wir Informationen zurücknehmen, die normalerweise zur lexikalischen Bedeutung eines Wortes gehören (s. hierzu 2.1.2):

(22) Ich habe einen Füller, aber er schreibt nicht.

(23) Hier sitzt ein Vogel, aber er kann nicht fliegen.

Von vielen Linguisten wird die Meinung vertreten, dass ausschließlich die im Lexikon gespeicherten, kontextunabhängigen Bedeutungen Gegenstand der Semantik sein sollen, während die aktuellen Bedeutungen und die konversationellen Implikaturen in das Gebiet der Pragmatik (die Aspekte der Situation und des Kontextes berücksichtigt) fallen. Die semantische Forschung hat sich daher lange nur mit den lexikalischen Bedeutungen beschäftigt. Mittlerweile aber interessieren sich viele (kognitive) Semantiker auch für die Frage, in welcher Relation lexikalische und aktuelle Bedeutung sowie kommunikativer Sinn stehen. Semantische Kompetenz wird nicht nur als statisches Kenntnissystem betrachtet, sondern auch unter prozeduraler Perspektive. Teil unserer semantischen Kompetenz ist es, lexikalische Bedeutungen zu aktivieren und im Sprachproduktions- oder Rezeptionsprozess situationsangemessen einzusetzen. Teilweise sprechen Linguisten sogar von „pragmatischer Semantik" (Busse 2009: 60 f.). Die Grenzen zwischen Semantik und Pragmatik werden also nicht mehr ganz so strikt gezogen wie früher.

Diese Auffassung wird z. B. auch von modernen angewandten Disziplinen wie der Internetlinguistik vertreten. Die oben genannten Phänomene werden hier im spezifischen Kontext des Kommunikationsmediums World Wide Web untersucht, die pragmatische Perspektive ist also Ausgangspunkt. Dennoch werden gleichzeitig semantische Fragestellungen diskutiert, wie etwa der Bedeutungswandel, der durch diesen spezifischen Kontext motiviert werden kann (vgl. Marx/Weidacher 2014).

Greifen wir nun noch einmal systematisch die Unterscheidung der drei oben angesprochenen Bedeutungsebenen auf:

Die lexikalische Bedeutung betrifft die Bedeutung eines Ausdrucks (d. h. die Wort- oder Satzbedeutung) für sich, also ohne Kontext betrachtet. Diese Bedeutung ist im mentalen Lexikon gespeichert, sie ist situationsunabhängig, d. h. stabil, sie verändert sich nicht von Kontext zu Kontext.

Die wörtliche Bedeutung von *Baum* lässt sich angeben als ‚ist Pflanze, hat Stamm, hat Äste‘ und legt das Referenzpotenzial des Ausdrucks fest: Mit *Baum* lassen sich alle Objekte, die es in der Welt gibt, welche die genannten Merkmale aufweisen, bezeichnen.

Die Satzbedeutung von *Der Baum verliert seine Nadeln.* ergibt sich allein aus der Bedeutung der kombinierten Wörter (Kompositionsprinzip; s. hierzu Kap. 5.1, Teil II): (,Bestimmte Bestandteile eines spezifischen Exemplars des Pflanzentyps Baum kommen abhanden').

Die aktuelle Bedeutung (auch: Äußerungsbedeutung) entsteht nun in einem spezifischen Äußerungskontext; zu diesem gehören Sprecher, Hörer, Raum/Ort, Zeit sowie andere situative Gegebenheiten, wie z. B. die Beziehung der Kommunizierenden untereinander (s. hierzu Kap. 3.3).

Dass die aktuelle von der lexikalischen Bedeutung zu unterscheiden ist, wird ersichtlich, wenn man sich verschiedene Situationen vorstellt, in denen ein Satz geäußert werden kann.

Situation 1 für *Der Baum verliert seine Nadeln*: Im Wald auf einer Schonung vor einer Blautanne sagt ein Baumspezialist dies zum Förster. Unter Rückgriff auf die Äußerungssituation und auf Weltwissen werden semantische Variablen gefüllt und Referenten dadurch genau spezifiziert: (,Die vor dem Sprecher auf der Schonung stehende Blautanne verliert Bestandteile'). Die aktuelle Bedeutung ist also spezifischer als die wörtliche Bedeutung.

Situation 2: Im Wohnzimmer einer Familie sagt die Frau den Satz in der ersten Januarwoche zu ihrem Mann vor dem Weihnachtsbaum. Hier lässt sich die aktuelle Bedeutung umschreiben als (,Der im Wohnzimmer stehende Weihnachtsbaum löst sich in seine Bestandteile auf').

Der kommunikative Sinn ist nun der Handlungswert, die vom Sprecher intendierte Funktion der Äußerung. In Situation 1 dient die Äußerung dem Hinweis, dass etwas nicht in Ordnung mit der Gesundheit des Baumes ist und dass etwas unternommen werden muss, z. B. Fällen des Baumes oder Analyse des Bodens. In Situation 2 dagegen ist der Hinweis auf die Trockenheit des nadelnden Weihnachtsbaumes zugleich die indirekte Aufforderung an den Mann, den Weihnachtsbaum aus dem Wohnzimmer zu bringen und zu entsorgen. Hier zeigt sich, wie mit ein und demselben Satz je nach Situation unterschiedliche kommunikative Handlungen vollzogen werden können. Um die tatsächlich gemeinte Funktion verstehen zu können, müssen die Hörer oft konversationelle Implikaturen ziehen.

?

1. Überlegen Sie, welche Bedeutungen der Satz *Morgen wird es kommen!* in unterschiedlichen Kontexten (z. B. 1. Kontext: Ein Geschenkpaket wird erwartet; 2. Kontext: Umweltdebatte; 3. Kontext: religiöse Versammlung usw.) haben kann. Versuchen Sie, die wörtliche (lexikalische), kontextunabhängige Bedeutung des Satzes anzugeben.

2. Welche Implikaturen kann der folgende Satz in diversen Situationen haben: *Ich komme!*

3. Geben Sie für den Satz *Der Kanzler hält gleich eine Rede!* zunächst die lexikalische, wörtliche Bedeutung an und dann für Kontext 1 und Kontext 2 die jeweils aktuelle Bedeutung: Kontext 1: Im Jahr 2000 bei einer Führung im Bundestag, Sprecher: ein Saaldiener, Adressaten: Besucher des Bundestages, die

sich den Saal ansehen wollten./Kontext 2: im Jahr 1996, Sprecher: der CDU-Generalsekretär; Adressaten: die CDU-Fraktion, die beim Frühstück sitzt.

4. Manche Linguisten unterscheiden terminologisch zwischen *Implikatur* und *Implikation* (sowie *Präsupposition*), zwischen *implikatieren* und *implizieren*. Machen Sie sich klar, warum.

5. Geben Sie zu dem Satz *Die Frau hat die Tür geöffnet* an, welche semantischen und welche pragmatischen Implikaturen es hierzu gibt.

Lektüre:

Bierwisch 1979, Posner 1979, Reis 1980, Leech 1983: Kap. 1.2, Schwarz 1992: Kap. 2.1 und 6.1, Levinson 2000: Kap. 3, Bublitz [2]2009: Kap. 14, Meibauer [2]2001.

1.3   Das methodische Problem: Der Geist sitzt im schwarzen Kasten

> Aber da, da (er deutet ihr auf Stirn und Augen), was liegt hinter dem? Geh, wir haben grobe Sinne. Wir mussten uns die Schädeldecken aufbrechen und die Gedanken einander aus den Hirnfasern zerren. (Georg Büchner 1835, *Dantons Tod*)

> Aber die Untersuchung des Erkennens kann nicht anders als erkennend geschehen; bei diesem sogenannten Werkzeug heißt dasselbe untersuchen nichts anderes als erkennen. Erkennen wollen aber, ehe man erkennt, ist eben so ungereimt, als der weise Vorsatz jenes Scholastikus, schwimmen zu lernen, ehe er sich ins Wasser wage. (Georg Wilhelm Friedrich Hegel)

Da Bedeutungen geistige Einheiten sind, die der direkten Beobachtung nicht zugänglich sind, ergibt sich für jede semantische Analyse das methodische Problem, Einblick in den Geist zu bekommen. Damit stoßen wir auf die bereits erwähnte Blackbox-Problematik. Unsere mentalen Kenntnissysteme sitzen für uns wie in einem schwarzen Kasten und wir müssen diesen Kasten „öffnen", um Einblick in das System unseres Geistes bekommen zu können. Wie können wir Aufschluss über Bedeutungen erhalten und wie können wir Bedeutungen beschreiben?

Introspektion

Das wichtigste Ermittlungsverfahren in der Linguistik ist die Introspektion, d. h. die Selbstbeobachtung. Bei der introspektiven Analyse blickt der Untersuchende quasi in sich hinein (allerdings ohne aufgebrochene Schädeldecke!) und „befragt" seine eigene sprachliche Intuition.

Benutzen Sie Ihre introspektive Fähigkeit und beleuchten Sie Ihre intuitive Kenntnis über die Bedeutung des Wortes *Stuhl*. Beurteilen Sie nun den folgenden Satz auf seine Sinnhaftigkeit:

(24)   Das grüne Pferd schreibt ein Buch über semantische Stühle.

Geben Sie nun noch an, in welcher Beziehung die folgenden Wörter zueinander stehen: *anfangen* und *beginnen, kalt* und *heiß, Mensch* und *Mann.*

Ihre sprachliche Intuition sagt Ihnen, dass die Bedeutung des Wortes *Stuhl* so etwas wie („ist ein Möbelstück, auf dem man sitzen kann') ist, dass der zu beurteilende Satz (24) unnormal und ziemlich blödsinnig ist und dass die Wörter in der Beziehung der Bedeutungsgleichheit, des Bedeutungskontrastes und der Überordnung stehen.

In der modernen Linguistik (insbesondere in der Generativen Grammatiktheorie) ist die Introspektion das primäre Analyseverfahren, um Aufschluss über die sprachliche Kompetenz zu erhalten. Mittels intuitiver Beurteilungen können wir beispielsweise feststellen, ob ein Satz grammatisch oder ungrammatisch, sinnvoll oder sinnlos ist. Allerdings sind die intuitiv gewonnenen Aussagen stets subjektiv und damit an den individuellen Horizont des einzelnen Wissenschaftlers gebunden. Hinzu kommt, dass viele Bereiche unseres Geistes unbewusst sind, also der bewussten Introspektion verschlossen bleiben.

Können Sie mittels Ihrer Introspektion angeben, ob in Ihrem Langzeitgedächtnis die beiden Bedeutungen des doppeldeutigen Wortes *Bank* (als Geldinstitut und als Sitzgelegenheit) zusammen abgespeichert sind oder ob beide Bedeutungen gleichzeitig aktiviert werden, wenn Sie das Wort *Bank* hören?

Das können Sie sicherlich nicht, denn die unbewussten kognitiven Phänomene auf der Ebene des LZG entziehen sich der Introspektion. Man kann die Ergebnisse der intuitiven Analyse nun einerseits durch experimentelle Verfahren, anderseits durch Informantenbefragung ergänzen und kontrollieren. Bei der Informantenbefragung werden die sprachlichen Intuitionen mehrerer Sprecher überprüft und miteinander verglichen. Damit gewinnt man ein gewisses Maß an Intersubjektivität. So kann man mit dieser Methode zu ermitteln versuchen, welche Bedeutungsbestandteile eines Wortes überindividuell und welche rein subjektiv sind.

Experimente

In Experimenten werden diese Resultate dann gezielt, d. h. durch bestimmte, vorgegebene Anweisungen oder Aufgaben überprüft. Dabei können in semantischen Tests Aspekte der bewusst erfahrbaren Kompetenz erfragt werden (z. B. Bedeutungsgleichheit). Man kann aber auch über die Daten, die durch Assoziationsexperimente und Verstehenszeitmessungstests gewonnen werden, Rückschlüsse auf die unserem Bewusstsein nicht zugängliche semantische Organisation und Verarbeitung ziehen. So untersuchte Swinney 1979 in einem (viel zitierten) Worterkennungsexperiment die oben gestellte Frage, nämlich ob der Zugriff auf das mentale Lexikon bei ambigen Wörtern wie *Bank* und *Wanze* seriell oder parallel verläuft, ob also je nach Kontext (z. B. beim Satz *Sie brauchten dringend Geld, die nächste Bank war weit.*) nur eine Lesart („Geldinstitut') aktiviert wird oder ob es unabhängig vom Kontext zu einer autonomen Aktivierung beider Lesarten („Geldinstitut' und „Sitzgelegenheit') kommt (vgl. hierzu die Priming-Methode in Kap. 2.5).

Die Beschreibung von Bedeutungen ist auf verschiedene Weise möglich: durch Beispielnennung, durch Paraphrasieren und durch die Zerlegung (auch: Dekomposition) von Bedeutungen in elementare Bestandteile. Wir können auf einen Gegenstand zeigen, auf den wir mit einem bestimmten Wort Bezug nehmen, um damit jemandem die Bedeutung des Wortes klar zu machen. Diese Vorgehensweise stößt aber schnell an ihre Grenzen. Bei den Konkreta ist sie noch in einzelnen Fällen möglich. Wenn wir jemandem sagen wollen, was das Wort *Amsel* bedeutet, können wir auf ein Exemplar dieser Vogelart zeigen. Wollen wir aber das Wort *Vogel* oder *Tier* oder *Lebewesen* erklären, erfassen wir mit dem Verweisen auf einzelne Exemplare nicht die allgemeine Bedeutung dieser Wörter. Bei Abstrakta (wie *Güte*, *Demokratie*) und grammatischen Wörtern (wie *um*, *weil*) funktioniert dieses Verfahren überhaupt nicht.

Paraphrase

> Ein Psychoanalytiker ist jemand, der dem Vogel, den andere Leute haben, das Sprechen beibringt.

Das wichtigste Mittel zur Beschreibung von Wortinhalten ist die Paraphrase. Die Bedeutung eines Wortes wird dabei durch andere Wörter beschrieben bzw. umschrieben. Der Untersuchungsgegenstand und das Mittel zur Analyse und Beschreibung desselben sind also identisch: Mit Wörtern, die Bedeutungen haben, beschreiben wir Bedeutungen. Das Paraphrasieren birgt daher ein methodisches und erkenntnistheoretisches Problem, dem sich keine Semantiktheorie entziehen kann. Bedeutungen werden ja immer nur wieder mit neuen Bedeutungen dargestellt und erklärt. Wir paraphrasieren das, was wir eigentlich erklären wollen, wieder mit etwas, was auch erklärungsbedürftig ist. Dieses Problem wird auch durch die Einführung einer exakten Wissenschaftssprache nur begrenzt gelöst. Bei der semantischen Analyse versucht der Geist, etwas über den Geist zu erfahren. Da wir aber aus dem Geist und seinen Denkmöglichkeiten, die wiederum zu einem großen Teil von den semantischen Einheiten determiniert werden, nicht heraustreten können, ist die Gefahr eines gewissen Zirkelschlusses in der semantischen Theorie groß, wenn nicht gar unumgänglich.

Warum stoßen wir in der Semantik auf das Problem der „cognition turning in upon itself" (Leech [2]1981: ix)? Vergleichen Sie hierzu auch folgende Aussage von Wittgenstein ([1921] 2003): „Die Grenzen meiner Sprache bedeuten die Grenzen meiner Welt."

Lektüre:

Wunderlich [2]1991: 71 f., Engelkamp/Pechmann 1988, Rickheit/Sichelschmidt/Strohner [2]2007: Kap. 1, Dietrich 2006, Bieri [4]2007, Schwarz [3]2008: Kap. 1.4, Kertész/Consten/Schwarz-Friesel 2012.

Zusammenfassung

Wir haben eine Reihe von Fragen kennengelernt, mit denen sich die linguistische Semantikforschung beschäftigt. Im Mittelpunkt semantischer Analysen stehen traditionell die Beschreibung und Erklärung von sprachlichen Bedeutungen und deren Relationen untereinander. Die kognitiv orientierte Semantik rückt dabei die Einbettung der semantischen Kompetenz in die menschliche Kognition in den Vordergrund ihrer Forschung. Die Fragen, die sich die moderne Semantikforschung stellt, sind: Was gehört alles zum semantischen Wissen? Wie ist dieses Wissen im LZG gespeichert? Wie aktivieren wir dieses Wissen?

 Aufgabe der semantischen Forschung ist die Rekonstruktion dessen, was in unserem Langzeitgedächtnis repräsentiert und in unserem Arbeitsgedächtnis verarbeitet wird. Sie bietet also eine Erklärung für unsere semantische Kompetenz, d. h. die Fähigkeit, Wörter und sinnvolle Sätze produzieren und verstehen zu können.

2 Aspekte der Wortsemantik

2.1 Lexikalische Bedeutungen: semantische Merkmale und Prototypen

„Wie geht's" sagte ein Blinder zu einem Lahmen. „Wie Sie sehen", antwortete der Lahme. (Georg Christoph Lichtenberg)

2.1.1 Semantische Merkmale

Doch wer Metaphysik studiert, [...]
Weiß, daß das Nasse feuchtet
Und daß das Helle leuchtet.
(Friedrich Schiller, *Die Weltweisen*)

Bei dem Versuch, Bedeutungen zu beschreiben, stößt man auf eine in der linguistischen Semantik weit verbreitete Hypothese: die Merkmalhypothese. Dieser Hypothese liegt die Vorstellung zugrunde, dass Bedeutungen keine ganzheitlichen, nicht weiter zu analysierenden Einheiten sind, sondern sich aus elementaren Inhaltselementen, den semantischen Merkmalen (auch: Seme oder Komponenten) zusammensetzen.

Wir können die Bedeutung eines Wortes in eine Reihe von Teilbedeutungen zerlegen. Die Fähigkeit, Wortbedeutungen in elementarere Bestandteile zu zerlegen, ist Teil unserer semantischen Kompetenz, wenn auch die Schnelligkeit und Sicherheit, mit der wir dies tun, übungsabhängig und zum Teil auch wissensabhängig ist (vgl. den Test in 1.1.1). Ein einfaches Beispiel: Die Bedeutung von *Frau* lässt sich aufteilen (auch: dekomponieren) in (‚lebendig, menschlich, weiblich, erwachsen'). Bedeutungen wird damit eine innere Struktur zugesprochen, die als Merkmalbündel repräsentiert werden kann. Die Kombination bestimmter Merkmale konstituiert also die Bedeutung eines Wortes.

Eine Frau ist kein Kind: Omnis determinatio est negatio und die Funktion distinktiver Merkmale

Semantische Merkmale haben distinktive Funktionen, d. h. sie grenzen Wortbedeutungen voneinander ab. Durch das Merkmal (‚lebendig') wird die Bedeutung von *Frau* beispielsweise von *Frauenstatue* abgegrenzt. Durch das Merkmal (‚menschlich') wird die Bedeutung von *Frau* von der Bedeutung von *Kuh* abgegrenzt. Durch das Merkmal (‚weiblich') grenzt sich die Bedeutung von *Frau* von der Bedeutung von *Mann* ab, durch das Merkmal (‚erwachsen') von der Bedeutung von *Mädchen*. Aus der Gegenüberstellung von distinktiven Bedeutungsmerkmalen gewinnt man semantische Oppositionen (d. h. Relationen von sich aufgrund von bestimmten Merkmalen ausschließenden Bedeutungen von Ausdrücken mit ansonsten gemeinsamer semantischer Basis: *Vater* vs. *Mutter*, *Junge* vs. *Mädchen*, *Sohn* vs. *Tochter*, *Ziege* vs. *Bock*, *Greis* vs. *Mann*, etc.)

Zerlegen Sie die Bedeutung von *Mann* in semantische Merkmale und grenzen Sie diese von den Bedeutungen von *Junge*, *Kind*, *Greis* und *Ochse* ab.

Das folgende Schema stellt eine allgemeine und grundlegende Einteilung (die auf Aristoteles zurückgeht) dar:

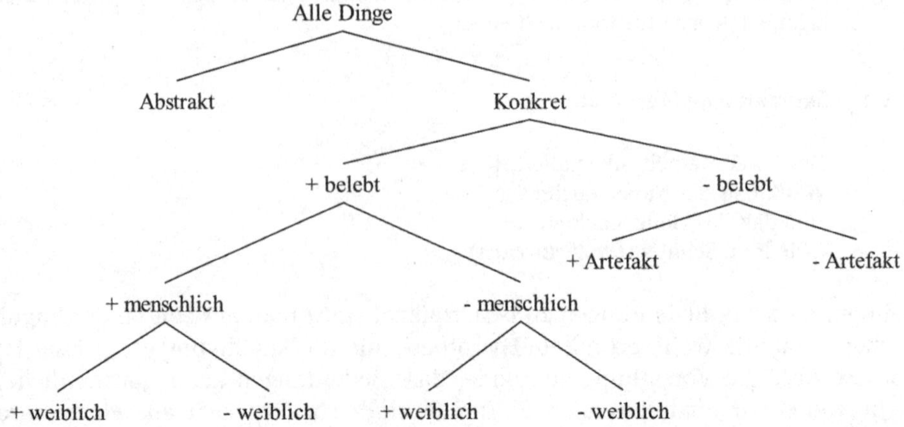

```
                        Alle Dinge

        Abstrakt                        Konkret

                    + belebt                    - belebt

                                           + Artefakt        - Artefakt

        + menschlich            - menschlich

+ weiblich      - weiblich      + weiblich      - weiblich
```

Abb. 3: Die binäre Natur semantischer Merkmale

Wie aus dem Schema ersichtlich wird, ist die Einteilung eine Zweiteilung. Dementsprechend sind die Merkmale binär konzipiert. Jede Bedeutung wird charakterisiert durch die An- bzw. Abwesenheit einer bestimmten Anzahl von Merkmalen. Wir richten uns bei unseren Definitionen also nach Ja/Nein-Entscheidungen. In diesem Sinn hat bereits Spinoza darauf hingewiesen, dass jede Bestimmung eine Verneinung ist: omnis determinatio est negatio.

Die Merkmaltheorie ist somit eine Kategorisierungstheorie für Bedeutungseinheiten. Verbales Kategorisieren ist dieser zufolge immer ein eindeutiges Zuordnen bei gleichzeitiger Abgrenzung von anderen Einheiten: Jede Bedeutung lässt sich aufgrund bestimmter Eigenschaften eindeutig von anderen Bedeutungen unterscheiden und klar definieren.

Die Merkmaltheorie trat zunächst mit dem Anspruch auf, mittels eines begrenzten Inventars von Merkmalen den gesamten Wortschatz einer Sprache beschreiben zu können. Alle Bedeutungen sollten in Merkmalbündel aufgegliedert werden. Dabei sollte die Zerlegung (auch: Dekomposition) notwendig und hinreichend sein. Nehmen wir hierzu ein anderes Beispiel: Die Wortbedeutung von *Stuhl* lässt sich zerlegen in (,Artefakt, Möbelstück, zum Sitzen, auf Füßen/Beinen, für eine Person, mit Rückenlehne, ohne Armlehnen'). Mit dieser Merkmalmenge sind genügend Angaben gegeben, die die Bedeutung von *Stuhl* definieren und gleichzeitig eindeutig abgrenzen von anderen Bedeutungen: von dem Möbelstück Tisch oder Bett durch das Merkmal (,zum Sitzen'), vom Hocker durch das Merkmal (,mit Rückenlehne'), vom Sessel durch das Merkmal (,ohne Armlehnen'), vom Sofa durch das Merkmal (,für eine Person').

Grenzen Sie die Bedeutung von *Fluss, Bach, Kanal, See, Tümpel, Teich, Weiher, Strom, Rinnsal, Meer, Pfütze, Lache* mittels binärer Merkmale voneinander ab. Ist das durchgängig möglich?

Bei der semantischen Analyse dieser Wörter haben Sie wahrscheinlich zunächst das für alle geltende Merkmal (,Gewässer') postuliert, dann eine Differenzierung nach (,groß' vs. ,klein'), (,fließend' vs. ,stehend'), (,natürlich' vs. ,künstlich'), (,Salzwasser' vs. ,Süßwasser' bzw. ,Regenwasser') vorgenommen. Eine grobe Differenzierung ist damit möglich. Wie erfassen Sie aber den Unterschied zwischen Strom und Fluss? Mit dem Merkmal (,größer als')?

Können Sie aufgrund Ihrer sprachlichen Kenntnis sagen, worin der Unterschied zwischen *Teich* und *See* besteht? Was genau ist ein *Tümpel* und was ein *Weiher*? Wie grenzt sich *Lache* von *Pfütze* ab? Umfragen (u. a. in einem linguistischen Proseminar) haben gezeigt, dass in dem Bereich der semantischen Kategorisierung und Beschreibung nicht nur viel Unsicherheit herrscht, sondern auch wissensgesteuerte Unterschiede bestehen. Nicht jeder wusste beispielsweise, dass der See eine natürlich entstandene Wasseransammlung und der Teich eine künstlich hergestellte Wasseransammlung ist. Bei *Tümpel* kamen die unterschiedlichsten Varianten: z. B. morastiges Gewässer, Gewässer, das verschmutzt ist, Teich, in dem Algen und Frösche leben usw. Kaum jemand konnte auf Anhieb *Lache* von *Pfütze* abgrenzen. Ein Kriterium, das nach Minuten des Überlegens mehrmals genannt wurde, war: Die Pfütze ist eine natürlich entstandene Ansammlung von Regenwasser in einer Bodenvertiefung, die Lache eine künstlich erzeugte Flüssigkeitsansammlung auf ebenem Boden. Im Sprachgebrauch aber findet sich auch die folgende Verwendungsvariante:

(1)   Der Hund hat da eine Pfütze gemacht.

Unsere intuitive Sprachkenntnis reicht also bei Bedeutungsanalysen nicht immer aus, um vollständige Bedeutungsbeschreibungen zu liefern. Oft haben wir nur recht vage Bedeutungsrepräsentationen, die an bestimmte sprachliche Ausdrücke geknüpft sind. In vielen Fällen hilft nur spezifisches Weltwissen weiter. Eindeutige Bedeutungsabgrenzungen lassen sich daher nicht immer ziehen.

In linguistischen Semantiktheorien wird manchmal eine Trennung zwischen spezifisch sprachlichem und allgemein konzeptuellem (enzyklopädischem) Wissen vorgenommen. Semantische Merkmale sind demnach nur die sprachlich relevanten Gebrauchsbedingungen. Sprachlich relevante Gebrauchsbedingungen für das Wort *Tante* beispielsweise sind die Informationen, dass eine Tante ein weiblicher Mensch ist und in einer bestimmten verwandtschaftlichen Beziehung zu einem anderen Menschen steht (als Schwester vom Vater oder der Mutter des Sprechers). Irrelevant für die Bedeutung des Wortes sind dabei die Informationen, dass eine Tante meist erwachsen ist, dass sie Geschenke mitbringt, dass sie sehr nett oder sehr streng sein kann usw. Diese Informationen gehören zu dem enzyklopädischen Wissen der Sprecher/Hörer.

Wie aber lassen sich aus der Menge an lexikalischen, also im LZG gespeicherten Informationen diejenigen herausfiltern, denen man den Status semantischer

Merkmale zusprechen kann? In der semantischen Diskussion zu diesem Problem sind zwei Auswahlkriterien genannt worden: Semantische Merkmale kommen einem Wort notwendig zu und Merkmale sichern die Unterscheidbarkeit von Wortbedeutungen.

Essenz und Akzidenz: Notwendige Merkmale sind notwendig oder warum die alten Griechen den Menschen einen *ungefiederten Zweifüßler* nannten

Das Kriterium der Notwendigkeit meint, dass die semantischen Merkmale in jeder Situation, in der ich das Wort benutze, gültig und präsent sind. Sie gelten ausnahmslos in allen Kontexten, da sie für die Bedeutungsrepräsentation des Wortes konstitutiv sind. Semantische Merkmale stellen in diesem Sinn invariante Eigenschaften dar. Diese Idee ist nicht erst in der Neuzeit entstanden, vielmehr findet sie sich schon bei Aristoteles und seiner Unterscheidung zwischen Essenz und Akzidenz eines Objekts. Essenz meint die Bestandteile, die das Ding in seiner Dinghaftigkeit, in seiner Wesenheit ausmachen, Akzidenz meint zufällige, nichtwesentliche Eigenschaften, die möglicherweise zutreffen können. Platons Definition von *Mensch* ergab nach diesem Prinzip *ungefiederter Zweifüßler*, wobei das Merkmal ‚ungefiedert' Menschen von Vögeln und das Merkmal ‚Zweifüßler' von allen anderen vierbeinigen Tieren abgrenzt.

Entsprechend ist der Mensch als vernunftbegabtes, aufrechtgehendes Lebewesen definierbar. Ob dieses Lebewesen dann weiß, braun, klein, groß usw. ist, ist irrelevant für die Bestimmung, ob ein Ding ein Mensch ist. Notwendig für die Definition von Mensch sind nur die obengenannten Eigenschaften. Nur wenn eine Entität diese Merkmale aufweist, kann ihr der Status Mensch zugesprochen werden. Die Merkmale sind also hinreichend zur Klassifizierung. Mittels analytischer Aussagen lässt sich dies überprüfen:

(2)   Eine Frau ist menschlich/weiblich/erwachsen.

Den analytischen Charakter einer Aussage kann man mit der aber-Probe überprüfen.

(3)   *X ist eine Frau, aber nicht menschlich/weiblich/erwachsen.

Ergibt sich bei der aber-Probe ein krasser Widerspruch, gehört die Eigenschaft zu den semantischen Merkmalen.

(4)   X ist eine Frau, aber nicht hübsch/langhaarig/feminin.

Hier ergibt sich bei der aber-Probe kein Widerspruch, da es sich um nichtwesentliche Merkmale handelt. Wenn *erwachsen* im Sinne von reif gemeint ist, kann man aber natürlich durchaus sagen:

(5)   Maria ist eine Frau, aber sie ist nicht erwachsen.

Die Merkmalzuschreibung verläuft dabei nach dem Alles-oder-Nichts-Prinzip. Entweder gehört ein Ding zur Klasse x, oder es gehört nicht dazu. Ein Merkmal ist entweder da oder es ist nicht da. Merkmale sind deshalb binär mit den Werten + und - angelegt. Demnach ließen sich alle Wortbedeutungen durch das Fehlen bzw. das Vorhandensein von bestimmten Merkmalen eindeutig voneinander abgrenzen. Wie wir aber bereits an den Gewässernamen gesehen haben, ist das nicht immer der Fall. Wo ziehen wir die Grenze zwischen Sprach- und Weltwissen? Eine zufriedenstellende, eindeutige Abgrenzung ist bisher noch nicht gelungen.

Bisher haben wir ziemlich unreflektiert mit den semantischen Merkmalen gearbeitet. Was aber genau sind semantische Merkmale? Woher kommen sie? Welchen Status haben sie? Sind es aus der Intuition abgeleitete Einheiten oder stammen sie aus der Wahrnehmung? Sind die Merkmale an die jeweilige Einzelsprache gebunden oder sind sie universell, also bei allen Sprachen zu finden?

In den Anfängen der Semantikanalyse wurden Merkmale als theoretische Konstrukte eingeführt, um Bedeutungen beschreiben zu können. Die Idee, dass sich die Bedeutung in Form von Merkmalbündeln darstellen lässt, wurde aus der Phonologie auf die Semantik übertragen. Semantische Merkmale hatten zunächst nur den rein heuristischen Status von Beschreibungssymbolen. Sie wurden als Teil einer semantischen Metatheorie definiert, also als Teil einer Theorie über die semantische Kompetenz (s. Greimas 1966).

In der psychologisch orientierten (naiven) Abbildungstheorie dagegen wurden sie als reale Eigenschaften von Gegenständen und Beziehungen der Realität aufgefasst. Auch in Ansätzen der logischen Semantik findet sich diese Auffassung (Frege 1892, Carnap 1947): Semantische Merkmale repräsentieren demnach invariante, tatsächlich den Dingen zugehörige Eigenschaften (wie Größe, Farbe etc.) von Mitgliedern einer Objektklasse.

Der mentalistischen Auffassung zufolge sind semantische Merkmale als angeborene Grundkategorien unserer Perzeption und Kognition definiert. Damit spricht man den Merkmalen eine universale psychologische Realität zu (Katz 1972, Bierwisch 1970 und 1983a). Die Merkmale spiegeln nicht direkt Objekteigenschaften der Wirklichkeit wider, sondern repräsentieren vielmehr Grunddispositionen der Denk- und Wahrnehmungsstruktur des menschlichen Organismus. Man geht in einigen Modellen davon aus, dass es eine Menge von universellen Merkmalen gibt, die die Bausteine jeder natürlichsprachigen Semantik darstellen (Wierzbicka 1992). Es ist auch der Versuch unternommen worden, Merkmale auf neurophysiologische Grundeinheiten zurückzuführen (Raible 1981).

Der Status von Merkmalen ist immer noch nicht eindeutig geklärt, ihre psychologische bzw. neurophysiologische Realität wird immer noch kontrovers diskutiert.

Noch ein anderes Problem ergibt sich: In der klassischen Merkmaltheorie werden Merkmale als kleinste, nicht weiter zerlegbare mentale Einheiten definiert, d. h. als semantische Primitiva. Diese Festlegung wirft aber ein grundlegendes Problem auf. Lassen sich Merkmale wie ,menschlich', ,weiblich', ,erwachsen' usw.

tatsächlich nicht weiter analysieren und in noch kleinere Bestandteile auflösen? Welche Merkmale sind wirkliche Primitiva? Gibt es ein festes Inventar von semantischen Elementen? Auch auf diese Fragen gibt es bisher keine befriedigende Antwort.

Relationale Merkmale

Bisher haben wir die semantischen Merkmale als begriffliche Symbole für Klassen oder Gattungen (z. B. MÖBEL, GEWÄSSER, GEMÜSE) und Eigenschaften (z. B. ESSBAR, LANG, KLEIN, ROT) gehandhabt.

Diese Unterteilung stammt übrigens aus der klassischen Begriffslogik (wo unterschieden wird zwischen *genus proximum* und *genus differentia specifica*). Diese sogenannten kategorialen Merkmale reichen aber nicht immer zur Beschreibung von Wortbedeutungen aus.

Zerlegen Sie die Bedeutungen von *Mutter, Vater* und *Sohn* in ihre semantischen Merkmale. Was fällt Ihnen dabei auf?

Zur Bedeutung von *Sohn* gehört (im Gegensatz zu *Junge*) die Eltern-Kind-Beziehung, die sich in dem Wortinhalt niederschlägt und nicht reduzierbar auf ein einfaches Merkmal ist. Um die verwandtschaftliche Beziehung auszudrücken, benötigen wir ein sogenanntes relationales Merkmal. Die Bezeichnung Merkmal ist hier vielleicht etwas irreführend, denn wir brauchen eine ganze Aussage, um die Relation darzustellen:

(6) Jeder Vater ist Elternteil eines Kindes.

(7) Jeder Sohn ist ein Kind von Eltern.

Betrachten wir die Bedeutungen von *Junge* und *Mädchen*, so fällt auf, dass unser Wissen über Junge/Mädchen beinhaltet, dass ein Junge/Mädchen ebenfalls stets Kind von Eltern ist. Gehört dieses Wissen noch zur eigentlichen Wortbedeutung? Wodurch unterscheiden sich dann die Bedeutungen von *Sohn* und *Junge* sowie *Tochter* und *Mädchen*? Ist es nicht vielmehr nur als Weltwissen an die Bedeutungsrepräsentation angeknüpft?

Wie verhält es sich bei *Mann* und *Vater*?

Verbbedeutungen

Die Merkmalanalyse beschränkt sich natürlich nicht auf die Beschreibung von Nomina und Adjektiven. Verbbedeutungen werden wie die Nomina gemäß dem Prinzip der lexikalischen Dekomposition mithilfe von elementaren Bedeutungsbestandteilen zerlegt. Verben lassen sich zunächst ganz allgemein mittels einiger Basismerkmale verschiedenen semantischen Klassen zuordnen: Die wichtigsten zur Gliederung des Verbsystems benutzten semantischen Kategorienmerkmale sind ‚Zustand‘, ‚Vorgang‘, ‚Handlung‘.

Zustandsverben beziehen sich auf Sachverhalte ohne Bewegung oder Aktivität (z. B. *liegen, stehen, haben*), Vorgangsverben bezeichnen Ereignisse, bei denen sich Veränderungen vollziehen (z. B. *rutschen, hageln, regnen*), Handlungsverben bezeichnen Tätigkeiten, die von einem lebendigen Subjekt ausgeführt werden (z. B. *töten, befehlen, schreiben*). Merkmaltheoretisch gesprochen haben also z. B. Zustandsverben das Merkmal (-‚Bewegung‘), die Vorgangs- und Handlungsverben dagegen das Merkmal (+‚Bewegung‘).

Bisher haben wir Gruppen von Verben sehr global von anderen Verbgruppen abgegrenzt. Innerhalb der Verbgruppen bestehen zusätzliche, sehr vielfältige Bedeutungsunterschiede, die durch spezifische, oft komplexe (d. h. sich nicht auf ein Attribut beschränkende) Merkmale charakterisiert werden können. Bei den Verben *sprechen, laufen, verprügeln* handelt es sich um Handlungsverben. Die jeweilige Handlung aber involviert unterschiedliche Tätigkeiten. Sprechen involviert die Bewegung von Mund und Zunge, Laufen dagegen die Bewegung der Beine (wobei der ganze Körper in Bewegung gerät), Verprügeln involviert nicht nur die Bewegung der Arme, sondern auch ein Objekt, das verprügelt wird (vgl. hierzu 2.4). Innerhalb der Gruppe der Verben, die die Tätigkeit des Laufens bezeichnen, lassen sich wiederum semantische Differenzierungen vornehmen: *Rennen* ist ein sehr schnelles Laufen, *rasen* ein noch schnelleres. Entsprechende Klassifizierungen lassen sich für andere Verbgruppen vornehmen.

1. Grenzen Sie *schwimmen, kraulen, paddeln, tauchen* voneinander ab.

Beschreiben Sie nun einmal die Bedeutung von *geben* und *nehmen*. Auch bei der Bedeutungsbeschreibung dieser (sogenannten konversen) Verben reichen einfache Merkmale nicht aus. Nur mit relationalen Merkmalen lässt sich die Verbbedeutung erfassen, vgl. *geben*: ‚x verursacht, dass (y hat z)‘. Solche Handlungsverben haben als elementares Merkmal (‚verursachen‘), d. h. sie involieren ein kausales Element. Die Dekompositionsstruktur von *töten* beispielsweise lässt sich folgendermaßen darstellen: ‚x verursacht, dass (y nicht mehr lebendig)‘. Auf diese Weise können wir die Bedeutung von Wörtern und Sätzen in ihre grundlegenden Einheiten zerlegen. Der Satz

(8)   Der Mann gibt dem Bettler Brot.

kann dementsprechend folgendermaßen zergliedert werden:

‚Menschlich x und Erwachsen x und Männlich x verursacht (y hat z) und Menschlich y und Erwachsen y und Männlich y und Arm y und Nahrungsmittel z und Gebackener Teig z‘

2. Zerlegen Sie die Bedeutung von *taufen* und *sterben*.

Findet ein solcher Zergliederungsprozess tatsächlich statt, wenn wir sprachliche Äußerungen verstehen? Ist die Dekomposition ein notwendiger Prozess bei der semantischen Interpretation (s. Gentner 1975)? Mit dieser Frage haben sich die Merkmalsemantiker nicht beschäftigt. Es gibt psycholinguistische Experimentergebnisse, die den Schluss nahelegen, dass diese Prozedur nicht notwendig beim Sprachverstehen abläuft. So konnte man keine zeitliche Differenz beim Verstehen einfacher und komplexer Verben (wie *sterben* ('nicht mehr lebendig sein von y')) und *töten* ('x verursacht (y nicht mehr lebendig)') feststellen. Semantisch komplexere Wörter müssten eigentlich mehr Zeit zur Verarbeitung benötigen. Die Dekomposition in semantische Merkmale scheint damit im real-zeitlichen Ablauf des Verstehens keinen entscheidenden Einfluss auf die Verarbeitung zu nehmen. Ob und inwieweit wir Bedeutungen zerlegen, hängt dabei aber sicherlich von solchen Faktoren wie Zeitaufwand, Aufgabenstellung, Motivation usw. ab.

Fazit

Die Merkmalanalyse ermöglicht uns eine fundamentale und zum Teil auch recht differenzierte Beschreibung von Bedeutungen. Sie gestattet es zudem, systematische Relationen zwischen Bedeutungen auf eine ökonomische, in der praktischen Anwendung leicht nachvollziehbare Weise zu beschreiben und zu erklären. Für Teilbereiche des mentalen Wortschatzes ist die Merkmalanalyse also gut geeignet. Trotz ungelöster Probleme (die z. B. den Status der Merkmale und die Abgrenzung von semantischem und enzyklopädischem Wissen betreffen) ist der merkmalorientierte Ansatz brauchbar als Instrument zur Darstellung und Beschreibung von Teilen des lexikalisch-semantischen Systems. Semantische Merkmale sind damit für die praktische Anwendbarkeit in der Semantik nützliche und brauchbare Beschreibungseinheiten. Die Merkmaltheorie muss aber integriert werden in ein psychologisch plausibles Modell des semantischen Gedächtnisses und in ein Modell der Sprachverarbeitung.

[?]

1. Zerlegen Sie die folgenden Wörter in ihre semantischen Merkmale und grenzen Sie die einzelnen Wortbedeutungen voneinander ab. *Autobahn, Straße, Weg, Pfad* und *Allee. Haus, Heim, Hütte, Hotel, Palast, Burg, Schloss, Zelt, Wohnwagen. Leuchten, glühen, glänzen, blitzen, glitzern, strahlen, funkeln.* Welche Probleme ergeben sich bei dem Versuch, die Bedeutungen eindeutig zu beschreiben und voneinander abzugrenzen? Reicht die sprachliche Intuition bei dieser Aufgabe aus? Können alle Bedeutungsunterschiede binär beschrieben werden?

2. Was haben die Bedeutungen der folgenden Wörter gemeinsam? Worin unterscheiden sie sich? *Fußball, Scharade, Rätselraten, Patiencen legen, Tennis, Squash, Schach, Ringelreihen, Dame, Verstecken, Wettrennen, Mikado, Schiffe versenken, Gummitwist, Quiz, Monopoly, Memory.*

3. Welcher Satz kann der folgenden semantischen Dekompositionsstruktur zugeordnet werden: 'Menschlich X1 und Weiblich X1 und Erwachsen X1 und X1 verursacht (X2 hat Z) und Menschlich X2 und Männlich X2 und Nicht-Erwachsen X2 und Nicht-Belebt Z und Liquid Z und Weiß Z'.

4. Ordnen Sie – nach demselben Muster – dem folgenden Satz eine semantische Dekompositionsstruktur zu: *Das Mädchen nimmt das Buch von dem Bruder.*

5. Nennen Sie Verben, die eine der folgenden Tätigkeiten involvieren: verursachen, zulassen, besitzen.

6. Wodurch unterscheiden sich *liegen, stehen, laufen, fliegen*?

7. Beurteilen Sie die folgenden Aussagen auf ihren Wahrheitswert:

    a) Alle Frauen sind weiblich.
    b) Alle Säugetiere leben auf dem Land.
    c) Alle Vögel können fliegen.
    d) Alle Möwen sind weiß.
    e) Alle Tassen haben einen Henkel.
    f) Alle Früchte sind süß.
    g) Alle Linguisten sind doof.

Lektüre:

Bierwisch 1970 und 1979, Lyons 1995: Teil 2, Fodor et al. 1980, Raible 1981, Lüdi 1985, Kleiber ²1998: Kap. 1, Boroditsky/Schmidt/Phillip 2003, Aitchison ⁴2012: Kap. 5.

2.1.2 Prototypen: der Vogel in unserem Kopf

> Was bist du für ein Vogel, wenn du nicht fliegen kannst, sagte der kleine Vogel zur Ente. Was bist du für ein Vogel, wenn du nicht schwimmen kannst, sagte die Ente und tauchte unter. (Sergej Prokofjew, *Peter und der Wolf*)

> Bloß der Unstudierten wegen merke ich an, daß man es mit dem Verpacken von Begriffen hält wie mit dem Verpacken von Waren: Wenn alles in der Kiste ist, was eigentlich hineingehört, und es schlottert noch, so steckt man etwas anderes dazu. (Georg Christoph Lichtenberg)

Die klassische Kategorisierungstheorie, deren Grundannahmen sich in der Merkmaltheorie wiederfinden, charakterisiert semantische Kategorien folgendermaßen: Kategorien sind klar umgrenzt. Ein Objekt (Meise) ist demnach entweder Mitglied einer Kategorie X (VOGEL), oder es ist kein Mitglied von X, sondern von Y (SCHLANGE). Kategorien werden vollständig durch eine begrenzte Menge von notwendigen und hinreichenden Merkmalen definiert. Nach der sogenannten Check-List-Methode kann dies eindeutig überprüft werden. Alle Mitglieder einer Kategorie sind gleichwertig, d. h. alle Mitglieder einer Kategorie erfüllen alle Merkmale und fallen eindeutig unter eine Kategorie (Spatzen, Amseln, Kraniche, Kolibris, Finken, Geier sind demnach gleichwertige Vertreter der Kategorie VOGEL). Eine terminologische Anmerkung: *Mitglied, Instanz, Vertreter* und *Beispiel* werden hier als Synonyme benutzt.

In den letzten Jahren hat man sich in der Kognitionspsychologie intensiv mit der Struktur von Konzepten auseinandergesetzt und den klassischen Ansatz einer kritischen Prüfung unterzogen. Eine ganze Reihe von empirischen Daten hat gezeigt, dass nicht alle Konzepte als definitorische Merkmalbündel zu beschreiben sind. Der Gedanke, dass Kategorien oft keine klar umgrenzten, eindeutig zu beschreibenden und homogenen Einheiten sind, findet sich schon bei Wittgenstein ([1953] 1960, *Philosophische Untersuchungen* 31–33).

> Betrachte z. B. einmal die Vorgänge, die wir Spiele nennen. Ich meine Brettspiele, Kartenspiele, Ballspiele, Kampfspiele usw. Was ist diesen gemeinsam? ... wenn du sie anschaust, wirst du zwar nicht sehen, was allen gemeinsam ist, aber du wirst Ähnlichkeiten, Verwandtschaften sehen ... Schau z. B. die Brettspiele an, mit ihren mannigfachen Verwandtschaften. Nun geh zu den Kartenspielen über: hier findest du viele Entsprechungen mit jener ersten Klasse, aber viele gemeinsame Züge verschwinden, andere treten auf. Wenn wir nun zu den Ballspielen übergehen, so bleibt manches Gemeinsame erhalten, aber vieles geht verloren. – Sind sie alle unterhaltend? Vergleiche Schach mit dem Mühlfahren. Oder gibt es überall ein Gewinnen oder Verlieren, oder eine Konkurrenz der Spielenden? Denk an die Patiencen. In den Ballspielen gibt es Gewinnen und Verlieren; aber wenn ein Kind den Ball an die Wand wirft und wieder auffängt, so ist dieser Zug verschwunden. Schau, welche Rolle Geschick und Glück spielen und wie verschieden ist Geschick im Schachspiel und Geschick im Tennisspiel ... Man kann sagen, der Begriff „Spiel" ist ein Begriff mit verschwommenen Rändern.

Welche Merkmale sind charakteristisch für die Kategorie SPIEL? Versuchen Sie einmal, eine Definition in Form eines Merkmalbündels zu erstellen, dann stellen Sie fest, wie schwierig es ist, auch nur ein einziges für alle Spiele gemeinsames Merkmal anzugeben. Nicht alle Mitglieder der Kategorie SPIEL weisen die gleichen gemeinsamen Merkmale auf. Nicht alle Spiele sind amüsant, nicht alle Spiele haben Wettbewerbscharakter, nicht alle Spiele werden zu zweit oder zu dritt gespielt usw. Spiele können auch nicht immer eindeutig von Nicht-Spielen abgegrenzt werden (z. B. vom Kampf oder vom Sport). Die Grenzen zwischen semantischen Kategorien sind also manchmal recht verschwommen. Die Kategorie SPIEL ist nicht strikt, sondern vielmehr durch ein Netz von Ähnlichkeiten strukturiert. Wittgenstein spricht hier von Familienähnlichkeiten. Es gibt einige Attribute, die typisch für die Kategorie sind. Manche Mitglieder teilen einige der Attribute, andere teilen wieder andere mit anderen, aber es gibt kein Merkmal, das alle Vertreter gemeinsam haben. Die verschiedenen Spiele lassen sich nach dem Muster AB BC CD DE etc. beschreiben wie Mitglieder von Familien. Es geht um Eigenschaften, die nicht bei allen Mitgliedern der Kategorienfamilie auftreten (müssen), mindestens aber bei jeweils zweien. Die Idee der Familienähnlichkeit kann also zur Beantwortung der Frage herangezogen werden, wie die Mitglieder einer heterogenen Kategorie (die außer einem gemeinsamen Merkmal ‚Spiel', im Falle von SPIEL, nichts gemeinsam haben) zusammengehalten werden.

Die Annahmen der klassischen, merkmalorientierten Kategorisierungstheorie müssen revidiert werden: Unser Geist arbeitet nicht nur mit wohldefinierten, eindeutig umgrenzten Kategorien. Unsere alltagssprachlichen Kategorien lassen sich oft nicht eindeutig beschreiben. Was genau ist ein Insekt? Wann ist ein Käfer keine Spinne und keine Wanze? Was unterscheidet eine Kirsche von einer roten Mirabelle? Dies hängt u. a. mit der Vagheit und der Randbereichsunschärfe zusammen, die charakteristisch für viele Kategorienkonzepte sind. Wo genau ist die Grenze zwischen zwei Kategorien zu ziehen? Was ist Strauch und was Baum? Was ist Teich und was See? Was ist Spiel und was Kampf/Sport? In der Semantik hat sich angesichts dieser und anderer Fragen neben der Merkmaltheorie der Ansatz der Prototypensemantik etabliert, der kritisch die Grundannahmen der klassischen Kategorisierungslehre hinterfragt. Ganz neu sind diese Überlegungen allerdings nicht, wie das folgende Zitat zeigt:

> Die Grenzen der Wortbedeutung sind verwaschen, verschwommen, fließend. Treffender aber noch wird m.E. dieser Sachverhalt gekennzeichnet, wenn man überhaupt nicht von den Grenzlinien des Umfangs redet, sondern ... von einem Grenzgebiet, das einen Kern einschließt. (Karl Otto Erdmann 1901)

Grenzfälle und Flexibilität oder Wohin mit den dreibeinigen, einäugigen Albinotigern

Manche Exemplare sind Grenzfälle von Kategorien: So ist z. B. die Tomate von ihrem Aussehen und von der Art des Wachstums her eher eine Frucht, von ihrem Geschmack her jedoch eher ein Gemüse. Der Delfin sieht wie ein Fisch aus, lebt auch wie ein Fisch im Wasser, doch ist er ein Säugetier. Die Annahme der Merkmaltheorie, dass jede Bedeutung sich eindeutig durch eine bestimmte Menge von hinreichenden und notwendigen Merkmalen bestimmen lässt, die eindeutig das Referenzpotenzial festlegt, stößt in der Alltagserfahrung bei Ausnahme- und Grenzfällen an ihre Grenzen: TIGER z. B. würde demnach dekomponiert in ‚Tier, Raubkatze, vier Beine, gestreiftes Fell‘. Dreibeinige, ungestreifte Albinotiger würden somit aus dem Raster herausfallen.

Auch bei der Bedeutung von VOGEL zeigt sich, dass wir ein gewisses Maß an Flexibilität berücksichtigen müssen und dass es sehr schwierig ist, Merkmale anzugeben, die die Gesamtheit aller möglichen Vögel in der Welt abdecken. Das Merkmal ‚Tier‘ ist viel zu allgemein (es gibt andere Tiere), das Merkmal ‚kann fliegen‘ findet sich auch bei anderen Spezies (auch Fledermäuse fliegen), ebenso die Merkmale ‚legt Eier‘ (Schlangen legen auch Eier) und ‚hat einen Schnabel‘ (es gibt Schnabeltiere). Zudem werden die charakteristischen Merkmale der Kategorie auch nicht von allen Exemplaren geteilt: Strauß, Pinguin und Küken können nicht fliegen; Kiwis haben keine Flügel, Pinguine haben keine richtigen Federn.

Nicht alle Bedeutungen lassen sich eindeutig durch ein einzelnes Merkmal von den Bedeutungen anderer Wörter abgrenzen (vgl. die Gewässernamen). Wir haben oft auch keine klaren Vorstellungen davon, was ein Objekt eigentlich genau ist und was nicht (vgl. die Angaben zu *Tümpel*).

Wir alle wissen, was eine Tasse ist. Was ist eine typische Tasse?

Die typische Tasse weist als Gefäß ein Höhe-Breite-Verhältnis von 1:1 auf; die typische Tasse hat außerdem einen Henkel. Es gibt aber bei genauer Betrachtung kein einziges Merkmal, das wirklich verbindlich und zwingend für die Kategorisierung ist. Nicht alle Tassen haben einen Henkel (z. B. bestimmte Teetassen), nicht alle Tassen weisen im Höhe-zu-Breite-Verhältnis eine 1:1-Relation auf (es gibt hohe Tassen für Pharisäer usw.), nicht aus allen Tassen trinkt man (Ziertassen, Tassen für den Setzkasten), nicht alle Tassen sind aus Porzellan oder Keramik (es gibt auch Plastiktassen). Ein Attribut ist natürlich allen Tassen gemeinsam: Tassen sind Gefäße. Selbst hier lässt sich noch ein Grenzfall nennen: Es gibt Spielzeugtassen, die schon mit einem nicht herauszulösenden Inhalt gefüllt sind, d. h. die Gefäßfunktion ist aufgehoben. Es ist folglich notwendig, dass einige Merkmale zutreffen, aber es ist nicht festgelegt, welche dieser Merkmale zutreffen müssen.

Es gibt nun auch noch andere Gefäße (Gläser, Becher, Schalen, Vasen, Töpfe usw.). Wie grenzen wir davon die Tassen ab? Was macht ein Gefäß zur Tasse? Wir haben kein Problem damit, eine typische Tasse zu erkennen. Wir müssen also einen prototypischen Vertreter von Tasse gespeichert haben, der uns als Orientierungspunkt dient und uns hilft, auch nicht-typische Tassen kategoriell einzuordnen. Dieser Prototyp ist damit so etwas wie eine repräsentative Standardbedeutung. Diese Standardbedeutung kann man folgendermaßen umschreiben: Tasse ('Gefäß, mit Henkel, Höhe-zu-Breite-Verhältnis 1:1, Funktion: man kann daraus trinken').

Labovs Tassenexperiment bestätigt die Prototypentheorie: Er untersuchte die sprachliche Kategorisierung von Haushaltsgefäßen und legte seinen Versuchspersonen (VPn) Abbildungen von verschiedenen Gefäßen vor. Die Abbildung einer prototypischen Tasse (hat einen Henkel und ihr Höhe-zu-Breite-Verhältnis ist 1:1) wurde ziemlich übereinstimmend als *Tasse* bezeichnet. Bei anderen Bildern ergaben sich erhebliche Variationen bei den Antworten. Die Grenzen, die wir bei Kategorisierungen ziehen, variieren übrigens auch je nach Kontext: Wenn den VPn gesagt wurde, sie sollten sich vorstellen, dass sie aus den abgebildeten Gefäßen Kaffee trinken, wurden auch tassenuntypische Gefäße als *Tasse* bezeichnet.

Abb. 4: Die verschiedenen Gefäße aus Labov (1973)

Was genau ist ein Prototyp? Es ist die mentale Repräsentation eines typischen Mitglieds einer Kategorie. Genauer: Es ist die in einer Sprachgemeinschaft als typisch erachtete Konzeptrepräsentation einer Kategorie. Die Mitglieder von Kategorien lassen sich auf einem Kontinuum der Kategorienzugehörigkeit anordnen. Die Mitglieder sind also in unterschiedlichem Maß repräsentativ oder typisch für eine Kategorie, und den idealen Repräsentanten einer Kategorie nennt man Prototyp. In unserer Kultur entspricht der Prototyp für VOGEL nicht dem Kakadu oder dem Kolibri, sondern dem Spatz oder dem Rotkehlchen. Das Rotkehlchen ist für uns also ein besserer Vertreter der Kategorie. Dies widerspricht der Annahme der klassischen Kategorisierungstheorie, alle Vertreter seien gleich gute Exemplare einer Kategorie. Zudem zeigen Tests auch Abstufungen innerhalb der Typikalitätseinschätzungen. Rotkehlchen ist typischer als Huhn, Huhn typischer als Vogel Strauß, Strauß typischer als Pinguin. Achtung: Prototypen sind aber nicht tatsächlich existierende Einheiten in der Welt, sondern geistige Repräsentationen.

Merkmaltheoretisch betrachtet vereinen sie die als typisch für eine Kategorie erachteten Attribute. Der Prototyp von VOGEL lässt sich somit beschreiben als („hat Federn, ist klein, singt, legt Eier, ist in heimischen Gärten zu sehen'). Nicht alle Vögel sind für uns folglich gleich gut „vogelartig". Wir haben nicht einfach nur einen Vogel, sondern einen typischen Vogel in unserem Kopf!

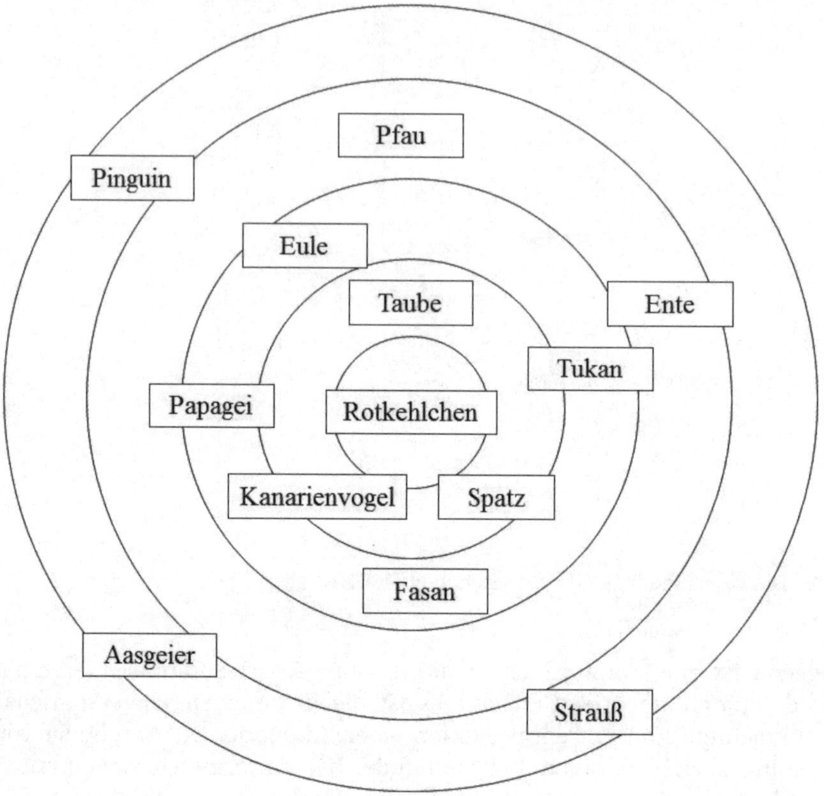

Pfau

Pinguin

Eule

Taube

Ente

Tukan

Papagei

Rotkehlchen

Kanarienvogel

Spatz

Fasan

Aasgeier

Strauß

Abb. 5: Typikalität, illustriert am Beispiel der Kategorie VOGEL,
vgl. auch Aitchison ([4]2012)

Mit diesem typischen Vertreter der Kategorie VOGEL werden in der konkreten Erfahrung alle anderen Exemplare verglichen. Bei entsprechender Übereinstimmung, also Ähnlichkeit zwischen Prototyp und bestimmtem Exemplar, wird das Exemplar unter die Kategorie VOGEL subsumiert. Auch bei Sprachverstehensprozessen spielt der geistige Prototyp eine wichtige Rolle: *Im Apfelbaum sitzt ein Vogel und singt.* Sicher haben Sie beim Lesen dieses Satzes nicht das Bild eines Aasgeiers oder Kakadus eingesetzt.

Wo kommen Prototypen her? Offensichtlich spielen Frequenzialität und Relevanz in der Gesellschaft eine Rolle bei der Herausbildung von Prototypen. Es wäre sehr unökonomisch, wenn wir alle Grenzfälle einzeln im Lexikon aufnehmen würden. Dies würde unser mentales Lexikon unnötig in seiner Speicherkapazität strapazieren. Neue Einheiten können als periphere Mitglieder assoziiert werden, ohne dass es zu einer Umstrukturierung der Kategorie kommt. Konzepte sind also nicht nach dem definitorischen Prinzip strukturiert. Vielmehr gruppieren sich die konzeptuellen Informationen um eine Standardrepräsentation, den Prototypen. Ein Vogel ist dann ein umso typischerer Vertreter der Kategorie, je größer die Ähnlichkeit zwischen ihm und dem mental gespeicherten Prototypen ist.

Noch nicht eindeutig festgelegt ist in der Forschung der repräsentationale Status von Prototypen: Sind es mentale Bilder von typischen Instanzen oder eher abstrakte Informationseinheiten? Wie soll man diese abstrakten Informationseinheiten dann aber beschreiben und darstellen? Offensichtlich stößt man dabei wieder auf die semantischen Merkmale, die man so gerne vermeiden wollte. Erklärt man Prototypen als mentale Bilder, lassen sich viele Kategorien überhaupt nicht einordnen. Bei Abstrakta wie *Demokratie, Liebe, Idee, Lüge* (für die wir sicherlich auch Prototypen gespeichert haben) haben wir keine perzeptuell motivierten mentalen Bilder.

Setzen Sie in den folgenden Sätzen für das Wort *Vogel* jeweils *Meise, Spatz, Rotkehlchen, Papagei, Adler, Huhn, Kolibri, Strauß* und *Pinguin* ein. Was fällt Ihnen auf?

(9) Vögel haben Federn.

(10) Vögel können fliegen.

(11) Vögel können singen.

(12) Vögel legen Eier.

(13) Ich sah einen Vogel übers Haus fliegen.

(14) Im Garten sang ein Vogel.

(15) Im Apfelbaum putzte ein Vogel sein Gefieder.

(16) Auf dem Bauernhof leben viele Vögel.

(17) Im Zoo nisten viele Vögel.

Ganz offensichtlich passen *Meise, Spatz* und *Rotkehlchen* (die in unserem Lebensraum typische Vertreter der Kategorie VOGEL sind) in alle Sätze, während die Kennung von weniger typischen Vertretern nur in spezifischen Kontexten (z. B. Hühner auf dem Bauernhof, exotische Vögel im Zoo) plausibel klingt.

Kontextabhängigkeit der Kategorisierung: Wenn Rotkehlchen zu Aasgeiern werden

Normalerweise wird beim Sprachverstehen der prototypische Vertreter einer Kategorie ausgewählt und aktiviert. In dem folgenden Beispiel jedoch kommt es innerhalb der VOGEL-Kategorie zu einer Verschiebung an den Rand: Durch den Kotext wird nicht das Rotkehlchen, sondern der Aasgeier als passender Referent ausgewählt und in die Äußerungsbedeutung eingesetzt.

(18) Die Vögel kreisten in der Wüste über den Köpfen der Verdurstenden.

Der Ko- und Kontext spielt also (wie auch das Labovsche Tassenexperiment gezeigt hat) bei Kategorisierungsentscheidungen und Informationsverarbeitungsprozessen eine wichtige Rolle.

Welches Exemplar der Kategorie FISCH setzen Sie bei *Die Katze schaute begierig nach dem Fisch im Aquarium.* ein? Sicher nicht Hai oder Schwertfisch. Ko- und kontextuelle Faktoren entscheiden darüber, welches Exemplar einer Kategorie in den mentalen Fokus gerückt wird.

Typikalität und die interne Struktur von Kategorien: röteres Rot und besseres Gemüse?

Das Phänomen der Prototypikalität findet sich nicht nur bei den Vögeln in unserem Kopf. Eleanor Rosch fand Anfang der 1970er Jahre, in Anlehnung an Berlin/Kay (1969), heraus, dass Menschen einer Sprache übereinstimmend sogenannte Fokalfarben als bessere, besonders gute, hervorstechende Vertreter für Farben bewerten (also bei Rot nicht Mischfarben wie Rosarot, Orangerot usw.; das fokale Rot wird als „röter" klassifiziert als andere Rottöne), und verwandte in diesem Zusammenhang erstmals den Ausdruck des „natürlichen Prototyps".

Fordert man Testpersonen auf, Vertreter der Kategorien MÖBEL und GEMÜSE zu nennen, erhält man das folgende Ergebnis: Stuhl und Sofa sind bessere Vertreter als Telefon und Kühlschrank, die Möhre ist ein besserer Vertreter von GEMÜSE als Petersilie.

Überprüfen Sie dies an sich selber. Vergleichen Sie Bonbons, Schokolade, Lutscher, Sahnetörtchen, Pudding, Pflaumenkuchen und Pfannkuchen miteinander. Sind alle gleich gute Vertreter für die Kategorie SÜSSIGKEITEN? Nehmen Sie nun noch die Kategorie KLEIDUNG: Sind Hose, Mantel, Schal, Hemd, Strümpfe, Krawatte, Rock, Unterhemd, Bluse, Slip, Kleid, Schuhe, Hut gleichwertige Vertreter?

Die meisten Befragten nennen hier Bonbons und Schokolade bei den Süßigkeiten und Hose, Rock und Bluse bei der Kleidung als typische Vertreter der Kategorie.

Sogenannte Verifikationsexperimente, bei denen Versuchspersonen aufgefordert wurden, Sätze wie

(19) Der Spatz ist ein Vogel.

zu beurteilen, konnten zusätzlich zeigen, dass die VPn bei Sätzen mit weniger typischen Vertretern längere Zeit zur Verifikation benötigten.

Die Prototypentheorie gilt nicht nur für nominale Kategorienkonzepte, die sich auf Objektklassen beziehen. Auch kategoriale Zustands-, Vorgangs- und Handlungskonzepte weisen eine Strukturierung nach dem Prinzip der Prototypikalität auf. Eine typische Lüge beispielsweise involviert die folgenden Bestandteile: 1. Eine Aussage ist falsch; 2. der Sprecher glaubt, dass die Aussage falsch ist; 3. mit der

Äußerung der Aussage will der Sprecher den Hörer täuschen. Eine experimentelle Umfrage unter 71 Erwachsenen ergab, dass besonders 2. und 3. als zentral für den Handlungstyp Lügen eingestuft wurden. Höflichkeits- und Notlügen gelten als eher periphere Instanzen von LÜGEN.

Hedges/Sprachliche Hecken

Es gibt sprachliche Belege für die eben geschilderten psycholinguistischen Ergebnisse. Durch bestimmte Ausdrücke werden die unterschiedlichen Typikalitätsgrade in der Klassenzugehörigkeit sprachlich direkt indiziert.

(20)   Ein Spatz ist ein typischer Vogel/Vogel par excellence.

(21)   Lose gesprochen ist ein Telefon ein Möbelstück.

(22)   Streng genommen ist Rhabarber ein Gemüse.

Es spiegelt sich in unserer Sprache auch wieder, dass wir nicht immer in der Lage sind, eindeutige Klassifikationen vorzunehmen: Oft sagen oder hören wir *eine Art Stuhl, ein seltsames Gerät, ein sonderbares Insekt*. Die so bezeichneten Gegenstände passen nicht zu 100 % in eine bestimmte Kategorie. Nicht immer können Menschen also eindeutige Zuordnungen machen; dies müsste aber der Fall sein, wenn alle Kategorien wohldefinierte, klar abgrenzbare Einheiten im Kopf wären.

Eine Anmerkung noch zur Abgrenzung von *Prototyp* und *Stereotyp(e)*: In der linguistischen Fachliteratur werden die Ausdrücke *prototypisch* und *stereotypisch* oft als Synonyme gebraucht (was jedoch nicht sinnvoll ist). Während der Terminus *Prototyp* aus der Ethnosemantik stammt und von Rosch geprägt wurde, findet sich der Terminus *Stereotyp* bei dem Sprachphilosophen Putnam. Auch Putnam (1979) hat auf das Hauptproblem bei der Bestimmung von Bedeutungen über Extensionen hingewiesen: Nicht immer lassen sich klare Ja/Nein-Entscheidungen über die Zugehörigkeit eines Gegenstandes zur Menge derjenigen Gegenstände, die die Extension des Ausdrucks bilden, fällen. Bei Putnam sind die Stereotype sozial fundierte Einheiten, die konventionell verankerte Meinungen darüber beinhalten, wie ein bestimmtes Objekt beschaffen ist. Dabei vertritt er die Hypothese von der sprachlichen Arbeitsaufteilung. Nicht jeder Sprecher einer Sprache verfügt über detailliertes, expertenhaftes Wissen über bestimmte Gegenstände. So kennen die meisten Sprecher zwar die Bedeutung des Wortes *Gold*, sind aber deshalb nicht immer in der Lage zu entscheiden, ob es sich bei bestimmten goldfarbenen Metallen tatsächlich um echtes Gold handelt. Dies kann nur der Experte. Putnam betont also die individuellen Unterschiede im Wissen von Sprachbenutzern.

In den Sozialwissenschaften und der Vorurteilsforschung hat der Ausdruck *Stereotyp* eine engere Bedeutung: Hier benennt er eine mentale Repräsentation, in der Aspekte eines Wirklichkeitsbereichs grob verallgemeinert und stark reduziert auf einige (z. T. gar nicht zutreffende) Attribute zusammengefasst werden. Stereotype Repräsentationen (z. B. von Menschen(gruppen)) hängen also eng mit dem zusammen, was wir Vorurteile nennen (s. Stangor 2009 und Schwarz-Friesel [2]2013: Kap. 11.3).

Im Folgenden wird durchgängig der Terminus *Prototyp* benutzt, um auf die grundlegende mentale Kategorienrepräsentation mittels typischer Merkmale zu referieren.

Idem per idem: *Rot* hat das Merkmal ‚Farbe' und *Kirsche* das Merkmal ‚kirschig' oder „Eine Rose ist eine Rose ist eine Rose ist …" (Gertrude Stein)

Die Grenzen zwischen Bedeutungen sind nicht immer eindeutig, wir stoßen auf fließende Übergänge und Überschneidungen sowie Probleme bei der eindeutigen Bestimmung und Beschreibung von semantischen Merkmalen: Wir greifen auf Merkmale zurück, die sich aus der uns bekannten Bedeutung ergeben (wie ‚Farbe' bei *Rot*) und sind somit in einem Beschreibungszirkel, in dem das, was erklärt werden soll, mit sich selbst erklärt wird. Hinzu kommt das Problem der Subjektivität bei vielen Kategorien: Wodurch erfassen wir das genuin Kirschenhafte der Bedeutung von *Kirsche*? Sie hat wie die rote Mirabelle die Merkmale ‚Steinobst, rot, rund, süß'. Was also macht das ‚Kirschige' aus? Ihr Geschmack? Die Konsistenz ihres Fruchtfleisches? Hier zeigt sich das in der Philosophie diskutierte Problem der Qualia, der subjektiven Erlebenseigenschaften, die kaum oder gar nicht vermittelt werden können. Insbesondere bei der „Semantik der Sinne", d. h. der Bedeutungsanalyse von Wahrnehmungserlebnissen wie Geruch, Geschmack usw. kommt man nicht umhin, solche Qualia-Eigenschaften einzubeziehen.

Basiskonzepte oder Warum Männer nicht sehr oft *Menschen* oder *Lebewesen* genannt werden

In der Prototypensemantik hat man auch auf ein anderes Phänomen aufmerksam gemacht. Einheiten unserer Erfahrungswelt werden in Taxonomien klassifiziert, d. h. verschiedenen Klassen zugeordnet. So ist ein Küchentisch zugleich auch ein Tisch und ein Möbelstück, eine Rose zugleich eine Blume und eine Pflanze, ein Pudel zugleich ein Hund und ein Tier.

Hier zeigt sich die vertikale Dimension der Kategorisierung. Diese interkategoriale Strukturierung involviert unterschiedliche Abstraktionsebenen und funktioniert nach dem Prinzip der Inklusion: Ein Dackel ist ein Hund, ist ein Tier, ist ein Lebewesen.

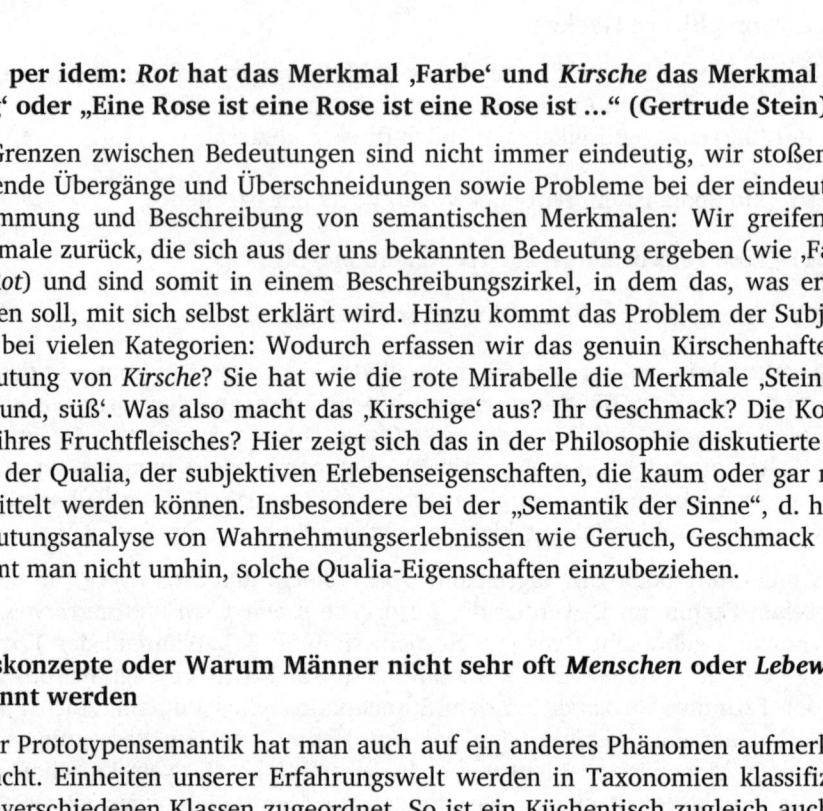

Abstrakt:	TIER	PFLANZE
Basisebene:	VOGEL/HUND	BAUM
Konkret:	AMSEL/DACKEL	FICHTE

Es gibt eine Ebene der Abstraktion, auf der Konzeptkategorien am deutlichsten und am informationsreichsten von anderen Kategorien unterschieden sind. Auf dieser sogenannten Basisebene kann die meiste Information mit dem geringsten Aufwand verarbeitet werden (bei den besprochenen Beispielen: TISCH, BLUME, HUND). Basiskategorien oder Einheiten der Grundebene teilen am meisten Eigenschaften mit allen anderen Mitgliedern ihrer Kategorie und am wenigsten Eigenschaften mit den Basiskategorien anderer Kategorien. Sie bilden die allgemeinsten Kategorien, von denen man sich noch ein mentales Bild machen kann.

Überprüfen Sie dies selbst: Können Sie zu *Tier, Möbelstück, Pflanze* ein spezifisches Vorstellungsbild in Ihrem LZG aktivieren? Dies ist nicht möglich, da diese Ausdrücke auf Konzepte mit einem höheren Abstraktionsgrad Bezug nehmen, zu denen es keine mentalen Bilder gibt. Bei spezifischen Exemplaren wie *Pudel, Küchentisch, Rose* dagegen aktivieren wir zwar geistige Bilder, aber der Abstraktionsgrad ist geringer und der Informationsgehalt spezifischer.

Basiskonzepte sind somit die abstraktesten Kategorien, für die noch eine konkrete Repräsentation als prototypische Form möglich ist. Kinder erwerben zuerst die Einheiten dieser Ebene und klassifizieren Gegenstände bevorzugt auf dieser Ebene.

Gegenstände werden beim Bild-Test am schnellsten als Gegenstände der Basisebene identifiziert und im alltäglichen Leben am häufigsten mit den Namen der Basiskategorien benannt: *Über die Straße rannte wild schreiend ein ?Lebewesen/ ?Mensch/Mann.*

Die Prototypentheorie stellt keine direkte Alternative zur Merkmaltheorie dar, sondern vielmehr eine Ergänzung. Sie gibt eine Erklärung für eine Reihe von Phänomenen, die im Rahmen der Merkmaltheorie nicht erfasst werden.

Konzepte können nicht immer so streng und eindeutig definiert werden, wie es uns die Merkmaltheorie glauben lassen will; vielmehr sind sie flexibler zu bestimmen. Viele Bereiche unserer semantischen Repräsentationen lassen sich nicht mittels eindeutiger Merkmalkriterien bestimmen. Unsere Wortbedeutungen sind in ihren Relationen nicht immer binär beschreibbar, sondern graduell, Aspekte wie Frequenzialität und Typikalität, aber auch Expertenwissen spielen eine Rolle bei der Speicherung und der Aktivierung von Bedeutungen.

1. Gibt es für die Kategorie KRANKHEIT einen mentalen Prototypen? Wovon hängt die Bestimmung des Prototypen ab?

2. Welche stereotype Annahme verbirgt sich in dem vorliegenden Witz: *Was macht ein Europäer, wenn er Kopfschmerzen hat? Der Italiener trinkt einen Cappuccino und macht amore. Der Franzose trinkt einen Pernod und macht l'amour. Der Deutsche nimmt ein Aspirin und arbeitet weiter.*

3. Versuchen Sie, eine prototypische Bestimmung der Kategorie WALD vorzunehmen.

4. Können Sie *Baum* und *Strauch* eindeutig voneinander abgrenzen?

Lektüre:

Rosch 1977, Coleman/Kay 1981, Aitchison [4]2012: Kap. 5 und 6, Lakoff 1987, Geeraerts 1988, Taylor [3]2009: Kap. 1–4, Kleiber [2]1998, Blutner 1995, Mangasser-Wahl 2000, Bärenfänger [2]2009.

2.2 Semantische Relationen

> Wer kann wissen, wo der Mund aufhört und das Lächeln beginnt? (Heinrich Heine, *Florentinische Nächte*)

Unser mentaler Wortschatz weist ein großes Maß an Organisiertheit auf. Zwischen den Wörtern bzw. zwischen den Bedeutungen von Wörtern einer Sprache bestehen eine Reihe von Beziehungen, die man semantische Relationen (auch: Sinnrelationen) nennt. Diese semantischen Relationen lassen sich zu einem großen Teil systematisch erfassen und beschreiben. Die wichtigsten dieser Relationen aus der Sinnsemantik sollen im Folgenden dargestellt werden.

Synonymie

> Wie die Leute aus dem Leben scheiden
> Der Gelehrte – gibt den Geist auf
> Der Färber – ist verblichen
> Der Maurer – kratzt ab
> Der Romanschriftsteller – endet
> Der Matrose – läuft in den letzten Hafen ein
> Der Pfarrer – segnet das Zeitliche
> Der Schauspieler – tritt von der Bühne ab
> Der Vegetarier – beißt ins Gras
> Der Musiker – geht flöten
> Der Schaffner – liegt in den letzten Zügen
> Der Straßenfeger – kehrt nie wieder

Die Synonymie ist die Relation der Bedeutungsgleichheit zwischen Wörtern. Dabei wird verschiedenen Wortformen der gleiche Inhalt zugeordnet wie bei *Stockwerk* und *Etage*, *Apfelsine* und *Orange*, *Frauenarzt* und *Gynäkologe*. Synonyme Adjektive sind z. B. *klasse, super, toll*, im Bereich der Verben *sehen, gucken, schauen*.

Wir können in einem Satz die Synonyme miteinander vertauschen, ohne dass sich am Sinn oder dem Wahrheitsgehalt des Satzes etwas verändert.

(23)   Er aß eine Orange/Apfelsine.

(24)   Er fuhr mit dem Aufzug/Lift.

(25)   Es hat schon angefangen/begonnen.

Merkmaltheoretisch betrachtet weisen Synonyme den gleichen Satz an Merkmalen auf. Synonyme sind vor allem durch Wortentlehnungen (also Übernahme von Wörtern aus anderen Sprachen) in unseren Wortschatz gelangt (wie *Portemonnaie* für *Geldbörse*, *Lift* für *Aufzug*, *Cousin* für *Vetter*).

Überlegen Sie sich, warum wir synonyme Ausdrücke in unserem Wortschatz besitzen, obgleich sie doch eigentlich überflüssig sind.

Zwei Aspekte sind bei der Beschreibung von Synonymie zu beachten. Erstens finden wir nur ganz selten eine 100%ige Bedeutungsgleichheit zwischen zwei Wörtern (so wie bei *Apfelsine* und *Orange*). Sehr oft unterscheiden sich Synonyme zumindest durch sogenannte konnotative Merkmale, so wie das bei *Zigarette* und *Kippe*, *Fernseher* und *Glotze*, *Pferd* und *Gaul* der Fall ist. Denotative Merkmale geben die semantische Grundbedeutung eines Wortes an, legen das Referenzpotenzial fest, konnotative Merkmale übermitteln zusätzliche, entweder negative (pejorative) oder positive (meliorative), emotional gefärbte Informationen. Konnotative Merkmale sind zu unterscheiden von den ganz individuellen Informationen und Gefühlen, die jeder Sprachteilnehmer mit bestimmten Wörtern verbindet (den Assoziationen). Vielfach existieren synonyme Ausdrücke, die unterschiedlichen Jargon- bzw. Stilebenen zugeordnet werden können. Beispielsweise bei *entschlafen, sterben, abkratzen, krepieren* oder bei *speisen, essen, fressen*: *entschlafen* und *speisen* gehören zur gehobenen Sprechweise, *sterben* und *essen* zur alltäglichen, *fressen* und *abkratzen* zur niederen, vulgären Sprechweise (s. hierzu ausführlich Schwarz-Friesel [2]2013: Kap. 5.1.5). Wir verfügen also über Quasi-Synonyme, um Differenzierungen in der Beschreibung von Sachverhalten vornehmen zu können. Manchmal sind synonyme Wörter auch regional bestimmbar: Vgl. *Brötchen, Semmel, Schrippe, Wecken*.

Strikte Synonymie ist in unserem Vokabular kaum vorzufinden, da kein Bedarf für völlig bedeutungsgleiche Wörter besteht. Dies schlägt sich auch in der Wortbildung nieder. Vgl. *stehlen/Dieb/*Stehler, lieben/Liebhaber/*Lieber* vs. *malen/Maler, lehren/Lehrer*.

Wodurch unterscheiden sich *Penner* und *Obdachloser* sowie *Alkoholiker* und *Säufer* semantisch voneinander? Inwiefern hängen bestimmte konnotative Bedeutungsbestandteile eng mit den Vorurteilen in unserer Gesellschaft zusammen?

Referenzidentität

> ... Du Allerliebstes, du mein Mondgesicht, O, du mein Phosphor, meine Kerze, Du meine Sonne, du mein Licht. (Johann Wolfgang von Goethe, *Nachklang*, 3. Strophe, in: *West-östlicher Divan*)

Die Synonymie ist als Bedeutungsrelation, die im mentalen Lexikon verankert ist, abzugrenzen von der Referenzidentität. *Goethe* und *der Verfasser des Werther* beziehen sich beide auf die gleiche Person, haben aber verschiedene Bedeutungen.

Ich kann auf ein und denselben Gegenstand oder Menschen mit vielen, verschiedenen Ausdrücken Bezug nehmen, z. B. auf den Nachbarshund mit *Waldi, Hund, Tier, Köter, Mistvieh,* auf einen Studenten aus meinem Seminar mit *der Kommilitone von Frau x* oder *der Student* oder *der junge Mann* oder *der faule Mensch.* Die Wörter sind dann referenzidentisch, aber nicht synonym. Frege hat auf diesen wichtigen Unterschied mit seinem berühmten *Der Abendstern ist der Morgenstern*-Beispiel aufmerksam gemacht. *Der Abendstern* und *der Morgenstern* beziehen sich beide auf denselben Referenten, die Venus. Die Bedeutung der Ausdrücke ist aber verschieden, es sind keine Synonyme.

Ambiguität

> Sagt ein Bauarbeiter zu seinem Kollegen: „Alle Zebrastreifen sollen neu gestrichen werden." Sagt der Kollege: „Mann, da haben die im Zoo aber viel zu tun."

Die Wirkung dieses Witzes beruht auf der Mehrdeutigkeit (Ambiguität) des Wortes *Zebrastreifen* (einmal als Markierungszeichen auf einer Straße, ein andermal als spezifische Eigenschaft von Zebras).

Während bei der Synonymie ein Inhalt an verschiedene Wortformen geknüpft ist, finden wir bei der Ambiguität mehrere Bedeutungen, die einer Wortform zugeordnet sind. Man grenzt dabei die Polysemie von der Homonymie derart ab, dass Polyseme Wörter genannt werden, deren verschiedene Bedeutungen auf eine gemeinsame Kernbedeutung zurückführbar sind, während dies bei der Homonymie nicht der Fall ist. So hat das Polysem *Bank* einmal die Bedeutung ‚Geldinstitut' und ein andermal die Bedeutung ‚Sitzgelegenheit'. Im Mittelalter war die *banca* der lange Tisch des Geldwechslers; daraus wurde offensichtlich die Bedeutung ‚Geldinstitut' abgeleitet (vgl. Duden Etymologie). Homonyme sind beispielsweise die beiden Wörter *Futter* (im Sinne Nahrung für Tiere) und *Futter* (innere Stoffschicht). Für viele Wörter aber lässt sich heute keine klare Unterscheidung mehr in Homonymie und Polysemie machen, daher spricht man verallgemeinert von dem Phänomen der Mehrdeutigkeit (Ambiguität). Zu erwähnen sind noch Homophonie und Homographie: Homophonie liegt vor, wenn die phonologische Repräsentation von Wörtern mit unterschiedlicher Bedeutung gleich ist (z. B. *mehr* und *Meer*). Von Homographie spricht man, wenn das Schriftbild, also die graphemische Repräsentation identisch ist (z. B. *übersetzen* (in eine andere Sprache) vs. *übersetzen* (mit dem Auto über den Kanal); *Tenor* (Sänger) vs. *Tenor* (Wortlaut/Grundstimme)).

> Wie viele Bedeutungen lassen sich den Wörtern *Schimmel, Aufzug, Birne* und *Araber* zuordnen? Finden Sie weitere Beispiele für Homophonie, Homographie und Polysemie. Schlagen Sie im etymologischen Wörterbuch unter *Schloss* und *Ton* nach.

Vagheit und Polysemie

Ist das Wort *Schule* mehrdeutig? Auch bei auf den ersten Blick nicht direkt mehrdeutigen Wörtern stoßen wir auf unterschiedliche Interpretationsvarianten (Beispielsätze aus Bierwisch 1983b):

(26) Die Schule steht neben dem Sportplatz.

(27) Die Schule wird von der Gemeinde unterstützt.

(28) Die Schule langweilt ihn.

(29) Die Schule ist aus der Geschichte Europas nicht mehr wegzudenken.

(30) Die Schule macht ihm Sorgen.

Im ersten Satz wird *Schule* als Gebäude, im zweiten Satz als Institution, im dritten als Beschäftigungsart, im vierten als Institutionstyp interpretiert. Im letzten Satz sind die drei ersten Varianten alternative Interpretationen für *Schule*. *Schule* ist nicht direkt ambig. *Schule* ist vage in dem Sinne, dass es verschiedene, aber miteinander verwandte Bedeutungsvarianten aufweist. Alle Varianten haben den semantischen Kern: Schule (‚Zweck: Lehr- und Lernprozesse'). In Anlehnung an Wittgenstein und seinen Begriff der Familienähnlichkeit kann man diese Varianten zusammengenommen eine Bedeutungs- oder Konzeptfamilie nennen. Je nach Kontext wird dann eine bestimmte Variante ausgewählt.

Hyponymie und Hyperonymie

Eine sehr wichtige, unseren Nominalwortschatz hierarchisch gliedernde Relation ist die Hyponymie (Subordination) bzw. die Hyperonymie (Überordnung). Die meisten unserer konkreten Nomina lassen sich bestimmten Hyperonymen (Oberbegriffen) zuordnen. Man vergleiche etwa die Beziehung zwischen *Pflanze/Blume/ Nelke, Lebewesen/Tier/Amsel, Fahrzeug/Auto/BMW*.

Die Bedeutungen der untergeordneten Wörter enthalten alle die Bedeutungen der übergeordneten Wörter, aber nicht umgekehrt. Es liegt also die Relation der Implikation (Einschluss) vor. So ist jede Nelke eine Blume, jede Blume eine Pflanze, aber nicht jede Blume und jede Pflanze eine Nelke. Die untergeordneten Bedeutungen sind spezifischer, haben mindestens ein weiteres Merkmal. So hat die Bedeutung von *Amsel* gegenüber der von *Vogel* das spezifische Merkmal (‚hat schwarzes Gefieder').

Eine hierarchische Strukturierung findet sich auch bei der Teil-von-Beziehung (auch: Teil-Ganzes-Beziehung oder Meronymie): *Körper/Kopf, Kopf/Gesicht, Gesicht/Mund, Mund/Unterlippe*. Jeder Körper hat normalerweise einen Kopf usw. (normalerweise gehört natürlich auch zu einem Kopf ein Körper!).

Kohyponyme und Inkompatibilität

Exemplare oder Vertreter einer Klasse sind Kohyponyme wie bei *Nelke, Rose, Aster, Veilchen, Lilie, Primel* usw. Die Kohyponyme eines Hyperonyms stehen zueinander in der Relation der Inkompatibilität (Unverträglichkeit), d. h. sie schließen sich aus. Wenn ich sage *Das ist eine Nelke*, kann ich nicht *Rose* für *Nelke* einsetzen, ohne dass sich der Sinn und der Wahrheitsgehalt des Satzes verändert. Die Unverträglichkeit bezieht sich also auf die prinzipielle Austauschbarkeit der Wörter in Äußerungen.

Kontradiktion

> You say yes, I say no, you say stop, I say go. (The Beatles)

Es gibt zwei spezifische Formen der Inkompatibilität, die in der Semantiktheorie Kontradiktion und Antonymie genannt werden.

Beispiele für die Kontradiktion sind *tot/lebendig, verheiratet/ledig, künstlich/natürlich*. Die Bedeutungen dieser Wörter schließen sich strikt aus. Die Negation des einen Wortes ergibt die Bedeutung des anderen Wortes. So ist tot ‚nicht lebendig', lebendig ist ‚nicht tot'. Es gibt keine Zwischenstufen (sieht man einmal vom klinischen Tod oder dem Koma ab), keine Steigerungsmöglichkeiten (man kann nicht sehr oder wenig tot sein; eine sprachliche Redensart wie *sehr lebendig* kann nur in der Lesart ‚aufgekratzt/munter' verstanden werden).

> Handelt es sich zwischen *ganz* und *kaputt* um die Relation der Kontradiktion? Vgl. Sie hierzu den folgenden Gesprächsausschnitt (Hörbeleg): Die Mutter: „Du hast ja die Puppe kaputt gemacht!" Das Kind: „Sie ist aber nur ein bisschen kaputt!"

Antonymie

> Kommt eine Frau mit ihrer kleinen Tochter zum Orthopäden und sagt: „Nun stell dich mal schön gerade hin, damit der Onkel Doktor sehen kann, wie krumm du bist."

Die Antonymie ist eine semantische Relation zwischen zwei Wörtern, deren Bedeutungen im Gegensatz stehen, doch lassen sich hier Zwischenstufen finden: *groß/klein, lang/kurz, kalt/heiß* sind Beispiele für Antonyme. Etwas kann auch *sehr heiß, ziemlich warm, lauwarm* usw. sein. *Gerade* und *krumm* scheinen zunächst keine Zwischenstufen zuzulassen. Entweder etwas ist gerade oder es ist krumm. In unserem Sprachgebrauch aber finden sich doch Differenzierungen: *Das Bild hängt noch nicht ganz gerade. Er ist schon etwas/ziemlich/sehr/ganz krumm* (vgl. dagegen **Er ist etwas/ziemlich/sehr/ganz tot*). Merkmaltheoretisch lassen sich Antonyme als Bedeutungen beschreiben, die in allen Merkmalen bis auf eins gleich sind. So haben *kurz* und *lang* beide die Merkmale (‚räumliche Eigenschaft') und (‚längebezogen'); *kurz* jedoch hat das Merkmal (‚unterhalb einer Norm'), *lang* (‚oberhalb einer Norm').

Viele Bereiche unseres Wortschatzes weisen eine Organisiertheit nach semantischer Ähnlichkeit und Opposition sowie Hierarchie auf. Die semantischen Relationen sind aber nicht stringent im gesamten Lexikon zu finden. Es existieren Lücken im Wortschatz (s. hierzu 2.3.2), d. h. zum Teil gibt es keine Wörter für bestimmte Zustände, Vorgänge usw. Dies kann man sich an dem Kontrast zwischen *hungrig/durstig* vs. *satt/?* verdeutlichen. Es existiert kein spezifisches Wort, das den Zustand des Nicht-mehr-durstig-Seins benennt. Nicht alle Adjektive haben also kontrastierende Wörter. Bei den Abstrakta ist es besonders schwierig, Bedeutungen mithilfe von semantischen Relationen zu beschreiben und abzugrenzen. Was ist der Gegensatz von *Idee*, von *Hypothese*? Welche Wörter sind diesen semantisch ähnlich, welche sind kontrastiv, was sind die Oberbegriffe? Nicht alle Bedeutungen lassen sich also scharf abgrenzen und durch semantische Relationen exakt beschreiben. Wie bereits in den Ausführungen zur Prototypikalität gezeigt worden ist, sind die Übergänge zwischen Bedeutungen oft fließend, die Relationen eher verschwommen und nicht eindeutig mittels einiger Merkmale zu beschreiben. Dennoch hat das dargestellte System semantischer Relationen psychologische Realität, denn wir arbeiten alltäglich mit Bedeutungskontrasten und -ähnlichkeit:

> Dunkel war's, der Mond schien helle, Schnee lag auf der grünen Flur, als ein Wagen blitzeschnelle langsam um die Ecke fuhr. Drinnen saßen stehend Leute, schweigsam ins Gespräch vertieft, als ein totgeschossener Hase auf der Sandbank Schlittschuh lief. (Volksmund)

1. Handelt es sich bei *Literat*, *Dichter* und *Schriftsteller* um Synonyme? Was ist mit *Arzt* und *Doktor*? Handelt es sich bei *Leiche*, *Tote(r)*, *Verstorbene(r)* um Synonyme? Versuchen Sie, sprachliche Kontexte zu finden, in denen diese Ausdrücke nicht austauschbar sind. Analysieren Sie: *Knast/Gefängnis/Vollzugsanstalt*, *klauen/stehlen/entwenden*, *Gesetzeshüter/Polizist/Bulle*, *Putzfrau/Raumpflegerin/Hausdame*. Handelt es sich bei *Tempo* und *Papiertaschentuch* um Synonyme?

2. Definieren Sie die Bedeutung von betrunken. Steht dieses Adjektiv semantisch in direkter Opposition zu einem anderen Adjektiv? In welcher semantischen Relation stehen *natürlich* und *künstlich*, *gut* und *böse*, *hart* und *weich*, *teuer* und *billig*, *fruchtbar* und *unfruchtbar*, *müde* und *munter* zueinander?

3. a) *Der Arzt: „Und die Medizin immer in einem Zug nehmen!"* Der Patient: „Zahlt denn die Krankenkasse auch immer die Fahrkarte?" Worauf basiert der Effekt dieses Witzes?

   b) Wie viele Bedeutungen lassen sich dem Wort *Birne* zuordnen? In welchem Verhältnis stehen die Bedeutungen zueinander?

   c) Wie viele konzeptuelle Varianten gibt es bei dem Wort *Schrift*?

4. Nennen Sie Kohyponyme zu *Mantel* und zu *Trenchcoat*. Gibt es Hyperonyme zu *Füller, Bleistift, Tinte, Kugelschreiber*? Was ist mit *Buch, Heft, Zeitung, Zeitschrift*?

5. Suchen Sie die Wortpaare heraus, die in einer Teil-Ganzes-Relation zueinander stehen: *Arm, Haus, Fuß, Stirn, Waden, Augen, Fenster, Körper, Keller, Finger, Bein, Hand, Glasscheibe, Ellbogen, Tür, Kopf, Knie*.

6. Tod ist, wenn einer lebt und es nicht weiß. (Rainer Maria Rilke, *Die weiße Fürstin*)

   Tod heißt Leben. (Grabinschrift)

   Tod und *Leben* stehen in der Relation der Kontradiktion. Wie kann man dennoch die beiden Beispiele als sinnvolle Äußerungen verstehen?

Lektüre:

Lyons 1995: Teil 2, Cruse 2001, Lehrer 1990, Lang 1995.

2.3 Semantische Felder

2.3.1 Wortfeldtheorie

> Es donnert, heult, brüllt, zischt, pfeift, braust, saust, summet, brummet, rumpelt, quäkt, ächzt, singt, rappelt, prasselt, rasselt, knistert, klappert, knurret, poltert ... rauscht, murmelt, kracht ... (Georg Christoph Lichtenberg)

Die Bedeutungen von Wörtern sind im mentalen Lexikon nicht isoliert abgespeichert, sondern stehen in vielfältigen Relationen zu den Bedeutungen anderer Wörter. Viele Wörter unserer Sprache lassen sich aufgrund dieser Verbindungen bestimmten globalen semantischen Organisationseinheiten, den Wortfeldern (Bedeutungsfeldern), zuordnen. Unser semantisches Gedächtnis ist in vielfältige Bedeutungsfelder gegliedert. Ein solches Feld umfasst eine Reihe von Wörtern, die sich inhaltlich ähnlich sind, d. h. gemeinsame semantische Merkmale besitzen und die einen gemeinsamen Referenzbereich haben. So bilden beispielsweise *rot, blau, grün, gelb, schwarz, weiß, rosa, lila* usw. das Feld der Farbnamen, *Kiwi, Traube, Nektarine* usw. das Feld der Obstnamen, *kochen, backen, braten, sieden* usw. das Feld der Kochverben.

Allgemein wird unter einem Wortfeld eine Menge von Wörtern verstanden, die zueinander in einer paradigmatischen Relation stehen, d. h. sie sind an der gleichen Stelle im Satz (Syntagma) einsetzbar. Alle Wörter gehören der gleichen Wortklasse an. Wortfelder stellen also lexikalische Paradigmen dar. In der klassischen Wortfeldtheorie ging man davon aus, dass ein Wortfeld wie ein Mosaik lückenlos zusammengesetzt ist und einen Bereich der Wirklichkeit sprachlich widerspiegelt (s. hierzu Trier 1931, Baumgärtner 1964). Man kann aber bei näherer Betrachtung schnell feststellen, dass Wortfelder nicht alle Aspekte eines Realitätsbereichs sprachlich abdecken und Lücken aufweisen (s. 2.3.2!).

Das folgende Schema zeigt das Feld der Verben, die im Deutschen den Vorgang des Sprechens bezeichnen. Als gemeinsame Merkmale kann man dabei (,menschliche Eigenschaft'), (,Artikulationsvorgang (mit der Stimme/Schallübertragung)') und (,dient der Kommunikation unter Menschen (Informationsvermittlung)') ansetzen. Diese Grundmerkmale treffen aber nicht immer gleichermaßen zu: Man kann zu sich selber oder zu einem Tier sprechen.

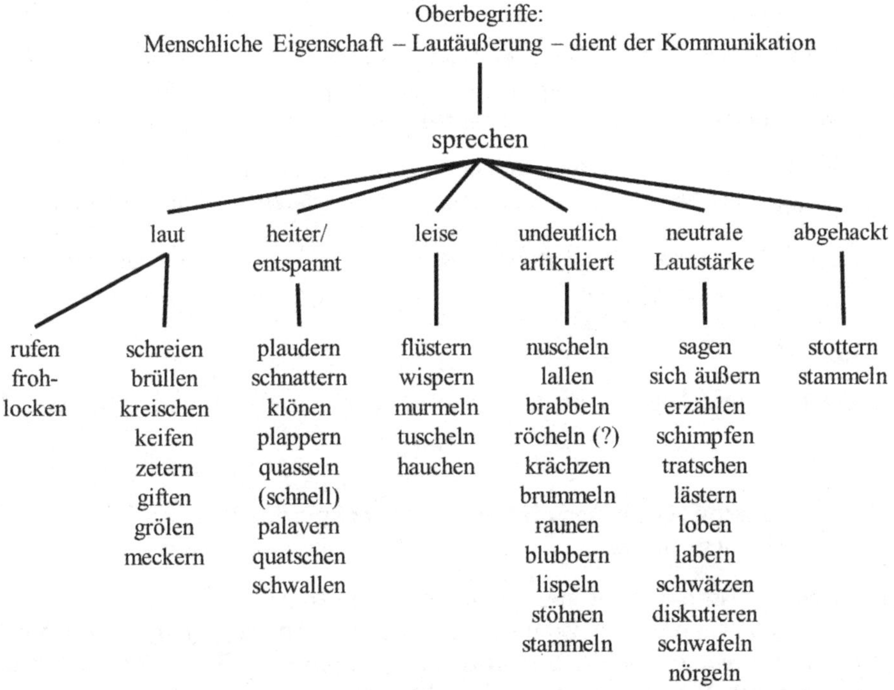

Oberbegriffe:
Menschliche Eigenschaft – Lautäußerung – dient der Kommunikation

sprechen

laut	heiter/ entspannt	leise	undeutlich artikuliert	neutrale Lautstärke	abgehackt
rufen	plaudern	flüstern	nuscheln	sagen	stottern
froh-	schnattern	wispern	lallen	sich äußern	stammeln
locken	klönen	murmeln	brabbeln	erzählen	
	plappern	tuscheln	röcheln (?)	schimpfen	
	quasseln	hauchen	krächzen	tratschen	
	(schnell)		brummeln	lästern	
	palavern		raunen	loben	
	quatschen		blubbern	labern	
	schwallen		lispeln	schwätzen	
			stöhnen	diskutieren	
			stammeln	schwafeln	
				nörgeln	

laut: schreien, brüllen, kreischen, keifen, zetern, giften, grölen, meckern

Abb. 6: Illustration des Wortfeldes *sprechen*

Bisher sind Wortfelder als Mengen von Wörtern beschrieben worden, die in paradigmatischen Relationen zueinander stehen und die gleiche Wortart haben. Sind im LZG nur solche homogenen, nach Wortart geordneten Felder abgespeichert? Offensichtlich nicht, denn Assoziationsexperimente deuten darauf hin, dass auch semantisch ähnliche Wörter unterschiedlicher Wortarten eng miteinander verknüpft abgespeichert sind. So bilden *Hund* und *bellen*, *Haar* und *blond*, *Auto* und *fahren* enge Beziehungen, ebenso verhält es sich mit *Nacht* und *dunkel*, *Gras* und *grün*, *Sonne* und *hell* usw. Statt von Wortfeldern spricht man hier von semantischen Feldern. Diese repräsentieren nicht nur Wortbedeutungen einer Wortklasse, sondern stellen Verknüpfungen unterschiedlicher grammatischer, aber inhaltlich ähnlicher und miteinander verbundener Wortkategorien (Verben, Adjektive, Nomen usw.) dar.

Semantische Felder (auch: Netze) werden in der der kognitiven Semantik als Basisstrukturen komplexer Wissensstrukturen gesehen, die Informationen über bestimmte Lebens- bzw. Erfahrungsbereiche (z. B. WEIHNACHTEN, FERIEN, VORLESUNG usw.) so speichern, dass ein mentales Weltmodell im LZG repräsentiert wird (vgl. 3.5). Als mentale Modelle von Realitätsausschnitten beeinflussen sie alle sprachlichen Verarbeitungsprozesse.

1. Erstellen Sie ein Wortfeld für alle Verben, die den Vorgang des Lachens bezeichnen.

2. Welchem Wortfeld bzw. welchen Wortfeldern lassen sich die folgenden Wörter zuordnen: *süß*, *sauer*, *scharf*, *bitter*, *fade*, *faulig*? Versuchen Sie, die einzelnen Bedeutungen mittels semantischer Merkmale voneinander abzugrenzen.

3. Welches semantische Merkmal haben *sprechen*, *lachen*, *rascheln*, *bellen*, *klirren* gemeinsam? Wodurch unterscheiden sich *kriechen*, *fliegen* und *gehen*?

Erstellen Sie zunächst ein Wortfeld zu *verreisen* und dann ein semantisches Feld zu *Urlaub*. Was fällt Ihnen auf?

Lektüre:

Geckeler 1971 und 1988, Baumgärtner 1967, Lutzeier 1981b und 1993, Warnke 1995.

2.3.2 Lexikalische Lücken und die Hypothese des sprachlichen Relativitätsprinzips

Lexikalisches Wissen besteht aus versprachlichten Konzepten. Objekte werden in unserer Sprache (und den meisten europäischen Sprachen) primär durch Nomina (*Katze*, *Tisch*, *Kind*) denotiert, Vorgänge und Handlungen durch Verben (*regnen*, *laufen*, *schlagen*), Eigenschaften durch Adjektive (*grün*, *sauer*, *kalt*). In anderen Sprachen finden sich dagegen zum Teil ganz andere Lexikalisierungen. Die Klassifikationen, die wir sprachlich erfassen, scheinen auf den ersten Blick durch die Gegenstände und Sachverhalte der realen Welt motiviert. Werfen wir jedoch einen Blick auf die lexikalische Einteilung in anderen Sprachen, verliert diese Annahme ihre Berechtigung.

Manche Sprachen lexikalisieren Unterschiede in der Objektwelt durch verschiedene Wörter, andere jedoch beachten diese Unterschiede sprachlich nicht: So gibt es im Hebräischen kein Wort für Zeh(en), nur für Finger (*etzba*), was wir als Zehen bezeichnen wird im Hebräischen (*etzba shel ha regel*/„Fußfinger") genannt, für die einzelnen Finger gibt es keine eigenen Lexeme, nur für den Daumen (*bolem*); das Wort *kesef* wird sowohl für *Geld* als auch für *Silber* benutzt. Wir können im Deutschen mit *Erde* auf die Erdkugel, den Planeten und auf den Bodensatz referieren; im Hebräischen hat man drei Wörter: *adama* für die Erde am Boden, *eretz* für Erde im Sinne von Land, *olam* für die Erde im Sinne von Welt und für den Planeten Erde die Zusammensetzung *kadur ha aretz*.

Im Ungarischen gibt es folgende Verben, die verschiedene Arten des Regnens ausdrücken: *esik* „es regnet" (neutral; keine Spezifizierung), *zuhog* „es hagelt" (sehr starker Regen), *ömlik* „es strömt", *csepeg* „es tropft" (schwere, große Tropfen), *csepereg* „es tropft" (weniger intensiv), „es tröpfelt", *szitál* „es rieselt" (denominales Verb aus *szita/Sieb*), *szemerkél* „es regnet ganz leicht" (die Luft ist feucht). Lange fand sich in diesem Zusammenhang in der Forschungsliteratur die Aussage, die Eskimos (heute oft auch als die Inuit bezeichnet) hätten eine große Menge an Wörtern, die spezifische Schneearten bezeichnen (z. B. für fallenden Schnee, schmelzenden Schnee, Eisschnee, wässrigen Schnee). Die Forschung der letzten Jahre hat aber diese Annahme als einen Mythos widerlegt und folgendermaßen differenziert: Bei den Inuit gibt es zwei verschiedene Wörter bzw. Morpheme für Schnee. Für fallenden Schnee existiert *qanik*, für Schnee, der am Boden liegt, *aput*. Hier muss man zudem noch einen kritischen Blick auf die Besonderheit des jeweiligen Sprachtyps werfen: Eskimo gehört zu den agglutinierenden Sprachen, genauer, den polysynthetischen Sprachen (am Nordpolarkreis), bei denen es keine Unterscheidung zwischen Wörtern und Sätzen gibt. Morpheme werden aneinander gereiht, so entstehen komplexe(re) Sprachstrukturen. Durch Prä- und Suffixe können so weitere semantische Spezifizierungen vorgenommen werden.

Oft findet sich die Hypothese, Differenzen bei der „lexikalischen Aufteilung der Welt" seien durch die Lebensumstände (genauer: die klimatischen Verhältnisse) motiviert. Dies ist aber offensichtlich nicht immer der Fall: Die Engländer haben kein allgemeines Wort für *Schrank*, sondern unterscheiden zwischen *bookcase*, *cupboard*, *wardrobe*, *linen press* usw. Wir machen diese Unterscheidungen mittels Zusammensetzungen: *Bücherschrank*, *Küchenschrank* usw. Wir können aber auch auf alle Schränke mit dem Wort *Schrank* referieren. Umgekehrt unterscheiden wir im Deutschen lexikalisch zwischen *Wand* und *Mauer* (im Englischen ist beides *wall*), zwischen *Burg* und *Schloss* (*castle*), *Miete* und *Pacht* (*rent*). Im englischen Wortschatz gibt es kein spezifisches Verblexem für *schweigen* (vgl. *to be silent* und *to say nothing*).

Lexikalische Felder decken nicht vollständig alle Bereiche unseres Lebens ab. Nicht alle Aspekte werden versprachlicht. Es gibt eine Reihe von konzeptuellen Einheiten, für die es keine Wörter gibt.

In der Linguistik bezeichnet man diese Phänomene als lexikalische Lücken. Eine lexikalische Lücke im Wortschatz einer natürlichen Sprache liegt genau dann vor, wenn für einen bestimmten referenziellen Sachverhalt kein Lexem vorhanden ist. Ein Beispiel für eine solche lexikalische Lücke ist schon erwähnt worden: Wir haben in unserem Wortschatz kein Wort für nicht-durstig, während das Wort *satt* den Zustand des Nicht-mehr-hungrig-Seins benennt. Lexikalisch besteht eine Asymmetrie:

hungrig – satt / durstig – ?

Nicht alle Konzepte werden also versprachlicht bzw. lexikalisiert. Es gibt auch für perzeptuelle Erscheinungen nicht immer spezifische Wörter: Wenn ich aus dem

Fenster schaue und durch das Dickicht der Astverzweigungen das Blau des Himmels sehe, muss ich diesen visuellen Eindruck mit mehreren Wörtern umschreiben, ein einzelnes Wort gibt es dafür nicht. Hierzu eine hübsche Anekdote aus einem meiner Pro-Seminare, in dem ich über dieses Problem gesprochen hatte. Der Kommentar einer Studentin: „Ach, deshalb steht an so vielen Kunstwerken *ohne Name ...*"

Ein anderes Beispiel: Wir beschreiben eine bestimmte Farbe mit der Zusammensetzung *graublau*, haben also kein spezielles Farbwort dafür (vgl. dagegen *rosa*!). Möglich wäre ja so etwas wie *glau*.

> (?) Wir haben das Wort *nicken* für die ein- oder mehrmalige Kopfbewegung nach vorne. Gibt es ein entsprechendes Wort für die Kopfbewegung zur Seite?

Hier müssen wir auf eine Umschreibung zurückgreifen: *den Kopf schütteln*. Es gibt auch kein einzelnes Lexem für *mit den Achseln zucken* (vorstellbar wäre *zuckelsen*). Dagegen haben wir Wörter für getrocknetes Gras, nämlich *Heu*, und für gefrorenes Wasser, nämlich *Eis*. Um auf die Tätigkeit des Rückwärtsgehens zu referieren, müssen wir hingegen auf ein Kompositum zurückgreifen, nämlich *rückwärtsgehen*: *Er ging rückwärts den Gang entlang.* Lexikalische Lücken liegen auch im Bereich der Adjektive vor, die sensorische Beeinträchtigungen benennen: Wir haben *taub*, *blind* und *stumm*, aber es fehlen uns Wörter für nicht-mehr-tasten-können, nicht-mehr-schmecken-können, nicht-mehr-riechen-können. Wohl kaum jemand kennt die medizinischen Fachbezeichnungen: *Anosmie* (Verlust des Geruchssinnes) und *Ageusie* (Verlust des Geschmackssinnes).

Im Zusammenhang mit der Wortfeldtheorie und den unterschiedlichen Lexikalisierungen wird häufig die sogenannte sprachliche Relativitätstheorie genannt. Dieser Hypothese zufolge (die vor allem von B. L. Whorf 1956 vertreten worden ist) wird unsere Welterfahrung von den Strukturen unserer Sprache entscheidend geprägt und determiniert. Demnach baut jede Sprache ihre eigene Welt auf, die Welt ist also relativ zur Sprache.

Die Welt an sich ist ein Strom von Reizen, der je nach Sprachgemeinschaft unterschiedlich aufgeteilt wird. Als ein Paradebeispiel für die sprachliche Relativität ist von den Vertretern der Relativitätshypothese stets das Farbenspektrum und seine von Sprache zu Sprache variierende Benennung vorgebracht worden. Dem sprachlichen Determinismus zufolge begegnen wir hier einer willkürlichen Segmentierung eines Erfahrungsbereiches der Welt, da wir auf unterschiedliche Farbenbenennungen stoßen. So haben z. B. die Dani (ein Urwaldstamm in Neu Guinea) nur zwei Farbwörter (*mili* und *mola* für hell und für dunkel), während wir die Wörter *schwarz*, *weiß*, *rot*, *blau*, *grün*, *gelb*, *braun*, *lila*, *rosa*, *grau* und *orange* haben.

> (?) Bestimmen diese sprachlichen Klassifikationen nun auch tatsächlich das Denken und Wahrnehmen? Können Menschen, die nur zwei Farbwörter haben, auch nur zwei Farben erkennen? Nehmen Menschen, die viele Wörter für ein Realitätsphänomen besitzen, die Welt anders wahr als Menschen, die für denselben Phänomenbereich nur ein Wort haben?

Dass man sich bestimmte Dinge (wie Farben oder Gegenstände) besser merken kann, wenn man bestimmte Bezeichnungen dafür hat, ist experimentell gut belegt. Dies zeigt aber nur, dass die Sprache als Repräsentationssystem bestimmte Gedächtnisprozesse erleichtert und unterstützt.

Ethnologische und biologische Untersuchungen haben gezeigt, dass sich gerade in der Farbwahrnehmung universale Gesetzmäßigkeiten zeigen. Die Farbwahrnehmung ist nämlich nicht willkürlich, sondern weist allgemeingültige Prinzipien auf, die in der physiologischen Strukturierung des menschlichen Gehirns verankert sind. Untersuchungen haben zeigen können, dass auch Sprecher mit wenigen Farbnamen prinzipiell erkennen und unterscheiden können, was nicht sprachlich belegt ist. Versuchspersonen aus verschiedenen Kulturen wählen bei Vorgabe des kompletten Farbenspektrums die gleichen Farbtöne als Grundfarben, unabhängig davon, ob ihre Sprache Bezeichnungen für diese Farbtöne hat oder nicht. Heute weiß man, dass die Farbwahrnehmung bei allen Menschen gleichermaßen von den spezifischen Strukturen des Gehirns und des visuellen Systems determiniert wird. Bestimmte Farbtöne werden dadurch visuell als sogenannte Fokalfarben herausgehoben.

Bemerkenswert ist auch, dass es offensichtlich so etwas wie eine feste Reihenfolge im Aufbau des Farbwortschatzes gibt: Es werden in den verschiedenen Kulturen nicht etwa beliebige Farben herausgegriffen und benannt (also in der einen Sprachgemeinschaft grün und rot, in einer anderen schwarz und gelb). Wenn eine Kulturgemeinschaft nur zwei Farbnamen besitzt, dann sind dies Namen für schwarz und weiß; eine Kultur mit drei Farbwörtern hat zusätzlich ein Wort für rot; bei vier Farbwörtern kommt gelb oder grün hinzu; dann blau oder braun; zuletzt kommen rosa, violett, grau und orange hinzu. Von einigen Ethnologen wird vermutet, dass diese Reihenfolge quasi die Entwicklungsschritte zeigt, in denen wir zu unserem komplexen Farbwortschatz gelangt sind.

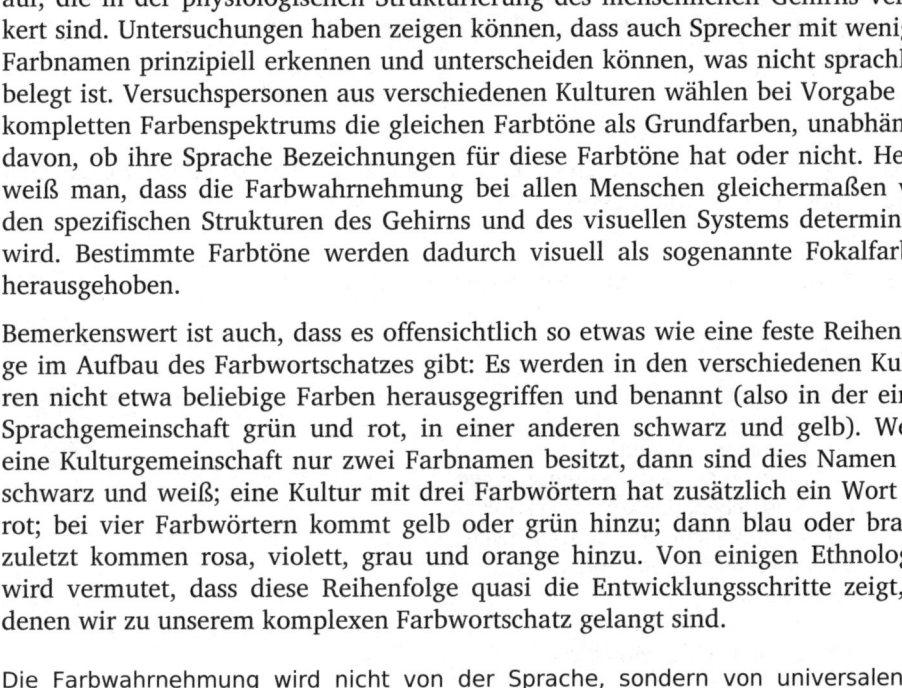

Die Farbwahrnehmung wird nicht von der Sprache, sondern von universalen Prinzipien, die neurophysiologisch im menschlichen Gehirn verankert sind, determiniert.

Auch das Pflanzen- und Tiervokabular verschiedener Sprachgemeinschaften zeigt, dass Struktur und Kombination der semantisch-konzeptuellen Einheiten nicht beliebig einsetzen. In allen Kulturen finden sich Kategorisierungsmuster, die auf den gleichen Organisations- und Abstraktionsprinzipien beruhen. Offensichtlich klassifiziert unsere Kognition die Welt nach bestimmten, universal geltenden Prinzipien: 1. Gruppierungen werden nach Ähnlichkeiten vorgenommen (Substanz, Gestalt, Farbe usw.). 2. Die verschiedenen Abstraktionsebenen orientieren sich am Prinzip der Ökonomie: Es werden so viele Kategorien wie nötig gebildet. Daher kommen in bestimmten Lebensbereichen je nach Bedarf auch feinere Unterteilungen vor als in anderen. 3. Wir stoßen auf eine Hierarchie von Konzepten. Eine Ethnotaxonomie weist gewöhnlich nicht mehr als fünf Ebenen der Klassifikation auf. 4. Der bevorzugte Abstraktionsgrad ist der, auf dem ein Maximum an Information mit einem Minimum an kognitiver Anstrengung erzielt wird. Daher werden bei Kategorisierungsprozessen zuerst die Basiskategorien gebildet (vgl. hierzu 2.1.2).

1. Übersetzen Sie die folgenden Wörter ins Englische. Was fällt Ihnen auf? *Scherben, Geschwister, Rand, faul, Straße.*

2. Finden Sie weitere Beispiele für lexikalische Lücken.

3. Im Deutschen gibt es die Artikulationsverben *murmeln* und *nuscheln*, die auf den Vorgang des leisen und/oder undeutlichen Sprechens referieren. Gibt es äquivalente Verben für das klare und deutliche bzw. laute und deutliche Sprechen?

Lektüre:

Schepping 1985, Holenstein 1985: Kap. 1 und 2, Werlen 2002, Edmonds/Hirst 2002, Proost/Harras/Glatz 2006.

2.3.3   Sprechen und Denken: die unendliche Geschichte?

> Ausbrechen
> aus den Wortzäunen,
> den Satzketten,
> den Punktsystemen,
> den Einklammerungen,
> den Rahmen der Selbstbespiegelungen,
> den Beistrichen, den Gedankenstrichen, –
> um die ausweichenden, aufweichenden
> Gedankenlosigkeiten gesetzt –
> Ausbrechen
> in die Freiheit des Schweigens.
> (Wolfgang Bächler, *Ausbrechen*)

Im letzten Kapitel ist gezeigt worden, dass Wahrnehmung und konzeptuelle Kategorisierung von universalen Prinzipien determiniert werden. Die Annahme eines strikten Sprachdeterminismus ist folglich nicht mehr aufrechtzuerhalten. Wie hängen nun aber Denken und Sprechen zusammen?

So allgemein lässt sich diese Frage eigentlich gar nicht stellen. Wir müssen viel differenzierter an das Problem herangehen und vorher einige Grundbegriffe erläutern, die oft nur sehr pauschal gehandhabt werden. Was ist Denken überhaupt? Wie können wir Denken erforschen? Wie arbeitet unser Geist? Wie ist er organisiert? Mit diesen Fragen haben sich seit der Antike schon viele Wissenschaftler beschäftigt.

In der Philosophie findet sich von Aristoteles über Leibniz bis Husserl die Annahme, dass die Bedeutungskategorien der menschlichen Sprache universal, d. h. bei allen Menschen gleichermaßen vorzufinden sind, während die Ausdruckskategorien deutliche Unterschiede aufweisen. Die gleichen geistigen Inhalte sind also demnach an unterschiedliche formale Repräsentationen gebunden. Mit Humboldt rückt dann aber die Annahme in den Vordergrund, dass die Strukturen der Sprache unser geistiges Weltbild beeinflussen. Menschen unterschiedlicher Sprachgemeinschaften machen sich unterschiedliche Gedanken von den Dingen der Welt. Diese gelten zwar als universal gegeben, d. h. wir denken in ontologischen Grundkategorien, aber die sprachliche Einteilung determiniert die ontologische Kategorisierung. Mit der Sapir-Whorf-Hypothese rückt das bereits erwähnte sprachliche Relativitätsprinzip in den Vordergrund der Diskussion, das besagt, dass unser Denken entscheidend von unserer jeweiligen Sprache und ihren grammatischen Prinzipien determiniert und geformt wird. Die Formulierung von Gedanken ist demnach kein unabhängiger Vorgang, sondern wird von der jeweiligen Grammatik einer Sprache beeinflusst. Das sprachliche Relativitätsprinzip gilt in seiner radikalen Fassung mittlerweile als widerlegt; doch findet sich immer noch die Meinung, dass die Sprache das wichtigste Medium für unsere Denkprozesse ist. Unumstritten ist sicherlich, dass die Sprache unsere Gedanken, genauer: unsere geistige Aufmerksamkeit, lenken und auf bestimmte Aspekte fokussieren kann. Die Sprache ermöglicht uns, über unsere Wahrnehmungen und unsere Gedanken zu sprechen. Sie öffnet damit quasi unsere Gedanken für unsere Mitmenschen. In diesem Sinne ist die Mitteilbarkeit von Gedanken an das Medium Sprache gebunden. Das muss aber nicht heißen, dass das Denkbare notwendig an die Sprache gekoppelt ist.

Die Begriffsbestimmung von „Denken" ist auch heute noch trotz jahrzehntelanger Forschung schwierig, da die Forscher keine einheitliche Meinung darüber haben. Denken ist eine zentrale Aktivität unseres Geistes, unserer Kognition. Kognition haben wir als die Menge aller geistigen Strukturen und Prozesse, mit der wir Informationen aufnehmen, speichern, abrufen und verändern, definiert.

Wo ist hierbei das Denken anzusiedeln? Schon bei so elementaren Prozessen wie Wiedererkennen, Memorieren und Kategorisieren? Oder erst bei Problemlösungsaufgaben? Findet Denken schon beim Abruf oder erst bei der Veränderung und Anwendung von Wissen statt?

Der Konsens in der Forschung besteht allein darin, dass Denkprozesse mentale Repräsentationen voraussetzen. Welcher Art aber sind diese Repräsentationen? Sind sie sprachlich, bildhaft oder völlig abstrakt, also amodal, d. h. von sensorischen, modalitätsspezifischen Informationen losgelöst? Es gibt Untersuchungen im Bereich des Sprachverstehens, die zeigen, dass meistens nur der Inhalt, nicht aber die Form sprachlicher Äußerungen im LZG gespeichert wird. Ist das ein Beleg für die Sprachunabhängigkeit von Gedanken? Wenn es auch auf der Ebene des LZG sprachunabhängige Repräsentationen gibt, so ist doch die bewusste Verfügbarkeit mentaler Repräsentationen immer an die Sprache gebunden (oder an mentale Bilder). Ein Denken ohne Sprache ist für viele nicht vorstellbar. Denken ist für viele eine Art stilles Sprechen. Platons Auffassung von Denken entspricht dieser Definition:

Sokrates: Und Denken, verstehst du darunter eben das wie ich?

Theaitetos: Was verstehst du darunter?

Sokrates: Eine Rede, welche die Seele bei sich selbst durchgeht über dasjenige, was sie erforschen will. Freilich nur als ein Nichtwissender kann ich es dir beschreiben. Denn so schwebt sie mir vor, daß, solange sie denkt, sie nichts anders tut als sich unterreden, indem sie sich selbst antwortet, bejaht und verneint. Wenn sie aber langsamer oder auch schneller zufahrend nun etwas feststellt und auf derselben Behauptung beharrt und nicht mehr zweifelt, dies nennen wir dann ihre Vorstellung. Darum sage ich: das Vorstellen ist ein Reden, und die Vorstellung ist eine gesprochene Rede, nicht zu einem andern und mit der Stimme, sondern stillschweigend zu sich selbst. Wie aber du?
(Platon [ca. 369–366 v. Chr.] 1940: 629, *Theaitetos*)

Unser Wissen und unsere Anwendung dieses Wissens ist in unserem Bewusstsein stets an das Repräsentationsmedium Sprache gebunden. Wir können uns nur schwer vorstellen, dass da etwas außerhalb der Sprache ist. Hat also der menschliche Geist nur eine spezifische Ausdrucksform, und zwar die Sprache? Sind wir damit, negativ ausgedrückt, in unseren Bewusstseinsinhalten stets Gefangene unserer sprachlichen Strukturen? Von Popper/Eccles (1977) ist z. B. die These vertreten worden, dass es ohne Sprache kein Bewusstsein gibt. Gibt es nicht auch ein unbewusst ablaufendes Denken? Oder ist Denken untrennbar an unser Bewusstsein gebunden? Was ist Bewusstsein? Ist Bewusstsein stets an sprachliches Erleben gebunden? Ist Bewusstsein ein geistiger, mentaler Zustand oder ein von neuronalen Vorgängen im Gehirn hervorgerufener Zustand? Sind Denken und Bewusstsein an bestimmte Gehirnstrukturen gebunden?

Dieses Fragengeflecht führt in Forschungsgebiete, die im Rahmen einer Semantikeinführung nicht ausführlich behandelt werden können. Die Fragen sollten nur veranschaulichen, wie sehr die Fragen der Semantik verknüpft sind mit fundamentalen und für die menschliche Existenz wesentlichen Problemen. Um diese Fragen auch nur ansatzweise beantworten zu können, muss man die Probleme interdisziplinär angehen, d. h. Erkenntnisse unterschiedlicher geisteswissenschaftlicher und naturwissenschaftlicher Disziplinen hinzuziehen. Eine solche Vorgehensweise bahnt sich mit der Kognitionswissenschaft an, steckt aber noch in den Kinderschuhen.

1. Nehmen Sie zu den folgenden Aussagen Stellung und geben Sie an, welche Auffassungen hinsichtlich Sprache/Denken darin zum Ausdruck kommen:

   a) Die Sprache ist das bildende Organ der Gedanken. (Wilhelm von Humboldt 1836)

   b) Wir sehen und hören und machen überhaupt unsere Erfahrungen in Abhängigkeit von den Sprachgewohnheiten unserer Gemeinschaft, die uns gewisse Interpretationen nahelegen. (Edward Sapir, zit. n. Whorf 1956)

   c) Die Sprache ist der Leib des Denkens. (Georg Wilhelm Friedrich Hegel)

   d) Die Sprache ist das Werkzeug des Geistes, sie ist nicht selbst Geist. (Mario Wandruszka)

   e) Den Gedanken könnte man mit einer hängenden Wolke vergleichen, die sich durch einen Regen von Wörtern entleert. (Lev Semyonovich Vygotsky)

2. Wir haben gesehen, dass die Lexikalisierungen in verschiedenen Sprachen oft deutlich voneinander abweichen. Wie sind dann angemessene Übersetzungen möglich?

3. Whorf (1956) hatte u. a. behauptet, dass die Hopi (ein Indianerstamm) in ihrer Sprache keine Temporalwörter besitzen. Ist dies ein Beleg dafür, dass sie keine bzw. eine ganz andere Vorstellung von der Zeit haben?

4. Welche Funktion hat die Sprache Newspeak in der totalitären Gesellschaft in George Orwells Roman *1984*? Vgl. hierzu das folgende Zitat: „Newspeak was designed not to extend but to diminish the range of thought, and this purpose was indirectly assisted by cutting the choice of words to a minimum." Welche Hypothese steckt hinter dieser Aussage?

5. Wir haben oft das Gefühl, dass wir wissen, was wir meinen und sagen wollen, es aber nicht oder nur schwer sprachlich ausdrücken können. Ist dies ein Beleg für die Sprachunabhängigkeit des Denkens?

Lektüre:

Holenstein 1985: Kap. 2, Engelkamp 1985, Cohen et al. 1988, Zimmer 2008: 107–147, Härtl 2009, Jackendoff 1996, Schwarz-Friesel 2008, Everett 2013.

2.4 Selektionsbeschränkungen und thematische Rollen: semantische Aspekte der Valenz

> Sie logen unser Gewieher um in eine ihrer bebilderten Sprachen.
> (Paul Celan, *Die Niemandsrose*)

Bisher haben wir uns mit den lexikalischen Bedeutungen von Wörtern beschäftigt, ohne auf kontextuelle Aspekte zu achten. Dabei ist die referenzielle Bedeutung eines Wortes mittels sogenannter inhärenter Merkmale beschrieben worden. Inhärente Merkmale legen die referenzielle Interpretierbarkeit und Verwendung von Wörtern fest. Wörter werden aber nur sehr selten isoliert als Referenzmittel gebraucht, meistens stehen sie in komplexeren sprachlichen Strukturen. Die Verknüpfung von Wörtern zu Sätzen ist nicht beliebig möglich, sondern richtet sich nach syntaktischen und semantischen Regeln, die wir als Teil unserer sprachlichen Kompetenz im mentalen Lexikon repräsentiert haben und ohne Nachdenken richtig anwenden. Daher produzieren wir normalerweise auch nicht Sätze wie

(31) *Sie bebilderten feuriges Gras auf der Wolke.

oder

(32) *Gras der feuriges auf bebilderten sie Wolke.

Der erste Satz ist semantisch nicht korrekt, der zweite auch syntaktisch nicht.

Es gibt im Lexikon zu jedem Lexikoneintrag Merkmale, deren Aufgabe es ist, die Kombination einzelner Wörter zu grammatisch korrekten und sinnvollen Wortgruppen (Syntagmen) und Sätzen zu steuern. Diese Kontextmerkmale (auch: Subkategorisierungs- und Selektionsmerkmale) eines Wortes legen die Kombinationsmöglichkeiten dieses Wortes mit anderen Wörtern im Satz fest. Man spricht hier auch von der Valenz eines Wortes. Der von dem französischen Sprachwissenschaftler Tesnière eingeführte Terminus *Valenz* stammt aus der Chemie und bezeichnet dort die Möglichkeit bestimmter Stoffe, Verbindungen mit anderen Stoffen einzugehen.

Die Valenz gibt die Wertigkeit (Stelligkeit) von Wörtern an, d. h. wie viele Elemente welcher Art ein Wort benötigt. Subkategorisierungsmerkmale geben den grammatischen Status und Selektionsmerkmale den semantisch-konzeptuellen Status der möglichen Mitspieler (auch: Argumente, Ergänzungen, Aktanten!) eines Wortes an.

(33)   *wohnt in Köln.

(34)   *Der Tisch wohnt in Köln.

(35)   *Sonja wohnt.

(36)   *Sonja wohnt in einer halben Stunde.

(37)   Sonja wohnt in Köln/in einem Hochhaus/in einer WG/im Grünen.

Das Verb *wohnen* benötigt syntaktisch zwei Mitspieler; semantisch müssen diese Mitspieler die semantischen Merkmale (‚belebt') und (‚Ortsangabe') haben. Möglich ist aber auch

(38)   Sonja wohnt schön.

Die Mitspieler eines Verbs müssen dabei mit morphologischen Kasusmarkierungen ausgestattet sein, denn sonst könnten Sätze wie die folgenden entstehen:

(39)   *Den Vater gibt das Geld für das Kind.

(40)   *Der Vater gibt dem Kind dem Ball.

Neben den morphosyntaktischen Informationen benötigen wir aber auch noch semantische Angaben zu den Mitspielern, sonst könnten Sätze wie die folgenden entstehen:

(41)   *Die Idee trinkt den Traum.

(42)   *Der Hammer trinkt Bettina.

Man kann die selektionale Valenz mit thematischen Rollen (auch: Thetarollen) näher bestimmen. Diese Bestimmung geht auf Fillmore zurück. Satzglieder können verschiedene thematische Rollen, d. h. semantische Funktionen einnehmen. Die Meinungen bezüglich Anzahl und Definition der semantischen Rollen divergieren aber in der Fachliteratur. Hier werden nur einige der Rollen genannt.

AGENS: belebter Verursacher/Träger einer Handlung

PATIENS/EXPERIENCER: belebter Betroffener einer Handlung

OBJEKT/THEMA: belebtes oder unbelebtes Objekt einer Handlung oder eines Zustandes

INSTRUMENT: unbelebte Ursache einer Handlung; Instrument, das bei einer Handlung involviert ist

LOKATIV: Ort einer Handlung oder eines Zustandes

ZEIT: Zeitpunkt einer Handlung/eines Zustandes

In dem ersten Satz ist Martina Agens, im zweiten Experiencer:

(43)   Martina küsst ihren Mann.

(44)   Martina wird von ihrem Mann geküsst.

Vergleichen Sie die beiden folgenden Sätze miteinander. Was für eine thematische Rolle hat der Wind?

(45)   Der Mann öffnete die Tür.

(46)   Der Wind öffnete die Tür.

Hierzu noch einige Beispielsätze:

(47)   Der Junge zerbricht die Scheibe. (*Der Junge* ist Agens, *die Scheibe* Objekt)

(48)   Der Junge wird geschlagen. (*Der Junge* ist Experiencer)

(49)   Der Ball zerbrach die Scheibe. (*Der Ball* ist Instrument, *die Scheibe* Objekt)

(50)   In Köln wartet er um 10 Uhr auf sie. (*Köln* ist Lokativ, *um 10 Uhr* Zeit)

Die Valenz ergibt sich aus den spezifischen lexikalischen Eigenschaften des Verbs. Um dies an einem Beispiel zu verdeutlichen: Die Bedeutung von *essen* lässt sich aufgliedern in (‚Vorgang, der von einem menschlichen Wesen X1 ausgeführt wird, wobei eine feste, essbare und unbelebte Substanz X2 verzehrt wird'). Wenn wir die Bedeutung von *essen* kennen, dann kennen wir auch die Argumente, die den Vorgang konstituieren. Dabei ergeben sich die Argumente aus der semantischen Repräsentation des jeweiligen Wortes; sie lassen sich also aus der Dekompositionsstruktur ableiten.

Geben Sie die Bedeutung von *trinken* an und leiten Sie daraus die Argumente des Verbs ab!

Der Lexikoneintrag von *trinken* kann folgendermaßen dargestellt werden: trinken (X_{nom} (Rolle: Agens) schluckt Y_{akk} (Rolle: Objekt) Y = flüssig).[2]

Verben lassen sich aufgrund ihrer Valenz in semantisch einfache und semantisch komplexe Verben unterteilen. Die Komplexität bezieht sich dabei auf die Anzahl der Argumente, die ein Verb an sich bindet. So ist *sterben* 1-stellig, *töten* 2-stellig, *schenken* 3-stellig und *kaufen* 4-stellig.

Nennen Sie die Argumente von *töten, schenken* und *kaufen*!

Es muss unterschieden werden zwischen der syntaktischen und der konzeptuellen Valenz/Stelligkeit. Die syntaktische Valenz betrifft die notwendige Realisierung der Mitspieler im Satz, also auf der Ausdrucksebene, während die semantische Valenz die Anzahl der Mitspieler auf der inhaltlichen Ebene meint. Syntaktische und semantische Valenz können, müssen aber nicht zusammenfallen.

So hat *geben* beispielsweise auf der inhaltlichen Ebene drei Argumente, diese müssen aber nicht alle syntaktisch realisiert werden, damit der Satz grammatisch ist.

(51)   Sonja gibt Geld (an die Armen).

Das Verb *kaufen* hat auf der inhaltlichen Ebene vier Argumente, doch syntaktisch brauchen nur zwei davon ausgedrückt zu werden.

(52)   Tanja kauft ein Buch (für 40 Euro beim Buchhändler).

Bei dem Verb *dinieren* dürfen sogar nicht alle konzeptuell notwendigen Argumente syntaktisch realisiert werden:

(53)   *Sonja und Bettina dinieren Minestrone, Pizza, Eis und Sekt.

Obgleich zur Bedeutung von *dinieren* gehört, dass Speisen verzehrt werden, ist die Angabe dieses Mitspielers syntaktisch nicht möglich. Konzeptuelle Argumente müssen bzw. können also nicht immer alle syntaktisch realisiert werden.

Nicht alle Mitspieler, die im Satz ausgedrückt werden können, sind auch obligatorische, d. h. notwendige Argumente von Verben.

---

[2]   Die Abkürzungen nom und akk stehen für Nominativ- und Akkusativmarkierungen.

(54) Birgit gibt Tanja mit einer Umarmung das Buch zum Geburtstag um
      Mitternacht auf der Party bei Sonja unter dem Gesang der Gäste.

Nur *Birgit, Tanja* und *das Buch* sind die vom Verb *geben* benötigten Mitspieler, alle
anderen Angaben sind freie, fakultative Ergänzungen. Wie erkennt man nun,
welche Mitspieler notwendig und welche fakultativ sind? Aufschluss über die
syntaktisch notwendigen Argumente erhält man mit der Weglassprobe. Bei diesem Test lässt man ein Satzglied weg und beobachtet, ob der übrige Satz noch
grammatisch ist. Beispiel für Weglassprobe:

(55) Martina kennt den neuesten Updike-Roman aus einem Fernsehspot
      über Literatur.

(56) Martina kennt den neuesten Updike-Roman.

(57) *Martina kennt.

(58) *Martina kennt aus einem Fernsehspot über Literatur.

(59) *kennt den neuesten Updike-Roman aus einem Fernsehspot über
      Literatur. Usw.

Es ergibt sich, dass *kennen* zwei Argumente benötigt: Jemand kennt etwas. Diese
Argumente müssen auch syntaktisch realisiert werden, damit der Satz grammatisch ist. Was aber ist mit der Unterscheidung in semantisch notwendige und freie
Angaben? Es gehört schließlich zur Bedeutung von *kennen*, dass wir etwas von
irgendwoher kennen! Wir stoßen hier wieder auf das Problem der Unterscheidung zwischen semantischem und enzyklopädischem Wissen, das bis heute nicht
gelöst ist.

Valenz ist in erster Linie die Eigenschaft des Verbs, eine bestimmte Anzahl von
Mitspielern zu haben, denen spezifische Rollen zukommen. Selektionsrestriktionen betreffen aber nicht nur Verben, sondern auch andere Wörter: *der auf Mann,
*die bald Frau, *auf müde Krieges, *der junge Greis, *die männliche Kuh, *der er-
wachsene Säugling* (vgl. aber: *ein weiblicher Mann, eine männliche Frau, eine kindli-
che Frau!*).

In den neuesten Ansätzen zu diesem Phänomen analysiert man (auch kontrastiv),
welche spezifischen Typen von Argumentstrukturen (Theta-Raster) mit welchen
Theta-Rollen es gibt und wie sie sich (grammatisch korrekt) verbinden lassen
(das sogenannte Argument-Linking).

1. Welche Subkategorisierungs- und Selektionsregeln sind bei den vorliegenden
   Sätzen verletzt worden?

   a) *gibt.

   b) *Das Auto miaut.

   c) *Der Traum trinkt einen Linguisten.

   d) *Bettina garantiert.

e) *Sonja weint einem Freund.

f) *Der Mutter gibt den Kindern ein Eis.

g) *Der junge Greis wohnt auf neun Tagen und ist.

2. Wie viele obligatorische Mitspieler erfordern die Verben *besuchen, helfen, atmen, lieben, versprechen, besitzen* auf der syntaktischen, und wie viele und welche auf der semantisch-konzeptuellen Ebene? Wenden Sie die Weglass-probe an!

3. Welche thematischen Rollen lassen sich den Phrasen in den folgenden Sätzen zuordnen:

a) Der alternde Schönling verlangt um 18 Uhr von der
    Masseurin im Beauty-Shop eine Gurkenmaske.

b) Die Gurkenmaske vollbrachte ein wahres Wunder.

Lektüre:

Fillmore 1987, Dirven/Radden 1987, Rauh 1988, Kailuweit/Hummel 2004, Bornkessel et al. 2006.

2.5   Semantische Aktivierung im mentalen Lexikon

What is SPREADING ACTIVATION? 1. Neuroscience. The hypothetical process where the activation of one neuron spreads to others. 2. Cognitive psychology. A model for the association of ideas and memories that is based on activating one memory will trigger associated items. (Psychology Dictionary)

Die Wortfeldanalysen haben gezeigt, dass es Teil unserer semantischen Kompetenz ist, Wörter aufgrund ihrer Bedeutung bestimmten Feldern zuzuordnen (z. B. das Wort *Rose* dem Feld der Blumennamen). Semantische Einheiten sind also im LZG nicht isoliert abgespeichert, sondern werden in komplexen Zusammenhängen organisiert. Solche Organisationseinheiten im Gedächtnis nennt man semantische Felder. Semantische Felder repräsentieren Bedeutungen von Wörtern, die untereinander nach dem Prinzip der semantischen Ähnlichkeit netzartig verknüpft sind.

Diese zunächst intuitiv gewonnene und durch Assoziationstests belegte Annahme wird durch eine Vielzahl an experimentellen Untersuchungsergebnissen aus der Sprachverarbeitungsforschung bestätigt. Die lexikalische Organisation des semantischen Wissens hat nämlich Einfluss auf die Verarbeitung von Wörtern und Sätzen. Dies hat man in der Psycholinguistik vor allem mit der sogenannten Priming-Methode zeigen können. Bei diesem Testverfahren wird den Versuchspersonen ein Wort (z. B. *Arzt*) als Prime vorgegeben, anschließend wird ein anderes Wort als Zielwort (z. B. *Krankenschwester* oder *Blume)* genannt. Die VPn sind vorher instruiert worden, so schnell wie möglich anzugeben (per Knopfdruck), ob es sich bei dem Zielwort um ein sinnvolles Wort oder lediglich um eine sinnlose Silbenfolge handelt. Diese lexikalische Entscheidung benötigt weniger Zeit, wenn das Prime-Wort in einer engen semantischen Relation zum Zielwort steht. *Arzt* und *Krankenschwester* gehören einem semantischen Feld (Krankenhauspersonal) an, *Arzt* und *Blume* nicht.

Der Priming-Effekt wird nun so erklärt, dass bei der Aktivierung einer Wortbedeutung die semantisch verwandten, d. h. im LZG nahe beieinander abgespeicherten und miteinander verbundenen Bedeutungen mitaktiviert werden. Es kommt also im semantischen Netz zu einer Aktivierungsausbreitung. Diese wiederum beschleunigt die nachfolgende lexikalische Verarbeitung des Zielwortes in dem Priming-Test. Wir können uns diesen Vorgang einfach ausgedrückt folgendermaßen vorstellen: Unser lexikalisches Wissen im LZG befindet sich normalerweise in einer Art Ruhezustand. Das ist notwendig, denn wenn zu jedem Zeitpunkt alle Informationen aktiviert wären, würde es zu einer totalen Informationsüberflutung in unserem Kurzzeitgedächtnis kommen, das nur eine begrenzte Aufnahme- und Repräsentationskapazität hat. Die Lexikoneinheiten „schlafen" also, wenn sie nicht benötigt werden. Im Sprachproduktions- und Rezeptionsprozess nun werden einzelne Einheiten aktiviert, also quasi aufgeweckt, und auf die Ebene des KZG gerufen. Dabei werden die im selben semantischen Netz gespeicherten Einheiten ebenfalls aktiviert, aber nicht vollständig, denn sonst würden sie auch direkt auf die Ebene des Bewusstseins projiziert. Vielmehr befinden sich diese Einheiten in einer Art Halbschlaf, d. h. sie stehen schon in Bereitschaft. Deshalb lassen sie sich dann entsprechend schneller und leichter verarbeiten als netzexterne Einheiten. Swinney führte 1979 ein sogenanntes Cross-Modal-Priming-Experiment durch (das viel zitiert wird und im Laufe der Jahre mit variierenden Aufgaben sowie Testsätzen repliziert wurde), in dem er untersuchte, ob im mentalen Lexikon die Aktivierung der Bedeutungen ambiger Wörter (wie *Bank, Wanze*) vom Kontext beeinflusst wird (s. hierzu bereits die Denkaufgabe in 1.3). Er präsentierte seinen Versuchspersonen auditiv Sätze (wie *Der CIA-Agent untersuchte den Raum und fand die Wanzen* oder *Der Raumpfleger untersuchte den Raum und fand die Wanzen* (die beide einen jeweils disambiguierenden Kontext für *Wanze*/ein sogenanntes Biasing vorgeben) oder neutral *Der Mann untersuchte den Raum und fand die Wanzen*) und ließ sie dazu eine lexikalische Entscheidungsaufgabe beantworten (d. h. die VPn sollten so schnell wie möglich per Tastendruck an einem Computer, der die Reaktionszeit messen konnte, entscheiden, ob eine visuell dargebotene Informationseinheit (z. B. *Spion, Ameise* oder *Butter*) ein Wort oder ein Nicht-Wort ist. Intuitiv würden wir hier vermuten, dass *Spion* im CIA-Kontext und *Ameise* im Raumpfleger-Kontext schneller verarbeitet wird (da Abhörgerät bzw. Insekt), sich also ein Priming-Effekt zeigt. Swinney jedoch konnte dies nicht bestätigen: Offensichtlich werden blitzschnell und automatisch beide Lesarten des ambigen Wortes aktiviert, denn Priming-Effekte (also schnellere Reaktionen) fanden sich sowohl für *Spion* als auch für *Ameise* gegenüber *Butter* in den beiden disambiguierenden Kontexten und im neutralen Satzkontext. Der Kontext, so Swinney, spielt also erst nach dem lexikalischen Zugriff im Lexikon eine Rolle. In einem zweiten Experiment überprüfte er, wann die kontextuell nicht passende Lesart eines ambigen Wortes unterdrückt wird. Der Ablauf war wie beim ersten Experiment, die Darbietung des visuellen Testwortes erfolgte jedoch erst drei Silben nach dem Prime-Wort. Hierbei zeigte sich nun nur noch für das jeweils kontextuell passende Wort (also beim CIA-Kontext *Spion*, aber nicht mehr *Ameise*) ein Priming-Effekt. Die Schlussfolgerung: Zwar wird bei der lexikalischen Aktivierung auf alle möglichen Wortbedeutungen eines ambigen Wortes zugegriffen, kurz darauf, d. h. nach wenigen Millisekunden schon, wird die falsche Lesart jedoch unterdrückt und nur noch die kontextuell passende fokussiert.

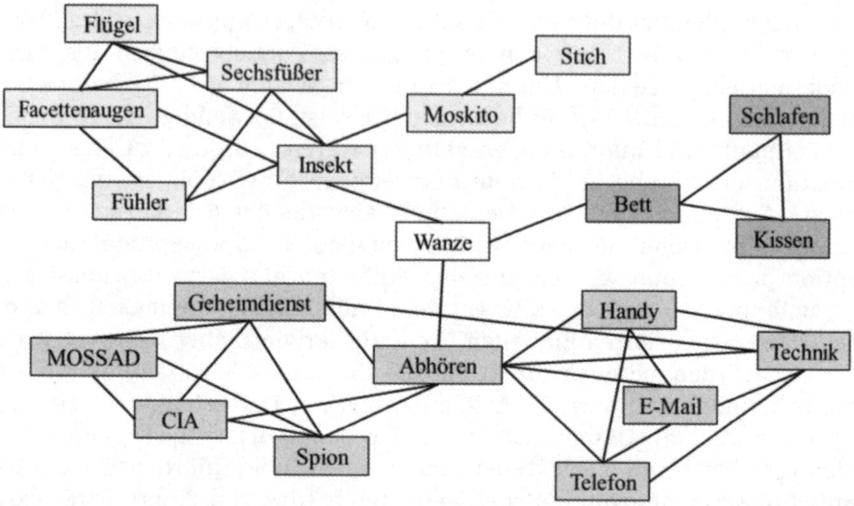

Abb. 7: Modell zur Aktivierungsausbreitung, vgl. Collins/Loftus (1975)

Priming-Effekte können nicht nur semantisch, sondern auch phonologisch vermittelt sein. So wurde die Worterkennung von *Macht* erleichtert, wenn vorher *acht* dargeboten worden war. Dies spricht dafür, dass Einheiten des mentalen Lexikons nicht nur nach inhaltlichen, sondern auch nach formalen Kriterien abgespeichert sind. Es existieren demzufolge sowohl Netze, die nach semantischer Ähnlichkeit organisiert sind, als auch Netze, die nach phonologischer Ähnlichkeit organisiert sind. Für eine Trennung zwischen phonologischen und semantischen Repräsentationen spricht auch das Phänomen des Auf-der-Zunge-Liegens (das Tip-of-the-tongue-Phänomen) in der Sprachproduktion. Hierbei haben wir zwar eine semantische Einheit präsent (die wir sehr präzise umschreiben können), aber es fehlt uns die dazugehörige Wortform. Der umgekehrte Fall ist bei einem gesunden Sprecher nicht möglich: Wenn wir die Wortform eines uns bekannten Wortes präsent haben, ist automatisch auch die dazugehörige Bedeutung angekoppelt. Bei bestimmten aphasischen Sprachstörungen aber kann es zu solchen Ausfällen kommen. Dann fällt den Patienten die Bedeutung zur Wortform nicht ein.

In der Forschung wird derzeit die Frage diskutiert, welche Informationen im mentalen Lexikon gespeichert sind. Sind es nur sprachlich relevante Informationen? Ist also das Lexikon ein Sub-Modul der Sprache? Oder bestehen Verbindungen zu unserem allgemeinen Weltwissen? Bis jetzt gibt es kein eindeutiges Kriterium zur Abgrenzung von semantisch-lexikalischem und enzyklopädischem Wissen. Priming-Experimente aber konnten zeigen, dass auch nichtsprachliche Primes, nämlich Bilder, eine Aktivierungsausbreitung im mentalen Lexikon auslösen können. Wenn man beispielsweise das Bild einer Rose als Prime gibt, wird das Wort *Nelke* als Zielwort schneller erkannt als wenn das Bild einer Kuh gezeigt wird.

Teile des Lexikons scheinen demnach nicht nur über sprachliche Verarbeitungs-wege aktivierbar zu sein. Lexikalisches Wissen ist offensichtlich nicht modulartig abgeschlossen und isoliert abgespeichert. Vielmehr ist es in Bezug auf die Abruf-barkeit seiner Informationen zumindest für einen Teil ein offenes System, das durch die Einheiten anderer, nicht-sprachlicher Wissenssysteme aktiviert werden kann.

Lektüre:

Collins/Loftus 1975, Vanderwart 1984, Flores d'Arcais 1986, Emmorey/Fromkin 1988, Aitchison [4]2012: Kap. 8, Schwarz 1992: Kap. 6.3.2 und 1995b.

2.6   Semantik im Gehirn

Was hat die Erforschung des geistigen Kenntnissystems Semantik mit den Ergeb-nissen der neurophysiologisch ausgerichteten Gehirnforschung zu tun?

Das menschliche Gehirn ist der Sitz (genauer: die materielle Basis) unserer geisti-gen wie auch unserer sensorisch-motorischen Fähigkeiten. All unser Wissen ist auf eine immer noch recht rätselhafte Weise in den neuronalen Strukturen des Gehirns verankert. Ohne hier im Detail auf neurophysiologische Aspekte unserer Gehirnstruktur einzugehen, sei an dieser Stelle lediglich vermerkt, dass die Ver-netzungen zwischen den Nervenzellen (den Neuronen) und ihre Aktivierungsme-chanismen entscheidend für die Funktionalität des Gehirns sind. Komplexe Neu-ronennetze stellen offenbar die materielle Basis für geistige Funktionen dar.

Sprechen und Denken sind geistige Vorgänge, die aber gebunden sind an physi-sche Zustände und Vorgänge im Gehirn. Dies wird besonders dann deutlich, wenn die physischen Strukturen beschädigt oder beeinträchtigt werden. Dann kommt es nämlich zu z. T. gravierenden Ausfällen in den geistigen Funktionsbe-reichen. In den letzten Jahren werden zunehmend Daten aus der Gehirnfor-schung, insbesondere aus der Aphasiologie, bei der Diskussion sprachtheoreti-scher Aspekte berücksichtigt, da man sich hieraus Einblicke in den Aufbau der verschiedenen geistigen Kenntnis- und Verarbeitungssysteme erhofft.

Aphasien sind Sprachstörungen, die nach abgeschlossenem Spracherwerb beim Erwachsenen durch Gehirnverletzungen oder Durchblutungsstörungen ausgelöst werden.

Durch die umfangreichen Studien mit Aphasikern wissen wir heute, dass die sprachlichen Funktionen primär in der linken Hemisphäre (Hirnhälfte) lokalisiert sind. Beeinträchtigungen verschiedener Bereiche innerhalb der linken Hemisphäre führen zu verschiedenen aphasischen Störungen. Dabei können verschiedene Bereiche, also entweder die Syntax, die Phonologie oder die Semantik, das Verstehen oder das Produzieren von Sprache besonders stark gestört sein. Aphasien sind reine Sprachstörungen, involvieren also nicht die allgemeinen Denk- und Wahrnehmungsfähigkeiten. So berichtet eine Aphasie-Patientin (persönliche Mitteilung), wie sie ihren sprachlichen Ausfall nach dem Erwachen im Krankenhauszimmer erlebte:

> Ich saß im Bett und hörte draußen einen Hund bellen, dann ein Auto vorbeifahren. Dann trat die Krankenschwester ein und sagte etwas, aber ich konnte einfach nichts verstehen. Sprachliche Laute hatten für mich keine Bedeutung mehr.

Gestört war bei dieser Aphasikerin die Zuordnung von phonologischen zu semantischen Repräsentationen. Nicht-sprachliche Geräusche konnte die Patientin dagegen korrekt den entsprechenden Konzepten zuordnen.

Die klassische Gegenüberstellung der beiden Hemisphärenfunktionen ordnet der linken Hirnhälfte die analytischen und abstrakten Geistesfähigkeiten zu, der rechten die ganzheitlichen und konkreten. Man nennt dieses Phänomen der funktionalen Aufteilung im Gehirn Lateralisierung.

In der rechten Hemisphäre haben die senso-motorischen Funktionen des Menschen ihren Sitz, vor allem die visuell-räumlichen Verarbeitungsmechanismen. Die meisten Befunde aus der Pathologie und der Entwicklungsforschung deuten darauf hin, dass die Sprache primär in der linken Hemisphäre repräsentiert ist. Genauer: Phonologie und Syntax, also die formalen Kenntnissysteme der Sprache, sind primär links lokalisierbar. So treten syntaktische Störungen nur bei Verletzungen der linken Hemisphäre auf. Und schon Säuglinge reagieren durch ihre Kopfhaltung eher mit der linken Hemisphäre auf sprachliche Laute. Auch die Messungen von neuronalen Potenzialen bei der Verarbeitung von Sprache bestätigen die Dominanz der linken Hirnhälfte. Die rechte Hemisphäre gilt noch heute als weitgehend sprachlos. Dabei kann diese Hirnhälfte aber die meisten Sprachfunktionen übernehmen, wenn im frühen Kindesalter die linke Hemisphäre durch Schäden oder einen Tumor ausfällt. Die Dominanz der linken Hemisphäre kristallisiert sich also erst in der Ontogenese vollständig heraus.

Welche Bereiche des menschlichen Gehirns sind für die Speicherung und Verarbeitung des semantischen Wissens verantwortlich? Lässt sich die semantische Funktion der Sprache auch eindeutig in der linken Hemisphäre lokalisieren?

Die Semantik ist als Kenntnissystem offensichtlich nicht so stark an spezifische Bereiche der linken Hemisphäre gebunden wie die Syntax. Vielmehr scheint semantisches Wissen in beiden Hemisphären und sogar in subkortikalen Bereichen verankert zu sein. Untersuchungen der letzten Jahre haben zeigen können, dass bei semantischen Funktionen auch die rechte Hirnhälfte beteiligt ist. Bei Störungen der rechten Hemisphäre kommt es beispielsweise zu Wortschatzdefiziten und

Benennungsstörungen, insbesondere bei konkreten Nomina und Adjektiven. Dagegen ist die linke Hälfte dominant, wenn es um die Verarbeitung von Abstrakta geht. Bei der Verarbeitung von konkreten Wörtern, die an visuelle Vorstellungsbilder geknüpft sind, ist die rechte Hemisphäre (bei elektrophysiologischen Messungen) ebenfalls aktiviert. Der Wortschatz in der rechten Hirnhälfte ist aber nur rezeptiv; die Sprachproduktion leistet die linke Hemisphäre.

Insgesamt ergibt sich hinsichtlich der Lateralisierungsfrage das folgende Bild: Die Semantik ist als Kenntnissystem diffuser im Gehirn repräsentiert als die formale Komponente der Sprachfähigkeit. Der mentale Wortschatz ist sowohl links als auch rechts im Gehirn repräsentiert. Einige Bereiche unserer semantischen Kenntnisse sind eng gekoppelt an Informationen anderer, sensorisch vermittelter Kenntnissysteme. Die bewusste Aktivierung und Artikulation erfolgt aber über die sprachdominante linke Hemisphäre.

Worin zeigen sich nun semantische Fehlleistungen und welche Schlüsse können wir aus den Fehlleistungen ziehen? Aphasiker mit semantischen Störungen produzieren Paraphasien und zeigen Schwierigkeiten beim Verstehen sprachlicher Äußerungen. Paraphasien sind fälschlicherweise produzierte Einheiten, z. B. *Tasse* anstatt *Schüssel*, *Junge* anstatt *Mann*. Manchmal umschreiben die Patienten aber auch das, was sie eigentlich sagen wollen, z. B. *so ein Ding zum Putzen* für *Aufnehmer*. Solche Benennungsstörungen können sowohl beim freien Sprechen als auch bei Benennungstests auftreten. Dabei fällt auf, dass die Paraphasien oft in einer engen inhaltlichen Relation zum eigentlichen Zielwort stehen. Diese Relation kann semantisch-klassifikatorischer Art sein: *Tisch* für *Stuhl*, *Tier* für *Vogel*, *lang* für *kurz*. Sie kann aber auch situativ-episodischer Natur sein: *Besuch* für *Blume* (beim Besuch bringt man normalerweise Blumen mit), *Wald* für *Reh* (normalerweise trifft man im Wald auf Rehe).

Wie lassen sich solche Fehlleistungen erklären? Was ist nicht in Ordnung? Sind die semantischen Kenntnisse im mentalen Lexikon ausgelöscht, teilweise gestört oder durcheinandergebracht?

Bei semantischen Störungen lassen sich zwei Typen unterscheiden: Zugangs- und Organisationsstörungen. Bei der Organisationsstörung sind die im Lexikon gespeicherten semantischen Felder nicht mehr intakt. Die Patienten sind deshalb nicht mehr in der Lage, semantisch korrekte Äußerungen zu produzieren und semantisch zu differenzieren. Bei der Zugangsstörung dagegen ist das semantische Wissen intakt, doch seine Aktivierbarkeit ist nicht mehr möglich. Der prozedurale Weg zum Lexikon ist blockiert oder zerstört. Genauer: Der Weg von der Bedeutung zur phonologischen oder graphischen Formrepräsentation ist unterbrochen. Fehlleistungen entstehen dann durch falsche Ankopplungen mentaler Inhalte an sprachliche Formen. Dass semantisch ähnliche Wörter abgerufen werden, erklärt sich durch die netzartige Verknüpfung der Bedeutungen im Lexikon. Der Aphasiker aktiviert das semantische Feld, dem das entsprechende Zielwort angehört, kann dann aber nicht weiter differenzieren und wählt fälschlicherweise ein semantisch ähnliches Wort aus.

Bei manchen Aphasikern ist allerdings auch die Sprechsituation entscheidend für die Benennungsmöglichkeiten: So berichtet Stachowiak (1982) von einem Patienten, der bei einem Benennungstest nicht das Wort *Soldat* sagen konnte. Im freien Gespräch aber äußerte der Patient dieses Wort mühelos. Manchmal ist die sprachliche und/oder visuelle Aktivierung bei der Sprachrezeption gestört. Dann können die Aphasiker den phonologischen oder graphischen Repräsentationen keine Bedeutungen zuordnen. Auch Bilder helfen nicht weiter. Wenn die Patienten den zu benennenden Gegenstand in die Hand nehmen, können sie die Bedeutungseinheit aktivieren und das Wort sagen. In anderen Fällen helfen dagegen Bilder bei der Aktivierung. Die Aktivierung von lexikalischen Kenntnissen über einen anderen, nicht-sprachlichen Verarbeitungsmodus nennt man Deblockierung.

Die Ergebnisse der Aphasieforschung bestätigen also das Modell eines multimodal aktivierbaren mentalen Lexikons. Bestätigung durch aphasiologische Daten finden auch die Annahmen zur Prototypentheorie: Bei Kategorisierungstests sind die Antwortzeiten von Aphasikern bei prototypischen Mitgliedern einer Kategorie kürzer als bei weniger typischen Mitgliedern. Bei typischen Exemplaren werden zudem weniger Fehler gemacht. Wenn Aphasiker zu einer vorgegebenen Kategorie Beispiele für Mitglieder nennen sollen, werden zuerst prototypische Exemplare genannt. Basiskonzepte sind ebenfalls weniger störanfällig als andere Konzepte.

Neueste Forschungsergebnisse aus der Neurolinguistik bestätigen die Annahme, dass semantisches Wissen neuronal nicht isoliert und autonom repräsentiert ist, sondern in vielfältigen Verbindungen zu allgemeinen konzeptuellen, motorischen und perzeptuellen Kenntnissen steht (s. Pulvermüller 2012).

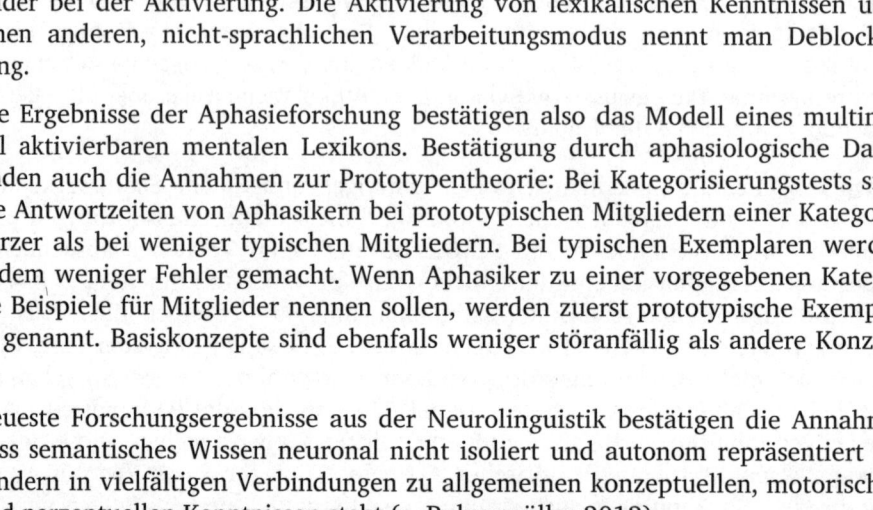

1. Nehmen Sie Stellung zu der folgenden Aussage: „Mein Fall ist, in Kürze, dieser: Es ist mir völlig die Fähigkeit abhanden gekommen, über irgend etwas zusammenhängend zu denken oder zu sprechen." (Hugo von Hofmannsthal 1902, *Brief des Lord Chandos an Francis Bacon*)

2. In welchen (semantischen) Relationen stehen die folgenden Paraphasien und Umschreibungen? *Rose* für *Hose*, *Mann* für *Junge*, *kleines Huhn* für *Küken*, *große Maus* für *Ratte*, *Mozart* für *klassische Musik*, *Schublade* für *Kommode*, *Tümpel* für *Frosch*, *Honig* für *Biene*, *essen* für *Gabel*.

3. Heeschen/Reischies (^{2}1990) haben experimentell nachweisen können, dass die linke Hemisphäre dominant bei Wortpaaren wie *Adler/Hirsch* und die rechte bei Wortpaaren wie *durstig/Bier* ist. Wie könnte man diesen Befund im Hinblick auf die Repräsentation und Organisation des mentalen Wortschatzes interpretieren?

Lektüre:

Stachowiak 1982, Hillert 1987, Joanette/Goulet/Hannequin 1990: Kap. 4, Kelter 1990: Kap. 3, Schwarz 1992: Kap. 3.5 und 5.3.2, Kelter 1994, Pulvermüller 2005 und 2012.

Zusammenfassung:

In diesem Kapitel haben wir uns in erster Linie mit der lexikalischen, d. h. mit der im mentalen Lexikon gespeicherten Bedeutung von sprachlichen Ausdrücken beschäftigt. Es ging dabei darum zu zeigen, welche Informationen ein Sprachbenutzer in den semantischen Lexikoneinträgen gespeichert haben muss, um die Wörter und Sätze in Kommunikationssituationen sinnvoll produzieren und verstehen zu können. Zusammenfassend sind dies die folgenden Einheiten:

Wir haben phonologische Informationen, d. h. Informationen über die phonologische Struktur des Wortes (sowie über seinen Wortakzent). Wir können daher also zu einem bestimmten Wort die entsprechende Lautgestalt aktivieren und aussprechen. Wir haben auch orthographische Informationen, die das Schriftbild des Wortes betreffen. Wir haben zudem morphosyntaktische Informationen repräsentiert: Informationen über die Wortart, über die Flexion, über die Subkategorisierung (d. h. die syntaktische Umgebung).

Daneben speichern wir im LZG die semantischen Informationen: semantische Merkmale, die den Inhalt eines Wortes bestimmen und die Extension festlegen bzw. ein Prototypen-Konzept, Selektionsbeschränkungen mit Angabe der thematischen Rollen der Argumente, eventuell Konnotationen und individuelle, episodisch gefärbte Assoziationen.

Die semantischen Informationen sind verknüpft mit allgemeinem, konzeptuellem Wissen. Konkreta wie *Vogel*, *Blume* usw. haben zudem Verbindungen zu im LZG mental gespeicherten Bildern sowie zu anderen modalitätsspezifischen Einheiten.

Zu fast jedem Lexikoneintrag haben wir schließlich noch pragmatische Informationen gespeichert, die den situationsangemessenen Gebrauch des jeweiligen Wortes betreffen. So ist beispielsweise bei dem Wort *abkratzen* verzeichnet, dass dies ein Jargonwort ist.

Wie sind nun Bedeutungen in unserem LZG abgespeichert? Können wir nach all unseren Überlegungen zu einem verbindlichen Modell kommen? Wir können angeben, welche Informationen repräsentiert sein müssen, damit wir Wortbedeutungen korrekt in Sprachproduktions- und Rezeptionsprozessen verwenden können. Dennoch bleibt ein Rest an zusätzlichen Informationen, die für die korrekte Wortverwendung nicht zwingend nötig sind, übrig, der schwer unterzubringen ist, weil wir nicht genau wissen, wie und wo er im LZG abgespeichert ist.

3 Referenztheorie: Sprache und Welt

3.1 Probleme der Referenztheorie

I've got nothing to say but it's O.K. (The Beatles)

Bisher haben wir uns vor allem mit den repräsentationalen Aspekten unserer semantischen Kompetenz beschäftigt. Dabei haben wir uns mit den Fragen auseinandergesetzt, was alles zum semantischen Wissen gehört und wie dieses Wissen im mentalen Lexikon gespeichert ist. Nun wollen wir uns verstärkt den (in 2.6 schon kurz umrissenen) prozeduralen Aspekten der semantischen Kompetenz widmen. Unsere prozedurale Kompetenz ermöglicht uns, das im Lexikon repräsentierte Wissen in Sprachproduktions- und Rezeptionsprozessen zu aktivieren und zu benutzen. Mit Wörtern und Sätzen nehmen wir in den Sprachverarbeitungsprozessen Bezug auf die außersprachliche Welt, wir referieren.

Referenz ist die Relation, die in einer bestimmten Situation zwischen sprachlichen Ausdrücken und Gegenständen besteht, bzw. etabliert wird. Nicht Wörter per se referieren, sondern Sprecher referieren mit der Hilfe von Wörtern, und Hörer etablieren Referenz im Verstehensprozess.

Die referenzielle Funktion der Sprache (Bühlers Symbolfunktion) ermöglicht es uns, Aussagen über die uns umgebende Welt zu machen und unsere Gedanken mitzuteilen. Grundlegende Fragen jeder Referenztheorie sind: Mit welchen Ausdrücken referieren wir? Worauf referieren wir? Wie kommt erfolgreiche Referenz im Kommunikationsakt zustande? Die Referenzforschung muss sich also sowohl mit semantischen als auch mit pragmatischen Aspekten auseinandersetzen. Deshalb wird hier auch von „Referenztheorie" und nicht (wie sonst traditionell üblich) von „Referenzsemantik" gesprochen.

Nicht alle Ausdrücke unserer Sprache sind geeignet, um auf Dinge zu referieren. Wir müssen zunächst einmal unterscheiden zwischen den Inhaltswörtern und den Funktionswörtern unserer Sprache: Funktionswörter (auch: grammatische Wörter) wie Konjunktionen (*und*, *weil*), Präpositionen (*auf*, *an*) und Adverben (*bald*, *sehr*) drücken Relationen zwischen Sachverhalten aus, referieren aber nicht direkt auf einzelne Dinge, Zustände oder Vorgänge. Inhaltswörter wie *Baum*, *Vase*, *Regenschirm* dagegen können benutzt werden, um auf Objekte der außer-sprachlichen Welt Bezug zu nehmen.

Man unterscheidet außerdem in manchen referenztheoretischen Abhandlungen zwischen referenziellen und referierenden Ausdrücken. Referenziell ist demnach ein Ausdruck, wenn er benutzt werden kann, um eine Referenz zu vollziehen, referierend ist er nur dann, wenn ein Sprecher ihn in einer konkreten Situation zum Referieren benutzt. Jeder referierende Ausdruck ist demnach auch ein referenzieller Ausdruck, aber nicht umgekehrt. Den Vorgang der sprachlichen Bezugnahme auf Außersprachliches nennt man Referenzialisierung.

Worauf referieren wir nun mit den referenziellen Ausdrücken? Nur auf konkrete, materiell existierende Gegenstände wie Menschen, Blumen, Häuser, Bäume? Offensichtlich ist die Referenz nicht auf reale Objekte beschränkt. Wir können auch auf fiktive und imaginative Gestalten und Personen referieren (z. B. auf den gestiefelten Kater, auf Dornröschen, auf Hans Castorp). Wir benötigen also einen erweiterten Existenzbegriff (vgl. hierzu 3.2 sowie das Konzept der möglichen Welten in Teil II).

Ein Wort wie *Baum* ist aufgrund seiner im Lexikon gespeicherten Bedeutung für eine ganze Klasse von Gegenständen verwendbar.

Die Extension ist die Menge aller möglichen Referenten, auf die ein Ausdruck zutrifft. So ist beispielsweise die Extension des Wortes *Baum* die Menge aller Bäume, die existieren.

Zur Extension gehören aber auch alle zukünftigen und vergangenen Bäume, ebenso alle imaginativ vorgestellten Bäume, denn wir können mit dem Wort *Baum* auch auf solche Entitäten referieren.

(1) Die Bäume vor hundert Jahren waren noch gesund.

(2) So einen Baum möchte ich später einmal im Garten haben.

(3) Früher stand hier ein großer Baum.

Die Extension eines Ausdrucks ist also unabhängig von einer spezifischen Äußerungssituation. Abhängig ist sie von der konventionell festgelegten Bedeutung. Die Bedeutung eines Ausdrucks kann aber nicht mit der Extension gleichgesetzt werden. So haben *vernunftbegabtes Wesen* und *sprachbegabtes Wesen* die gleiche Extension (die Menge aller Menschen), die Bedeutungen sind aber verschieden. Außerdem sind Extensionen von sprachlichen Ausdrücken oft nur schwer zu umgrenzen (vgl. das unter 2.1.2 über Prototypen Gesagte und Teil II).

Referenz kommt erst durch den jeweiligen Sprachbenutzer zustande, der in einer bestimmten Situation sprachlich auf einen Gegenstand verweist (s. hierzu bereits Nunberg 1978). Auf der Hörerseite muss die Zuordnung entsprechend im Verstehensprozess etabliert werden. Der konkrete Gegenstand ist dann der Referent der Äußerung, d. h. er ist ein individuelles Mitglied aus der Extensionsmenge (z. B. der Haselnussbaum in unserem Garten als Mitglied der Klasse aller Bäume).

Mit welchen sprachlichen Ausdrücken können wir referieren? In den linguistischen und philosophischen Referenzsemantiken wurde lange davon ausgegangen, dass man nur mit Nomen bzw. Nominalphrasen (NPs) referieren kann. Außerdem ging man davon aus, dass wir nur mit NPs in einer bestimmten Funktion referieren (nämlich der referenziellen) und nicht mit den prädikativ gebrauchten NPs.

(4) Der Junge weint.

(5) Er ist ein Junge.

(6)   Er läuft den Weg hinunter.

(7)   Die Rose ist gelb.

Demnach waren nur *der Junge, er, die Rose* und *den Weg* referierend, nicht aber *weint, läuft* und *gelb*. Was ist mit prädikativ benutzten Ausdrücken? Nehmen wir nicht auch mit ihnen Bezug auf Aspekte der Welt, auf Eigenschaften, Beziehungen, Vorgänge?

Worauf referieren wir mit Ausdrücken wie *klug, gut, laufen, Reise, Glück*? Die Frage nach der referenziellen Funktion von Prädikaten ist schon von vielen Philosophen diskutiert worden (z. B. im Universalienstreit der Scholastiker). Dabei lassen sich drei verschiedene Ansätze feststellen. Für die Nominalisten sind Prädikate nicht referierend. Es gibt keine allgemeinen Wesenheiten (Universalien), für die Prädikate stehen könnten. Bei den Realisten dagegen stehen Prädikate für reale Entitäten. Bei den Konzeptualisten schließlich stehen die Prädikate für begriffliche Einheiten. In den meisten Linguistiktheorien findet sich die Auffassung, dass Prädikate nur den Gegenstand, auf den referiert wird, charakterisieren, ohne dass sie selber auf Charakteristika referieren. Ihre Funktion besteht in der Klassifikation von Gegenständen. Diese Auffassung ist aber nicht besonders überzeugend. Wir können perzeptuelle Eigenschaften zwar nicht losgelöst von den Gegenständen, denen diese Eigenschaften zukommen, erfassen, dennoch können wir auf diese Eigenschaften Bezug nehmen:

(8)   Die Statue ist atemberaubend schön.

(9)   Die Schönheit der Statue ist atemberaubend.

(10)   Die Bank ist schön gelb.

(11)   Das schöne Gelb der Bank.

Vergleichen Sie die folgenden Sätze miteinander. Was fällt Ihnen auf?

(12)   Ihre Schönheit besteht aus ihrer Schminke und ihrer Kleidung.

(13)   Seine Klugheit ist nur Bauernschläue.

(14)   *Ihre Gelbheit besteht aus ihrer Farbe.

(15)   *Seine Viereckigkeit ist nur quadratisch.

Problematisch sind Eigennamen (EN). Mit EN können wir auch auf lebende (Manfred Bierwisch), vergangene (Goethe, Kant) und fiktive (Hermine Granger, Hamlet) Personen Bezug nehmen. Eigennamen unterscheiden sich aber ganz offensichtlich von Gattungsnamen (Appellativa), denn EN haben keine Bedeutung, jedenfalls nicht im streng informationsbezogenen Sinn. Mit EN prädizieren wir nicht. EN sind nur Etiketten, die ansonsten keinerlei Informationen über den Träger der Etikette beinhalten. Es besteht keine Verweismöglichkeit auf eine Kategorie, auf eine Klasse möglicher Gegenstände.

Sind EN wirklich bedeutungslose Referenzmittel? Ist nicht bei EN wie *Axel, Hans* und *Josef* wenigstens das Bedeutungsmerkmal (‚männlich‘) anzusetzen, im Gegensatz zu *Maria, Inge* und *Ute*? Es gibt aber auch hier Grenzfälle: z. B. *Rainer Maria Rilke.* Mit bestimmten EN verbinden wir sicherlich konnotative Merkmale, so wie bei *Adolf.* EN sind aber unmittelbar an unser enzyklopädisches Wissen und hier an das episodische Wissen angekoppelt. Es besteht immer nur Token-Referenz (vgl. 1.2.2). Zwar können wir die Extension von *Maria* angeben als die Menge aller Personen, die *Maria* hießen, heißen und heißen werden, aber die Mitglieder dieser Extensionsmenge zeichnen sich ansonsten durch keine gemeinsamen Eigenschaften aus. *Mariahaftigkeit gibt es nicht. Menschen werden nicht *Maria* genannt, weil sie bestimmte Eigenschaften gemeinsam haben. Nicht alle Personen mit dem Namen *Maria* sind beispielsweise weiblich, klug und hübsch. Alle Gegenstände, die *Baum* genannt werden, haben aber einige Eigenschaften gemeinsam. Bei den Appellativa ist also die Ebene der Semantik (und damit die Ebene des kategorialen Wissens) stets der individuellen Tokenreferenz vorgeschaltet.

Eine besondere Rolle bei der Referenzialisierung und insbesondere bei der spezifischen Referenz auf bestimmte Gegenstände, die der Sprecher im Kommunikationsakt in den Fokus der Aufmerksamkeit rücken möchte, kommt den Determinanten (auch: Artikelwörter) zu. Schon Anfang des 20. Jahrhunderts gab es unter Sprachphilosophen und Logikern intensive Diskussionen zur Bedeutung des bestimmten und unbestimmten Artikels bei der Identifizierbarkeit von Objekten der Welt (s. u. a. Russell 1905, Strawson 1950). In der Literatur der klassischen Referenzsemantik wird dabei stets die Phrase *der König von Frankreich,* die vermittelt, dass es einen und zwar genau einen König von F. gibt, abgegrenzt von *ein König von Frankreich,* die impliziert, dass es mindestens einen König von F. gibt. Die Wahl des bestimmten oder unbestimmten Artikels richtet sich auch nach dem Vorwissen und der Wahrnehmbarkeit der Referenten: Ist der Referent dem Hörer noch nicht bekannt und auch nicht vorerwähnt, ist es semantisch wenig sinnvoll und pragmatisch unkooperativ, auf diesen definit Bezug zu nehmen (s. Kap. 3.3). Mit Nominalphrasen lässt sich zudem spezifisch und unspezifisch referieren: *Ich suche ein Buch* (entweder ist ein ganz bestimmtes Buch, das ich z. B. verlegt habe oder es ist die Vorstellung von einem Buch, das ich noch besorgen will).

Lektüre:

Donellan 1966, Searle 1971: Kap. 7, Lyons 1995: Kap. 3 und 10, Hawkins 1978, Jackendoff 1983, Vater 2005: Kap. 1, Schwarz 1995c.

3.2 Esse est percipi: die Welt als Konstrukt

Schein haftet an allem. (Xenophanes)

Was aber sind Dinge? Nichts ... als besondere Gruppierungen von Sinnesqualitäten, die uns zufälligerweise praktisch oder ästhetisch interessieren, so daß wir ihnen Namen geben und sie so in den exklusiven Stand der Selbständigkeit ... erheben. (William James)

Auf den ersten Blick scheint die Frage, worauf wir mit Wörtern und Sätzen referieren, ziemlich überflüssig zu sein. Unser vorwissenschaftlicher Glaube an eine objektive, beständige Welt außerhalb unserer Sinne ist ein Axiom, das im alltäglichen Leben nicht in Frage gestellt wird. Aus unseren Wahrnehmungen schließen wir, dass es eine geordnete und intersubjektiv erfahrbare Welt gibt, die sich aus Gegenständen (wie Bäumen und Tieren) mit bestimmten Eigenschaften (wie Farbe und Größe) und deren Beziehungen zueinander (z. B. Position in Raum und Zeit) zusammensetzt. Die Existenz dieser Welt wird von uns normalerweise nicht hinterfragt, und der ontologische Status der Referenten sprachlicher Äußerungen scheint klar zu sein. Wir referieren auf real existierende, wahrnehmbare Gegenstände, die aufgrund ihrer inhärenten Beschaffenheit von allen anderen Menschen gleichermaßen wahrgenommen werden. Die Welt ist so wie sie ist, unabhängig von aller Wahrnehmung, d. h. sie ist auch dann existent, wenn sie nicht von irgendeinem Menschen wahrgenommen wird. Es gibt eben runde und rote Äpfel, hohe Berge, glatte Steine usw.

Man nennt diese Position den naiven Realismus, weil davon ausgegangen wird, dass es eine objektive, reale Welt gibt, die unmittelbar aus der Sinneswahrnehmung erkennbar ist. Dass diese Perspektive naiv ist, wurde besonders eindrucksvoll in den philosophischen Abhandlungen Kants erläutert. Über die Dinge an sich, also die Dinge vor bzw. außerhalb unserer Wahrnehmung können wir nichts aussagen, da stets unser Geist und Wahrnehmungsapparat zwischengeschaltet ist. Wie können wir also wissen, ob beispielsweise eine Kirsche tatsächlich die Eigenschaften rot, rund und süß hat? Wir erfahren das ‚Kirsch-Sein‘ ja immer nur durch unsere spezifischen Sinne. Nicht die Dinge an sich werden wahrgenommen, sondern nur die Erscheinungen dieser Dinge.

Die erkenntnistheoretischen Zweifel der Philosophen an der Faktizität und Objektivität unserer Welt sind durch die Erkenntnisse der neuesten Gehirnforschung untermauert worden. Neurophysiologische und pathologische Untersuchungen unterstützen die Annahme, dass die Struktur unserer erfahrbaren Welt das Ergebnis komplexer Gehirnprozesse ist. Die Welt, die wir als intersubjektive Realität akzeptieren, ist eine vom menschlichen Gehirn konstruierte Welt.

Besonders eindrucksvoll wird dies durch Beobachtungen am gestörten Gehirn (also in der Pathologie) belegt. Menschen mit Gehirnverletzungen im Bereich der Sehfelder können die Dinge nicht mehr so sehen wie vorher. Manche Patienten mit visuellen Störungen (man spricht hier von Agnosie) können zusammengehörige Teile eines Objektes nicht mehr ganzheitlich wahrnehmen. Andere sind nicht mehr in der Lage, Farben zu erkennen. Manchmal führen die Ausfälle von Gehirnfunktionen auch dazu, dass die Patienten Gegenstände kleiner oder größer sehen, als sie normalerweise sind. Es kann vorkommen, dass Patienten nach einer Störung im Gehirn Farben nicht mehr an den Objekten selbst sehen, sondern woanders im Raum.

Perzepte als Referenten

Die Welterfahrbarkeit des Menschen ist somit in der Funktionalität des menschlichen Gehirns verankert, das die Umweltreize auf eine spezifische Weise verarbeitet und zu ganzheitlichen Wahrnehmungserlebnissen zusammensetzt. Diese Wahrnehmungserlebnisse, die man in der Psychologie Perzepte nennt, haben aber für uns den Status von objektiven, realen Objekten. Die Objekthaftigkeit ist für uns ein unerschütterlicher Bestandteil unseres Erlebens. Wir zweifeln daher normalerweise auch nicht daran, dass wir mit sprachlichen Ausdrücken auf Objekte referieren, die außerhalb unseres Geistes einfach da sind und von allen anderen Menschen gleichermaßen erfahren werden. Wenn ich auf eine Blume in meinem Sehfeld referiere, dann nehme ich an, dass meine Kommunikationspartner dieselbe Blume als realen Gegenstand sehen.

Mentale Bilder als Referenten

> Picture yourself in a boat on a river,
> With tangerine trees and marmalade skies.
> (The Beatles)

Neben der als extern und real erfahrenen Welt (die für uns die reale Welt ist, also Orientierungsmaßstab für alle Handlungen) verfügen wir aber auch über ein geistiges Modell dieser Welt, das wir bewusst als etwas in unserem Kopf Gespeichertes erleben. Wir haben Vorstellungen über die Dinge der realen Welt abgespeichert. Diese Vorstellungen nennt man in der Kognitionspsychologie mentale Bilder. Mentale Bilder sind Repräsentationseinheiten in unserem Gedächtnis, die kognitive Abbildungen von realen Objekten darstellen. Auf diese Bilder können wir ebenfalls referieren. Ich kann mir im Urlaub mein Haus vor Augen rufen, d. h. das in meinem LZG gespeicherte Bild meines Hauses und darauf referieren. Der Gegenstand, auf den ich referiere, muss also nicht in meinem unmittelbaren Blickfeld sein. Bei der Aktivierung von mentalen Bildern handelt es sich um eine reproduktive Repräsentationsart. Ich kann aber auch auf ein imaginatives, (noch) gar nicht existentes Haus referieren, z. B. in dem Satz:

(16)   Mein Traumhaus hat 10 Zimmer und einen riesigen Wintergarten.

Das mentale Bild, das ich von diesem imaginativen Haus entwerfe, ist eine produktiv erstellte Repräsentation. Solch geistige Referenten können repräsentational verändert werden, die perzeptuellen Referenten nicht. Wenn ich vor meinem

Haus stehe und es anschaue, kann ich trotz aller geistigen Anstrengung keine Veränderungen daran vornehmen. Es bleibt als Perzept unverändert für meine Wahrnehmung (solange, bis ich es umbauen lasse). Mein mentales Haus aber kann ich geistig schmücken, ihm zwei neue Fenster geben, es erhöhen usw.

In kaum einem anderen Gedicht kommt unsere Fähigkeit, mentale Bilder zu aktivieren und zu konstruieren, so prägnant zum Ausdruck wie in dem folgenden:

> In a station of the Metro
> The apparition of these faces in the crowd;
> Petals on a wet, black bough.
> (Ezra Pound)

Wir referieren mit sprachlichen Ausdrücken also zum einen auf die wahrnehmbare Welt (wobei auf alle Aspekte unserer Sinneswahrnehmung Bezug genommen werden kann, nicht nur auf die visuell erfahrbaren: vgl. *dieser Duft/Gestank* (olfaktorisch), *diese Stille/dieser Lärm* (akustisch), *diese Glätte/diese Rauheit* (taktil), *diese Süße/Schärfe* (gustatorisch). Zum anderen können wir auf rein geistige Einheiten (reproduktiver wie produktiver Art) in unserem Bewusstsein referieren:

(17)   Ich erinnere mich gut an meine vor 20 Jahren verbrannte Puppe.

(18)   Ich stelle mir gerade eine Puppe mit lila Augen und weiß-schwarz-blauen Haaren vor, die eine Pfeife raucht.

1. Vergleichen Sie die folgenden Sätze miteinander und geben Sie an, worauf die NPs referieren.

   a) Mona trägt heute einen schwarzen Minirock.

   b) Mona erinnert sich wehmütig an den schwarzen Minirock, der im letzten Sommer von der Wäscheleine gestohlen wurde.

   c) Mona stellt sich gerade einen schwarzen Minirock zu ihrer roten Bluse vor.

2. Worauf referieren wir mit den unterstrichenen NPs in den folgenden Sätzen?

   (a) Die Kälte im Zimmer war unerträglich. (b) Die Temperatur betrug -50 Grad. (c) Verzweiflung breitete sich aus. (d) Jemand sprach ein Gebet. (e) Da öffnete ein Windhauch die Tür.

3. Warum erscheint uns das Zusammentreffen der aufgezählten Personen in dem folgenden Satz so seltsam?

   Schneewittchen ging mit Aristoteles und dem Bundeskanzler spazieren und traf dabei auf Achilles, Homer, Boris Becker und Napoleon.

Lektüre:

Schmidt [6]1994, Rehkämper 1991, Schwarz 1992: Kap. 3.1 und 3.2, Schwarz 1995c.

3.3 Prinzipien für erfolgreiche Referenz: Wer sagt wem was, wie, wo, wann und warum?

In keiner Sprache kann man sich so schwer verständigen wie in der Sprache.
(Karl Krauss)

Think of what you're saying,
You can get it wrong and still you think that it's alright,
Think of what I'm saying
We can work it out and get it straight, or say good-night.
(The Beatles)

Als kommunikative Kompetenz haben wir die Fähigkeit bezeichnet, sprachliches Wissen situationsadäquat in der Kommunikation benutzen zu können. Es reicht nicht aus, ein sprachliches Kenntnissystem gespeichert zu haben, um erfolgreich kommunizieren zu können. Wir benötigen auch Mechanismen, die Teile dieses Kenntnissystems aktualisieren. Diese Aktualisierung wiederum verläuft nach soziokulturellen Mustern. In unserer Gesellschaft beispielsweise sagt man beim Kommen *Guten Tag* und beim Abschied *Auf Wiedersehen*, man duzt seine Freunde und Bekannten und siezt weniger vertraute Personen und Fremde.

Miteinander sprechen beruht auf einem regelgeleiteten Verhalten aller Kommunikationsteilnehmer. Jeder befolgt weitgehend automatisch und unbewusst bestimmte Prinzipien bei der Gestaltung seiner sprachlichen Beiträge, und jeder setzt voraus, dass alle anderen Gesprächsteilnehmer den gleichen Prinzipien folgen. Dabei ist natürlich zu beachten, dass in verschiedenen Kulturen zum Teil ganz unterschiedliche Konventionen herrschen. Mangelndes Wissen über Kommunikationsmuster anderer Kulturen kann zu prekären Situationen führen:

> Um die Verbindungen zum Präsidenten einer japanischen Partnerfirma auf eine freundschaftliche, dauerhafte Basis zu stellen, beschloss ein junger amerikanischer Firmenrepräsentant, die Barrieren der Förmlichkeit einzureißen, die noch nach vielen Monaten zwischen ihm und diesem einschüchternd würdevollen, älteren Herrn bestand. Auf einer Cocktailparty in Tokio näherte er sich also dem Präsidenten, klopfte ihm jovial auf die Schulter, raffte sein spärliches Japanisch zusammen und sagte, für jedermann vernehmbar, so etwas wie: „Hey, schön Sie hier zu sehen, alter Bock!" Der Präsident wurde aschfahl, verließ grußlos die Party und kündigte innerhalb der nächsten Tage die Zusammenarbeit mit der amerikanischen Firma auf. (*Die Kluft in der Kommunikation*, Die Zeit, S. 52, 15.01.1988)

Grice (1975) hat versucht, die gesellschaftlichen Konversationsregeln explizit zu machen. Er hat eine Reihe von Konversationsmaximen postuliert, denen ein Kooperationsprinzip voransteht.

Kooperationsprinzip: Mache deinen Kommunikationsbeitrag so, wie er an dem Punkt der Kommunikation, an dem er erfolgt, erforderlich ist. Das, was erforderlich ist, wird durch den Zweck des Gesprächs, in dem du dich befindest, bestimmt.

Damit das Kooperationsprinzip realisiert werden kann, müssen die folgenden Maximen berücksichtigt werden:

Maxime der Quantität: Mache deinen Beitrag so informativ wie erforderlich (d. h. nicht mehr und nicht weniger Informationen als nötig).

Maxime der Qualität: Versuche deinen Beitrag so zu machen, dass er wahr ist.

Maxime der Relation: Sage nur Relevantes.

Maxime der Modalität: Rede klar und unzweideutig.

Wir haben diese Maximen als Teile unseres pragmatischen Wissens internalisiert und befolgen sie weitgehend unbewusst. Wenn wir einen flüchtigen Bekannten auf der Straße treffen und fragen:

(19) Wie geht's?,

dann erwarten wir keine langen Ausführungen über die Lebensumstände des Betreffenden, sondern nur einen knappen Kommentar (also eine Gesprächsfloskel). Anders ist das bei einem Gespräch mit einem engen Freund. Hier erwarten wir auf die gleiche Frage eine detaillierte Antwort. Wenn wir jemanden nach der Uhrzeit oder dem Weg zum Bahnhof fragen, erwarten wir, dass unser Gegenüber uns nicht anlügt, sondern wahrheitsgemäß Auskunft gibt. In einem Fachgutachten erwarten wir keine Beschreibungen über die Augenfarbe, die Schuhgröße oder die Tischsitten, sondern nur Aussagen zur fachlichen Qualifikation. Bei einer Schilderung über einen Kinofilm erwarten wir, dass der Hergang chronologisch erzählt wird und nicht von hinten nach vorne. Die Maximen geben dabei Bedingungen für ideale Kommunikationsabläufe an. Oft genug erleben wir natürlich auch in Gesprächen, wie diese Maximen verletzt werden. Beim Schwafeln und Monologisieren, beim Lügen oder Schwindeln, beim Beschönigen oder Verschleiern von Informationen usw.

Leech (1983) hat neben den Griceschen Konversationsmaximen noch die Maxime der Höflichkeit postuliert. Diese Maxime ist ebenfalls Teil unserer kommunikativen Kompetenz und steuert unser sprachliches Verhalten im Umgang mit anderen in bestimmten Situationen. Ein Teil der Höflichkeitsmaxime ist die Bescheidenheitsmaxime: Minimalisiere das Eigenlob, maximiere Selbstkritik. Üblich sind deshalb Äußerungen wie

(20) Wie dumm von mir.

und nicht

(21) Wie überaus klug von mir.

Unüblich ist daher auch

(22) Bitte akzeptieren Sie dieses große, kostbare Geschenk als Zeichen meiner Dankbarkeit.

Auch diese Maxime variiert natürlich in ihrer Anwendung und ihrer Relevanz von Kultur zu Kultur (und von Individuum zu Individuum! – es gibt ja auch die

Angebertypen). In Japan z. B. gerät die Maxime der Bescheidenheit manchmal in Konflikt mit der Maxime der Qualität. Ein Gastgeber kann die Existenz der Speisen leugnen, die er anbietet (Leech 1983: 138):

(23) Nani mo meshiagaru mono wa ari-masen ga, dozo. (Da ist nichts zu essen, aber bitte greifen sie zu.)

Miteinander kommunizieren bedeutet also, dass wir ein regelgeleitetes Verhalten ausüben. Beim Referieren, das eingebettet in solch regelgeleitete Kommunikationsabläufe ist, muss der Sprecher bestimmte Prinzipien befolgen, wenn er vom Hörer verstanden werden will. Die Prinzipien für erfolgreiches Referieren könnte man folgendermaßen beschreiben:

Der Sprecher muss einen geeigneten sprachlichen Ausdruck zum Referieren benutzen. Wenn der Sprecher beispielsweise auf eine Kuh referieren will, dann darf er nicht *Ziege* oder *Hund* dafür sagen. Er muss also beachten, dass Ausdrücke konventionell an bestimmte Inhalte gebunden sind (vgl. hierzu bereits 1.2.3). Der Gegenstand, auf den referiert wird, muss dem Hörer bekannt sein oder bekannt gemacht werden. Der Referent muss im perzeptuellen oder mentalen Horizont des Hörers lokalisierbar sein. Lokalisierbar bedeutet, dass der Referent für den Hörer eine repräsentationale Existenz hat. In der linguistischen Pragmatik ist das Konzept der Diskurswelt eingeführt worden, um dieser Tatsache Rechnung zu tragen.

„Diskurswelt" bezeichnet dabei eine bestimmte Menge von Informationen, über die Sprecher und Hörer gemeinsam verfügen. Das kann ganz allgemeines, gesellschaftlich relevantes Wissen sein, z. B. wer zurzeit Bundeskanzler ist oder dass bei uns die Postboten Briefe austragen.

Es kann sich aber auch um spezifische Informationen handeln, z. B. das Wissen, dass der Kellner im letzten Urlaubshotel bei der Bombe surprise den ganzen Tisch angezündet hat. Der referierende sprachliche Ausdruck muss zur Lokalisierung des Referenten in der individuellen Diskurswelt des Hörers geeignet sein. Das heißt, dass der Sprecher Rücksicht auf das Hörerwissen und die jeweilige Situation nehmen muss. Wenn ein Sprecher weiß, dass der Hörer keinerlei Ahnung von Literaturwissenschaft hat, ist es demnach wenig sinnvoll, auf Goethe als auf *den am 28.08.1749 geborenen Dichter* zu referieren. Der Sprecher muss manchmal auch bei der Wahl seiner Wörter Rücksicht auf den Hörer nehmen (wie obiges Zeit-Zitat zeigt). Wenn der Sprecher über mehrere Benennungsalternativen (z. B. Hochsprache, Dialekt und Jargon) verfügt, muss er abwägen, welches dieser Wörter am besten in die bestehende Kommunikationssituation passt. Bei einer feierlichen Trauerfeier wäre es beispielsweise wenig angebracht, den Trauernden das Beileid in der folgenden Form auszusprechen:

(24) Wirklich schade, dass der senile Alte so früh abkratzen musste.

Um kommunikativ erfolgreiche und eindeutige Referenzhandlungen zu vollziehen, benötigt man also zum einen sprachliches und allgemeines Wissen, auf das man zurückgreifen kann, zum anderen Strategien, um dieses Wissen effektiv in bestimmten Kommunikationssituationen einsetzen zu können. Der Sprecher muss stets die Perspektive des Hörers in seine Überlegungen miteinbeziehen, wenn er verstanden werden will. Diese Antizipation des Hörerwissens stellt einen wichtigen Aspekt bei der Benennung von Referenten dar. Referieren ist also an hörer- und situationsbezogene Sprachproduktionsstrategien gebunden.

Wir aktivieren unser sprachliches Wissen stets in bestimmten Situationen. Die Faktoren, die jede Sprechsituation konstituieren, lassen sich durch eine Reihe von W-Fragewörtern umschreiben: Wer sagt wem was, warum, wie, wann und wo (vgl. hierzu auch die Lasswell-Formel: „Who (says) What (to) Whom (in) What Channel (with) What Effect" Lasswell 1948: 37). Konstitutiv für eine Sprechsituation sind also Sprecher und Hörer (und ihr Verhältnis zueinander!), der Inhalt der sprachlichen Äußerung, die Intention, die hinter der Äußerung steckt, die Art und Weise, wie dieser Inhalt ausgedrückt wird (z. B. salopp oder förmlich, Hochsprache oder Dialekt) bzw. wie die Intention realisiert wird, der Ort (auf der Straße oder im Café) und der Zeitpunkt der Äußerung (um Mitternacht oder früh um acht).

In der linguistischen Referenztheorie hat man sich besonders auf die sprachlichen Mittel konzentriert, mit denen wir auf außersprachliche Gegenstände und Sachverhalte Bezug nehmen und dabei sicher stellen, dass unsere Zuhörer die Referenten auch eindeutig bzw. kommunikativ unzweideutig identifizieren können. Hierzu müssen sprachliche Mittel gewählt werden, die je nach Situation und (gemeinsamem) Vor- und Diskurswissen der Kommunizierenden die perzeptuelle oder mentale Auffindbarkeit (auch: Lokalisierbarkeit/Erreichbarkeit; im Englischen *accessibility*) des Referenten garantieren: Eine Äußerung wie *Beißen sie?* ist also nur dann referenziell erfolgreich, wenn die entsprechende Situation (z. B. Angler am See/Meer) die Lokalisierbarkeit der Referenten des Personalpronomens *sie* ermöglicht (wobei Sichtbarkeit kein notwendiges Kriterium ist; es reicht die Weltwissensaktivierung ANGLER MÖCHTEN FISCHE FANGEN).

Bei definiter Referenz mittels einer Nominalphrase wie *Der Mann* muss ebenfalls gewährleistet sein, dass allen Kommunizierenden klar ist, wer gemeint ist, sonst ist die Verwendung einer solchen NP nicht kooperativ. Es gibt im Wesentlichen vier Möglichkeiten für definite Referenz: Auffindbarkeit des Referenten in der unmittelbaren Umgebung (*Der Mann dort*; Referent ist perzeptuell wahrnehmbar), aufgrund der Unikalität des Referenten (*der Papst, der Mond, die Sonne*), aufgrund der vorherigen Erwähnung (*Ein Mann ... Der Mann ...*; Anaphorik, s. Kap. 3.5) und aufgrund der Lokalisierbarkeit durch Weltwissensaktivierung (*der Präsident*; in Amerika gibt es einen und nur einen Präsidenten).

Überlegen Sie, welche Konversationsprinzipien in den folgenden Witz-Diskursen und Gesprächsausschnitten nicht berücksichtigt worden sind:

1. A: „Die Tochter von Heinrichs bekommt ein Kind." B: „Welche Tochter denn?" (Heinrichs haben vier Töchter!)

2. A kommt wütend ins Zimmer gerannt und schreit: „Dieser Idiot hat schon wieder alles vermasselt." B: „Wer hat was vermasselt?"

3. A erzählt einen Witz: „Da war mal eine ... nein, falsch, da ist ein Mann, nein, es war ein Bauer, der ... ach nein, ...“

4. Manuela beschwert sich bei ihrem Mann: „Unser Nachbar gibt seiner Frau morgens immer einen Kuss zum Abschied. Warum tust du das nicht?“ – „Weil ich sie nicht so gut kenne.“

5. Herr Müller will einen Rasierapparat kaufen. Der Verkäufer preist ihm einen an: „Dieser Rasierapparat hat schon Tausende von Männern zufriedengestellt.“ Herr Müller: „Mir ist ein neuer Apparat aber lieber.“

6. Das Tierheim ruft bei Frau Bummel an: „Ihr Mann ist mit dem Hund da und bittet uns, ihn hierzubehalten. Ist das denn auch in Ordnung?“ „Klar, und den Hund können sie raussetzen, er findet den Heimweg.“

Lektüre:

Grice 1975, Clark/Schreuder/Buttrick 1983, Leech 1983: Kap. 6, Sperber/Wilson 1986, Schwarz-Friesel/Consten 2011.

3.4 Deixis

„Wer ist da?“ – „Nur ich.“ – „Oh, das ist überflüssig genug!“ (Georg Christoph Lichtenberg)

Was wir jetzt und hier haben, merken wir wohl am wenigsten ... Man kann auch sonderbar aufs Hier und Da kommen, das ist nie weit von uns. (Ernst Bloch)

Betrachtet man die vorliegenden Satzpaare, so fällt auf, dass sie sich hinsichtlich Informationsgehalt und Kontextabhängigkeit erheblich unterscheiden.

(25)   Gestern war ich beim Arzt.

(26)   Am 27.08.1992 war ich beim Arzt.

(27)   Hier ist es schön.

(28)   In Köln ist es schön.

(29)   Sie ist unverschämt.

(30)   Meine Freundin Anna ist unverschämt.

Um die erstgenannten Sätze verstehen zu können, benötigt man Informationen darüber, wann, wo und zu wem die Sätze geäußert wurden. Sie enthalten deiktische (auch: indexikalische) Wörter. Deixis stammt aus dem Griechischen und bedeutet Zeigen/Verweisen.

Deiktische Ausdrücke nehmen Bezug auf Aspekte der Sprechsituation. Dabei kann man generell zwischen temporaler (*heute, morgen, bald, gleich* usw.), personaler (*ich, du, sie* usw.) und lokaler Deixis (*hier, dort, da, oben, unten* usw.) unterscheiden.

Die Referenz von deiktischen Ausdrücken variiert abhängig davon, wer sie wann und wo benutzt. Deiktische Ausdrücke legen also nicht im gleichen Sinne wie andere referenzielle Wörter bestimmte Extensionen fest. Kann man daher sagen, dass deiktische Wörter keine lexikalische Bedeutung haben? Ergibt sich eine bestimmte Bedeutung bei Deiktika erst im konkreten Gebrauch? Auch Deiktika haben eine im Lexikon festgelegte Bedeutung, sonst könnte man ja beliebig mit ihnen umgehen, aber diese Bedeutung ist sehr allgemein und unspezifisch im Informationsgehalt. *Ich* hat beispielsweise die kontextunabhängige Bedeutung ‚der Sprecher‘, *du* ‚der Hörer‘, aber um zu erfahren, wer der Sprecher oder der Hörer ist, muss der Referent bekannt sein. Im kontrastiven Vergleich zeigt sich, dass deiktische Ausdrücke in anderen Sprachen noch zusätzliche Informationen vermitteln können: Im Hebräischen z. B. wird *at* (du, weiblich) benutzt, um auf Hörerinnen und *ata* (du, männlich) um auf Hörer zu referieren. Entsprechend ist es im Plural *atem* (Ihr, männlich) und *aten* (Ihr, weiblich).

Wenn deiktische Ausdrücke zum Referieren benutzt werden, muss gewährleistet sein, dass der Hörer hinreichend Informationen aus der Sprechsituation oder aus seinem Vorwissen hat, um die Referenten dieser Ausdrücke lokalisieren zu können. Wenn man beispielsweise am Telefon zur Begrüßung nur

(31)   Ich bin es!

sagt, sollte man sicher sein, dass der Hörer fähig ist, an der Stimme zu erkennen, wer spricht. Wenn in einer Kommunikationssituation jemand plötzlich aus dem Fenster sieht und

(32)   Er ist es!

sagt, sollte vorher über diesen Referenten gesprochen worden sein, d. h. der Referent sollte im mentalen Fokus von Sprecher und Hörer sein, er sollte salient sein. Salienz bedeutet, dass ein Referent besonders auffällig, gerade bewusst präsent und damit schnell und problemlos auffindbar/identifizierbar ist. Bei einem Satz wie

(33)   Diesen da will ich!

muss der Hörer den Referenten im unmittelbaren Wahrnehmungsfeld der Kommunikation lokalisieren können. Bei einer Äußerung wie *Sie heiratet also?* muss die Referentin von *sie* kurz zuvor mit Namen erwähnt worden sein.

(34)   Bin gleich wieder zurück.

Diese Notiz (z. B. an einer Bürotür) sollte Angaben über Datum und Uhrzeit enthalten, sonst ist sie unverständlich bzw. missverständlich, denn sonst kann es vorkommen, dass der Besucher darauf wartet, dass der Büroinhaber bald erscheint (während dieser schon zu Hause ist und fernsieht).

Bühler (1934) hat darauf verwiesen, dass deiktische Ausdrücke Mittel sind, mit denen ein Sprecher in einem bestimmten Verweisraum (Situation, Text, Diskurs, Vorstellungswelt) referiert. Basis ist dabei die Hier-Jetzt-Ich-Origo (*hic-nunc-ego-Origo* im Lateinischen) des Sprechers. Deixis ist also untrennbar an das Phänomen der Perspektivierung gekoppelt (s. Kap. 4.3). Um erfolgreich indexikalische Referenz zu vollziehen, muss der Sprecher seine Perspektive mit der des Hörers vergleichen und entsprechend in Übereinstimmung bringen.

1. Geben Sie an, welche der Ausdrücke in den folgenden Sätzen deiktisch sind und auf welche Aspekte der Sprechsituation Bezug genommen wird.

   a) Martina will Sie nicht mehr sehen.
   b) Wollen wir heute ins Kino gehen?
   c) Willst du den neuesten Peter Weir-Film sehen?
   d) Wart Ihr schon einmal hier?
   e) Vor drei Tagen gab es dort einen guten Wein.
   f) Sie wollten nichts mehr davon hören.

2. Sind *Sie* und *diese Beleidigung* in dem folgenden Satz deiktisch?

   Anja ist wütend auf ihn. Sie lässt sich diese Beleidigung nicht länger gefallen und ist gegangen.

3. Vergleichen Sie den Satz: *Morgen sieht es hier anders aus!* geäußert in Kontext A: Die Mutter im unordentlichen Zimmer der Tochter; Kontext B: Lokalpolitiker auf einer Wahlveranstaltung; Kontext C: Wissenschaftler auf einem Kongress über Umweltfragen. Welche Bedeutung haben *morgen, hier* und *anders* in den jeweiligen Kontexten?

Lektüre:

Jarvella/Klein 1982, Rauh 1983, Ehrich 1992, Levinson [3]2000: Kap. 2, Consten 2004.

3.5 Weltwissen, mentale Modelle und Koreferenz

> „Ich fahre also fort: Edwin und Morcar, die Grafen von Mercia und Northumbria, bekannten sich zu ihm. Ja sogar Stigand, der vaterlandstreue Erzbischof von Canterbury fand es ratsam ..."
> „Fand was?" unterbrach die Ente. „Fand es", wiederholte die Maus gereizt, „du weißt doch, was ‚es' heißt".
> „Ich weiß sehr gut, was ‚es' heißt, wenn ich ‚es' finde. Meistens ist es ein Frosch oder ein Regenwurm. Nun frage ich mich, was hat der Erzbischof gefunden?"
> (Lewis Carroll, *Alice im Wunderland*)

Unsere semantische Kompetenz beschränkt sich nicht auf das Erkennen und Verstehen von Wort- und Satzbedeutungen. Sie ermöglicht uns auch das Verstehen von komplexeren sprachlichen Gebilden, von Texten. Unter Text wird hier eine sprachliche Sequenz verstanden, die aus mindestens zwei Sätzen besteht. Texte weisen in der Regel so etwas wie Kohärenz auf. Mit Kohärenz ist gemeint, dass die Sätze in einem Text semantisch-konzeptuell in bestimmten Relationen zueinander stehen. Ein Text wie der folgende wird ohne einen entsprechenden Kontext sicherlich als inkohärent empfunden:

(35) Die kognitive Lyrik wird nachts rezitiert. Mäuse liefen verschreckt über den Dachboden. Das Sahnetörtchen am Nachmittag schmeckt doch immer wieder gut.

Die wichtigste explizite Kohärenzrelation in Texten ist die der Koreferenz (Referenzidentität). Koreferenz liegt vor, wenn zwei oder mehrere Ausdrücke (Anaphern) dazu benutzt werden, um auf dasselbe Objekt Bezug zu nehmen.

Koreferenz kann in einem Satz vorkommen (wobei die tiefgestellten Nummern anzeigen, dass Referenzidentität ausgedrückt wird):

(36) Birgit$_1$ ist wütend, weil sie$_1$ den Termin vergessen hat.

Koreferenz ist aber vor allem auch satzübergreifend als die wichtigste verbindungsstiftende Relation in Texten zu finden.

(37) Birgit$_1$ ist wütend. Sie$_1$ hat den wichtigen Termin vergessen. Er war für ihre$_1$ Karriere so wichtig.

Die Koreferenz ist nicht zu verwechseln mit der Synonymie. Während es sich bei der Synonymie um eine Gleichheit von Bedeutungen (also um eine intensionale Identität) handelt, stellt die Koreferenz von Ausdrücken eine Identität der bezeichneten Referenten (also eine extensionale Identität) dar (vgl. hierzu auch Teil II). Synonymie ist eine Bedeutungsrelation, die im mentalen Lexikon eines Sprechers festgelegt ist und von den Sprachbenutzern aufgrund ihres sprachlichen Wissens erkennbar ist. Koreferenz lässt sich dagegen oft erst aufgrund der Aktualisierung von Weltwissen feststellen. So stehen *der am 20.03.1770 geborene Poet* und *der Verfasser des Hyperion* in einer Koreferenzrelation, da sie beide auf Hölderlin Bezug nehmen, haben aber unterschiedliche Bedeutungen. Koreferenz betrifft das Verhältnis von Sprache-zu-Welt.

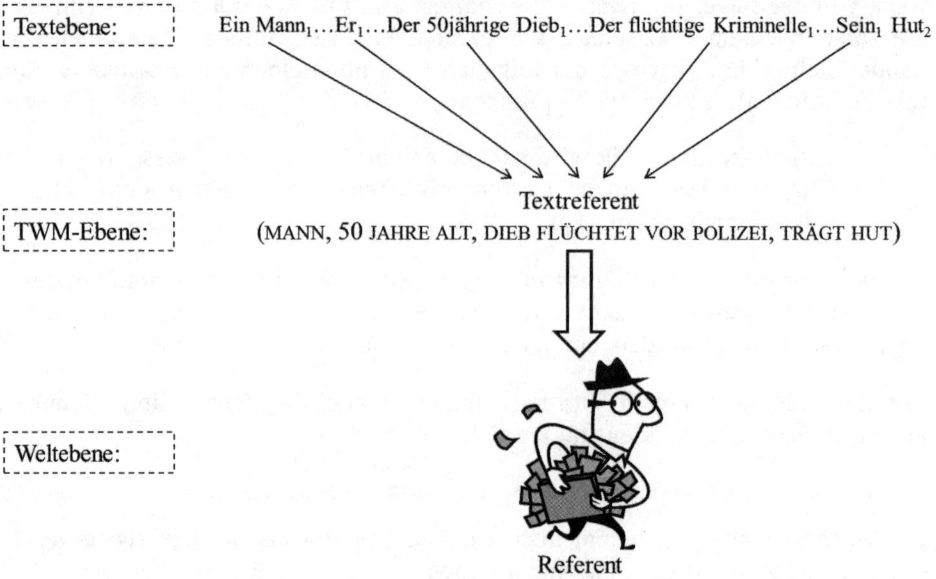

| Textebene: | Ein Mann$_1$...Er$_1$...Der 50jährige Dieb$_1$...Der flüchtige Kriminelle$_1$...Sein$_1$ Hut$_2$ |

Textreferent

| TWM-Ebene: | (MANN, 50 JAHRE ALT, DIEB FLÜCHTET VOR POLIZEI, TRÄGT HUT) |

| Weltebene: |

Referent

Abb. 8: Koreferenz und Anaphorik: Text- und Weltebene

Ausdrücke, die rückbezüglich zur Benennung desselben Referenten benutzt werden, heißen in der Textlinguistik *Anaphern,* und sie können einfach oder komplex sein.

(38) Auf der Wiese ist eine Amsel$_1$. Sie$_1$/Der Vogel$_1$/Der Vogel mit dem schwarzen Gefieder und dem gelben Schnabel$_1$ sucht nach Würmern.

Der erstgenannte referenzielle Ausdruck bei der anaphorischen Referenz wird Antezedent (auch: Antezedens-Ausdruck) genannt. Dieser Antezedent ist Bezugspunkt für alle weiteren anaphorischen Ausdrücke.

Häufig werden Hyperonyme zur referenziellen Wiederbezugnahme auf den Antezedenten verwendet.

(39) Ein Hund rannte über die Straße. Das Tier kläffte die Autos an.

(40) Wir haben wundervolle Rosen im Garten. Ich liebe diese Blumen.

Die anaphorischen Ausdrücke können aber auch spezifischer in der Information sein als ihr Antezedent (s. hierzu das Phänomen der Spezifikationsanaphern in Consten/Schwarz-Friesel [2]2009 und Schwarz-Friesel/Consten 2014: 115):

(41) Manfred will seinen Hund$_1$ loswerden. Der bissige Köter$_1$/
Der aggressive Schnauzer$_1$ geht ihm auf die Nerven.

Bei der Wiederbenennung eines Referenten spielt die Verwendung der sogenannten Determinantien eine große Rolle. Nicht nur die Referenzsemantik, sondern auch die Textlinguistik hat sich daher ausführlich der referenziellen Funktion von

Determinantien gewidmet. Der bestimmte Artikel wird allgemein als Interpretationshilfe für den Hörer bei der Re-Identifizierung von Referenten betrachtet (s. hierzu bereits Kap. 3.3). Es ist eine Anweisung an den Hörer, in der gemeinsamen Gesprächs- oder Textdomäne nach bestimmten Referenten zu suchen. Diese Interpretationshilfe kann so umschrieben werden: Wenn ein bestimmter Artikel zum Referieren benutzt wird, heißt das, dass es einen Referenten im Gespräch/Text gibt, der erreichbar im Diskursfokus ist (vgl. auch Teil II: Kap. 7.2). Mit erreichbar ist gemeint, dass der Hörer den Referenten bzw. dessen mentale Repräsentation eindeutig in der Diskurswelt lokalisieren kann.

Nominalphrasen mit dem unbestimmten Artikel können normalerweise nicht zur sprachlichen Wiederaufnahme eines Referenten benutzt werden.

(42) Ein Junge$_1$ kam angelaufen. Der Junge$_1$/*Ein Junge$_1$ war ganz außer Atem.

Manchmal finden sich aber auch Sequenzen wie die folgenden:

(43) Da hatte der Mörder$_1$ sein nächstes Opfer gefunden. Am nächsten Tag fand die Polizei eine erwürgte Frau im Schlossgarten. Lange Zeit leugnete B.$_1$ die Tat. Doch schließlich hatte die Polizei dann doch noch einen geständigen Verbrecher$_1$.

Der Leser/Hörer wird hierbei *einen geständigen Verbrecher* als referenzidentisch mit *der Mörder* und B. verstehen. Nicht allein die Verwendung bestimmter sprachlicher Ausdrücke sichert das Verstehen anaphorischer Relationen, sondern deren Verwendung in bestimmten Kontexten unter Berücksichtigung einkalkulierbaren Hörerwissens. Es stellt sich die Frage, welcher Art nun genau die Informationen sind, die es dem Rezipienten im Verstehensprozess ermöglichen, Koreferenz zu erkennen. Wie ordnet der Leser/Hörer die anaphorischen Ausdrücke den korrekten Antezedenten zu?

Viele Koreferenzrelationen lassen sich mittels semantischer Relationen (wie Synonymie und Hyperonymie) erkennen. Oft reicht aber die Aktivierung dieses semantischen Wissens nicht aus. Bei den folgenden Satzsequenzen muss der Rezipient allgemeines bzw. spezifisches Weltwissen aktivieren, um die Koreferenz zu erkennen.

(44) Das ist Chomsky$_1$. Der Verfasser der *Aspects*$_1$ schreibt gerade an einem neuen Buch. (linguistisches Fachwissen)

(45) Goethe$_1$ befand sich in Italien. Der Verfasser des *Werther*$_1$ lebte in Rom. (literaturwissenschaftliches Fachwissen)

(46) Anna$_1$ kommt gleich. Die blöde Ziege$_1$ will bestimmt wieder Streit anfangen. (persönliches Vorwissen)

(47) Ein sonderbarer Mann$_1$ tauchte im Dorf auf. Der Fremde$_1$ war uns allen unheimlich. (allgemeines Weltwissen)

Weltwissen wird aber nicht nur bei der Verarbeitung solcher enzyklopädisch aufzulösenden Satzverbindungen aktualisiert. Aufeinanderfolgende Sätze mit Pronomina können oft nicht auf Grund formaler oder inhaltlicher Kriterien in Beziehung zueinander gesetzt werden.

(48)   Bill$_1$ brachte seinen Hund$_2$ zum Tierarzt$_3$. Er$_3$ gab ihm$_2$ eine Spritze in die Schulter, und jetzt sollte er$_2$ wieder in Ordnung sein. (Original bei Marslen-Wilson/Levy/Tyler 1982: 361)

Aufgrund enzyklopädischer Annahmen über die Agens-Patiens-Relationen der im Satz ausgedrückten Handlung ordnet der Rezipient die anaphorischen Pronomina korrekt den drei möglichen Antezedenten zu. Diese Zuordnung verläuft über Schlussfolgerungsprozesse (sogenannte Inferenzen), die auf allgemeinem Wissen über die Welt (hier ist es das Wissen über die Handlungsfähigkeit von Hunden und Tierärzten) basieren. Die jeweils korrekte Anapher-zu-Antezedent-Relation wird dabei in einer Rückwärtsinferenz blitzschnell etabliert.

Alle bisher besprochenen Beispiele zeigen, dass wir beim Verstehen sprachlicher Äußerungen nicht nur das tatsächlich vorgegebene sprachliche Material analysieren, sondern zusätzliches, in unserem LZG gespeichertes Weltwissen aktualisieren. Das für die Satzsemantik erhobene Prinzip, dass sich die Bedeutung eines Satzes aus seinen einzelnen Bestandteilen rekonstruieren lässt (s. hierzu ausführlich 5.1), stößt also sehr schnell auf seine Grenzen.

(49)   Jürgen verbrannte sich die Hand, weil er vergessen hatte, dass der Ofen an war.

Um diesen Satz verstehen zu können, muss das Wissen aktiviert werden, dass Öfen heiß sind, wenn sie angestellt sind. Außerdem muss der Rezipient die Schlussfolgerung ziehen: ‚Jürgen berührte mit der Hand den Ofen'. Weltwissen entscheidet auch bei einem Satz wie

(50)   Diesen Kuchen habe ich gestern auch schon gegessen.

über die referenzielle Interpretation der NP. Es ist natürlich nicht derselbe Kuchen, der schon einmal gegessen wurde, sondern nur ein Stück der gleichen Sorte. Manchmal muss der Rezipient auch einen Referenten in die mentale Repräsentation des Satzes einsetzen.

(51)   Der Kuchen (R1) schmeckt hier heute so schlecht wie (R2) letztes Jahr.

Das R2 indiziert, dass hier mental der Kuchen vom letzten Jahr (als ein anderer Referent) „mitgedacht" wird.

 Muss der Rezipient bei dem folgenden Satz auch einen mentalen Referenten mitdenken? Wenn ja, was für einen?

(52)   Das Haus gefällt mir heute noch so gut wie neulich.

Satz (53) lässt sich verstehen, wenn das Weltwissen aktiviert wird, dass die Alpen Berge sind, die nicht fliegen können. *Sie* muss sich also auf Leute beziehen, die in einem Flugzeug (Heißluftballon o. ä.) sitzen. Bei Satz (54) aber kann sich das *sie* auch auf die Vögel beziehen. Nur der Kontext kann die Mehrdeutigkeit dieses Satzes auflösen.

(53) Sie$_1$ sahen die Alpen$_2$, als sie$_1$ gen Süden flogen.

(54) Sie$_1$ sahen die Vögel$_2$, als sie$_?$ gen Süden flogen.

Implizite Koreferenz und indirekte Anaphern

Es gibt Sequenzen, die eine Art von Koreferenz aufweisen, obgleich kein direkter, also explizit genannter Antezedent benutzt wird. *Kreide*, *Pistole* und *Schlüssel* sind nicht explizit vorerwähnt, dennoch wird definit auf sie Bezug genommen, es wird also Bekanntheit/Lokalisierbarkeit signalisiert:

(55) Sonja malte Strukturbäume an die Tafel. Die Kreide brach dabei entzwei.

(56) Manfred hat seinen Hund erschossen. Die Pistole hatte er im Schrank.

(57) Als Tanja die Haustür aufschließen wollte, fiel ihr der Schlüssel aus der Hand.

Durch Aktivierung des mentalen Verbrahmens werden die nicht explizit genannten thematischen Rollen (*erschießen* involviert als Rolle ein Gewehr oder eine Pistole, *malen* einen Pinsel, Stifte oder Kreide, *aufschließen* involviert einen Schlüssel) quasi mental als Antezedenten eingesetzt. Bei *die Kreide, die Pistole, der Schlüssel* handelt es sich um indirekte Anaphern: Diese haben keinen expliziten Antezedenten, sondern einen Anker-Ausdruck im Vortext, der in einer bestimmten semantisch-konzeptuellen Relation zum Anapher-Ausdruck steht (z. B. Teil-von; ausführlich hierzu s. Schwarz 2000). Es wird bei der Produktion solcher Textsequenzen vorausgesetzt, dass die Hörer/Leser über den Ankerausdruck eine kognitive Repräsentation (auch: kognitive Domäne) aktiviert haben, in der sie die Referenten der indirekten Anaphern lokalisieren können.

Nicht immer sind diese Verankerungen aber aus der semantischen Repräsentation der involvierten Verben erschließbar.

(58) Bettina wollte einen Arzttermin. Die Sprechstundenhilfe konnte für diesen Monat keinen mehr vergeben.

(59) Tanja geht zur Geburtstagsfeier von Mona. Die Blumen hat sie schön eingewickelt.

(60) Weihnachten feiere ich zu Hause. Den Baum schmücke ich am Morgen.

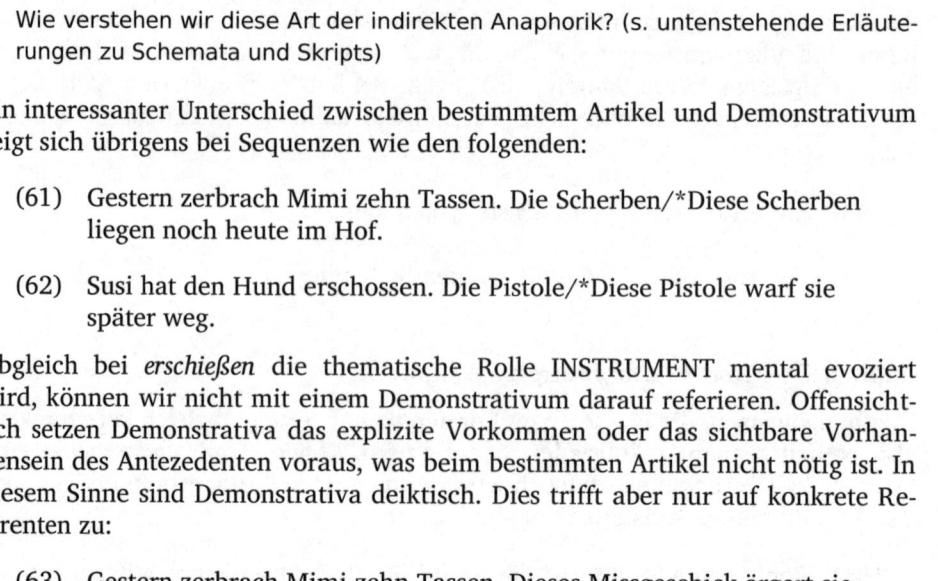

Wie verstehen wir diese Art der indirekten Anaphorik? (s. untenstehende Erläuterungen zu Schemata und Skripts)

Ein interessanter Unterschied zwischen bestimmtem Artikel und Demonstrativum zeigt sich übrigens bei Sequenzen wie den folgenden:

(61) Gestern zerbrach Mimi zehn Tassen. Die Scherben/*Diese Scherben liegen noch heute im Hof.

(62) Susi hat den Hund erschossen. Die Pistole/*Diese Pistole warf sie später weg.

Obgleich bei *erschießen* die thematische Rolle INSTRUMENT mental evoziert wird, können wir nicht mit einem Demonstrativum darauf referieren. Offensichtlich setzen Demonstrativa das explizite Vorkommen oder das sichtbare Vorhandensein des Antezedenten voraus, was beim bestimmten Artikel nicht nötig ist. In diesem Sinne sind Demonstrativa deiktisch. Dies trifft aber nur auf konkrete Referenten zu:

(63) Gestern zerbrach Mimi zehn Tassen. Dieses Missgeschick ärgert sie immer noch.

(64) Wir können aus unserem Bewusstsein nicht heraustreten. Dieses Problem können wir nicht lösen.

Bei Komplexanaphern (wie in (63) und (64)), die neue abstrakte Referenten in den Text einführen und zugleich auf den ganzen im Satz oder z. T. Textabschnitt vorher erwähnten Sachverhalt Bezug nehmen, sind Demonstrativa zur Aufnahme verwendbar. Komplexanaphern sind oft in Texten als Kohärenzmittel zu finden, denn sie greifen komprimiert komplexe Informationen auf und führen zugleich neue (abstrakte) Textreferenten ein, die oft zusätzlich noch eine Bewertung vermitteln (vgl. *dieser Zustand, dieser Prozess* versus *diese Katastrophe, dieses Unglück* usw.; s. hierzu ausführlicher Schwarz-Friesel/Consten 2014: 123–124 und 139–140 und Marx 2011).

Bisher haben wir immer nur sehr allgemein von der Rolle des Weltwissens bei der Sprachverarbeitung gesprochen. Was genau ist das für ein Wissen? Wie ist dieses Wissen im LZG organisiert und repräsentiert?

Ein den Kommunizierenden einer Sprachgemeinschaft gemeinsames mentales Modell von der Welt ist die Grundlage für alle Verstehensprozesse. Es reicht in der Semantik nicht aus, dieses Alltagsweltwissen einfach nur als Prämisse des Verstehens vorauszusetzen. Das Weltwissen muss selber als Untersuchungsgegenstand beleuchtet werden, wenn wir näheren Aufschluss über die komplexen Vorgänge der semantischen Informationsverarbeitung und des konzeptuellen Verstehens bekommen wollen. Wir haben in unserem LZG sehr große Mengen an Wissen über die Welt abgespeichert, welches die Basis für unsere Verarbeitungsprozesse darstellt. Allgemeines Weltwissen untermauert jeden Aspekt unserer Erfahrung. Ohne Rückgriff auf gespeichertes Wissen könnten wir unsere Erfahrungen nicht sinnvoll einordnen oder interpretieren. Wie ist diese große Menge an Wissensinformationen gespeichert und wie aktivieren wir in Verstehensprozessen die jeweils relevanten Teilbereiche dieser komplexen Wissensmenge?

Mit diesen Fragen haben sich die Künstliche-Intelligenz-Forschung, die Gedächtnispsychologie und die Kognitionswissenschaft in den letzten Jahren intensiv auseinandergesetzt. Unser Weltwissen ist zu einem großen Teil in Form von Annahmen über typische Exemplare von Objekt-, Handlungs- oder Situationskategorien gespeichert. Diese Annahmen repräsentieren Standardinformationen. Zur Darstellung solch komplexer Standardinformationen sind die sogenannten Schemata (auch: Frames, Rahmen, Orientierungsbereiche, s. Konerding 1993) vorgeschlagen worden. Bartlett führte den Terminus Schema 1932 ein, um damit Wissensstrukturen im Gedächtnis zu bezeichnen, die beim Verstehen und Memorieren von narrativen Geschichten eine Rolle spielen. In der Kognitionswissenschaft ist der Ausdruck *Schema* heute der übergeordnete Sammelbegriff für komplexe Wissensstrukturen, die Konzepte durch diverse Relationen miteinander verbinden.

Schemata sind netzartig strukturierte Wissensbereiche im LZG, die stereotype Situationen und Handlungen als mentale Modelle repräsentieren. Basis der mentalen Modelle sind Konzepte und Konzeptverknüpfungen. Schemata fungieren als Gerüst in der Organisation und Interpretation von individuellen Erfahrungen. Die Menge aller Schemata ergibt unser Weltmodell.

Wir verfügen über statische Objektschemata, die die typischen Bestandteile von Objektklassen repräsentieren: Das HAUS-Schema beispielsweise beinhaltet, dass ein Haus ein Gebäude (mit der Funktion: zum darin wohnen) ist, das Wände hat, Fenster, Türen, ein Dach, einen Keller usw. Neben diesem allgemeinen HAUS-Schema besitzen wir auch noch spezifischere Schemata zu Hochhaus, Bungalow, Fachwerkhaus usw. Bestandteile eines Schemas können wiederum eigene Schemata darstellen: z. B. das FENSTER-Schema, das die Informationen repräsentiert, dass ein Fenster normalerweise aus Glas besteht, einen Rahmen hat, geöffnet werden kann usw.

Viele Schemata sind aber dynamischer und stellen stereotype Handlungsabläufe dar (z. B. Besuch eines Restaurants, Besuch einer Vorlesung). Man spricht hier auch von Skripts. Jedes Skript ist ein Schema, aber nicht jedes Schema auch ein Skript. Skripts sind sozusagen unsere mentalen Drehbücher für Handlungsabläufe. Ein Skript besteht aus einer Liste von einfachen Handlungen, aus denen sich eine komplexe Handlung konstituiert, es beinhaltet also nicht nur strukturelles (Wissen, was), sondern auch prozedurales Wissen (Wissen, wie). Bestandteile von Skripts sind u. a. die Personen (mit bestimmten Rollen) und die Requisiten.

So besteht der in unserer Gesellschaft typische Restaurantbesuch aus den folgenden Teilhandlungen (mit den Rollen Gast, Kellner, Koch und den Requisiten Tische, Speisekarte, Teller usw.): Restaurant betreten, Tisch suchen und sich hinsetzen, Speisekarte ansehen und etwas auswählen, dem Kellner Bescheid geben, auf die Speise warten, die Speise mit Besteck verzehren, bezahlen (eventuell ein Trinkgeld geben), das Restaurant (im Idealfall satt) wieder verlassen. Die typischen Eingangsvoraussetzungen für einen Restaurant-Besuch sind dabei: Hunger haben und Geld besitzen, die typischen Resultate: keinen Hunger mehr haben und weniger Geld in der Tasche.

 In manchen Skripts ist die Handlungsreihenfolge streng festgelegt (z. B. ARZT-BESUCH oder RESTAURANTBESUCH), in anderen nicht (z. B. EINKAUFSBUMMEL, SCHREIBTISCHARBEIT). Woran liegt das?

Die einzelnen Wissensbestandteile von Skripts sind als sogenannte Defaults gespeichert. Defaults repräsentieren Standardannahmen über bestimmte Gegenstands- und Handlungsbereiche in der Art: Solange nichts Gegenteiliges bekannt ist, gehe ich davon aus, dass x die Eigenschaft y hat (konkret: dass Koch in Küche Essen zubereitet/dass Kellner serviert und kassiert), gehe ich also z. B. davon aus, dass ein Kellner den Gast im Restaurant bedient. Bei einem Streik des Gaststättenpersonals muss ich diese Annahme dann entsprechend der jeweiligen Situation anpassen und modifizieren.

In der menschlichen Textverarbeitung werden Schemata bzw. Skripts benutzt, um Lücken zu schließen, Vagheiten aufzulösen und Schlussfolgerungen zu ziehen, insbesondere in Verstehenssituationen, in denen der Rezipient mit unvollständigen Sprachäußerungen konfrontiert wird. Man spricht von referenzieller Unterspezifikation, wenn nicht alle Gegenstände usw., die zu einem Sachverhalt gehören, sprachlich dargestellt werden, der Text also Lücken aufweist:

(65) Wir besuchten gestern ein Spezialitätenrestaurant. Der Kellner war unhöflich. Er bekam zum Schluss kein Trinkgeld von uns.

Nicht erwähnt werden all die Handlungen, die zwischen Eintritt und Verlassen des Restaurants stattgefunden haben. Wir inferieren diese. Auch der Kellner wird nicht erst eingeführt, sondern gleich mit einer definiten NP benannt (s. hierzu bereits am Anfang dieses Kapitels die indirekten Anaphern). Dies ist möglich, weil der Kellner ein typischer Bestandteil des Restaurant-Skripts ist. Bestandteile eines standardisierten Situations- und Handlungsbereichs werden vom Sprecher vorausgesetzt, wenn er solche Sequenzen äußert. Der Sprecher plant bei seiner Textproduktion ein, dass der Hörer über dieses Wissen verfügt. Er kann deshalb Textteile auslassen (damit wird seine Produktion kürzer und schneller), von denen er annimmt, dass der Hörer sie auf Grund seines Wissens füllen kann. So lassen sich auch Sequenzen wie (58), (59) und (60) erklären: Die Sprechstundenhilfe ist ein charakteristischer Bestandteil des Skripts ARZTBESUCH, der Baum ist ein wichtiges Requisit im stereotypen Weihnachtsschema, zur Geburtstagsfeier bringt man oft Blumen mit.

Anaphernverstehen, das auf Schema-Aktivierung basiert, benötigt offensichtlich nicht mehr Zeit oder kognitive Anstrengung als das Verstehen expliziter Anaphern. Experimentelle Untersuchungen zum Textverstehen haben gezeigt, dass wissensbasierte Schlussfolgerungen blitzschnell gezogen werden und den Textverarbeitungsprozess nicht verlangsamen.

Völlig inkohärente Texte zeichnen sich durch die Unmöglichkeit aus, ein bestimmtes Schema anwenden zu können, das eine kohärenzstiftende Funktion hätte:

(66) Der Mann sprach ein Gebet. Die Müllmänner machen gerade Pause.
Im Hühnerstall wurden Ostern die ersten Eier eingesammelt.

Viele literarische Texte entziehen sich einer schnellen und problemlosen Interpretation durch Schema-Aktivierung. Der Rezipient ist dann angehalten, kreativer an den Text heranzugehen, Erwartungen zu durchbrechen oder zu modifizieren, neue Schemata aufzubauen.

1. Inwieweit hilft Ihnen Ihr BAUM-Schema bei der Interpretation dieses Textes weiter? Welche Schlüsse müssen Sie sonst noch ziehen?

   „Denn wir sind wie Baumstämme im Schnee. Scheinbar liegen sie glatt auf, und mit kleinem Anstoß sollte man sie wegschieben können. Nein, das kann man nicht, denn sie sind fest mit dem Boden verbunden. Aber sieh, sogar das ist nur scheinbar." (Franz Kafka 1913, *Die Bäume*)

Ein Problem der Schema-Theorie ist die Beantwortung der folgenden Frage: Wie aktiviere ich zu einem bestimmten Zeitpunkt das richtige Skript, d. h. das Skript, das ich benötige? Bestimmte Wörter sind im Gedächtnis mit bestimmten Schemata assoziiert. Wir verwenden in der Sprachproduktion Wörter als Mittel, um bekannte mentale Modelle zu evozieren. Die Aktivierung eines Schemas hängt aber auch ganz entscheidend vom jeweiligen Kontext ab. Wie wird der Inferenzprozess eingeschränkt, d. h. auf die relevanten Schlüsse begrenzt? Es wäre viel zu aufwendig, wenn der Rezipient immer alle im Schema gespeicherten Informationen gleichermaßen aktivieren würde. Diese Frage wird derzeit noch immer empirisch untersucht. Hier spielen Vorwissen, Lesekompetenz, Motivation und Interesse des Rezipienten sicherlich eine entscheidende Rolle.

2. Ist die anaphorische Referenz in folgender Sequenz eindeutig?

   Nick nimmt jedes Mal eine Frau mit zu seinen Konferenzen. Sie ist immer sehr chic.

3. Handelt es sich bei den folgenden Sätzen um Koreferenz?

   Meine Studenten im Proseminar sind ganz gut. Besonders die Mädchen haben gute Ideen.

4. Um was für eine Art von anaphorischer Referenz handelt es sich bei den folgenden Sätzen? Welches Wissen muss der Rezipient aktivieren, um die Sequenzen zu verstehen?

a) Gestern bin ich mit der Straßenbahn nach Köln gefahren. Der Fahrer war stockbetrunken.

b) Ich habe mir ein Buch gekauft. Der Einband ist wunderschön.

c) In der vergangenen Nacht wurde eingebrochen. Die Räuber entkamen mit der Beute. Zur gleichen Zeit geschah ein Mord. Heute früh entdeckte ein Nachbar die Leiche.

5. Analysieren Sie in dem vorliegenden Text von Friedrich Dürrenmatt (1950–1951, *Der Richter und sein Henker*) alle vorkommenden Koreferenzrelationen:

„Alphons Clenin, der Polizist von Twann, fand am Morgen des dritten November neunzehnhundertachtundvierzig dort, wo die Straße von Lamboing (eines der Tessenbergdörfer) aus dem Walde der Twannbachschlucht hervortritt, einen blauen Mercedes, der am Straßenrande stand. Es herrschte Nebel, wie oft in diesem Spätherbst, und eigentlich war Clenin am Wagen schon vorbeigegangen, als er doch wieder zurückkehrte. Es war ihm nämlich beim Vorbeischreiten gewesen, nachdem er flüchtig durch die trüben Scheiben des Wagens geblickt hatte, als sei der Fahrer auf das Steuer niedergesunken. Er glaubte, dass der Mann betrunken sei, denn als ordentlicher Mensch kam er auf das Nächstliegende. Er wollte daher dem Fremden nicht amtlich, sondern menschlich begegnen ... Clenin öffnete die Wagentür und legte dem Fremden die Hand väterlich auf die Schulter. Er bemerkte jedoch im gleichen Augenblick, dass der Mann tot war. Die Schläfen waren durchschossen."

6. Neben der anaphorischen Koreferenz gibt es auch die kataphorische Koreferenz, wobei der Antezedent nach dem zu interpretierenden Ausdruck kommt. *Man hält sie wie eine Gefangene, dabei ist sie die reichste Katze der Welt, sie ... Die Langfellkatze des Scheichs ...* Finden Sie Texte, die mit einer kataphorischen Koreferenz beginnen. Überlegen Sie, warum die kataphorische Referenz bei vielen Texten am Anfang benutzt wird.

7. Beschreiben Sie den typischen Handlungsablauf von einem Schuhkauf in Form eines Skripts.

8. Welche Inferenzen muss der Rezipient ziehen, um den folgenden Witz zu verstehen?

Zwei Professoren im Gespräch über ihre wissenschaftliche Arbeit. Klagt der eine: „Manchmal habe ich aber auch keinerlei Einfälle mehr." Sagt der andere: „Stimmt! Den Artikel habe ich letztens gelesen."

Lektüre:

Schank/Abelson 1977, Tyler/Marslen-Wilson 1982, Johnson-Laird 1983, Schwarz ³2008: Kap. 5, Schwarz 2000, Marx 2011, Schwarz-Friesel/Consten 2014: Kap. 5.5.2.

4 Semantische Kreativität: Metaphernbildung und Ad-Hoc-Komposition als zwei Fallbeispiele

> Ein Wort, ein Satz –: aus Chiffren steigen
> erkanntes Leben, jäher Sinn,
> die Sonne steht, die Sphären schweigen,
> und alles ballt sich zu ihm hin.
>
> Ein Wort – ein Glanz, ein Flug, ein Feuer,
> ein Flammenwurf, ein Sternenstrich –
> und wieder Dunkel, ungeheuer,
> im leeren Raum um Welt und Ich.
> (Gottfried Benn, *Ein Wort*)

4.1 Metaphern

> Sie stürzte in einen Abgrund der Verzweiflung, schwarze Fluten der Angst über-
> rollten sie, wehmütig gedachte sie der goldenen Strahlen des Glücks, nun, da sie
> im Winter des Lebens war und der Frühling ihrer Jugend nur aus der Ferne nach
> ihr rief.

Bei den vorliegenden Beispielen handelt es sich um Metaphern. Metaphern sind eine besondere Form des nicht-wörtlichen Gebrauchs eines Ausdrucks in einer bestimmten Kommunikationssituation. Metaphern sind als grammatische und semantische Phänomene zu charakterisieren: Ausgedrückt wird mittels sprachlicher Einheiten eine Relation zwischen zwei unterschiedlichen Konzepten. Jede Metapher erzeugt somit eine geistige Repräsentation, die eine spezifische (meist ungewöhnliche) Konzeptkonfiguration abbildet.

(1) Terrorismus ist das Krebsgeschwür der Menschheit. (Netzzeitung, 07.10.2001)

Es entsteht eine Relation zwischen Konzept$_1$ und Konzept$_2$, die im Normalfall gedeutet wird als KONZEPT$_1$ IST WIE KONZEPT$_2$ BEZÜGLICH DER MERKMALE Z. Somit sind Ähnlichkeits- oder Analogiebeziehungen für das Verstehen von Metaphern grundlegend: Bei (1) ist Terrorismus das Zielkonzept (in traditionellen Metapherntheorien auch: Bildspender) und Krebsgeschwür das Ursprungskonzept (auch: Bildgeber). Das Zielkonzept wird durch die Merkmale ‚gefährliche, oft tödlich verlaufende Krankheit‘ näher spezifiziert und erhält dadurch eine sehr negative Bewertung.

In früheren Semantiktheorien wurden Metaphern als semantische Abweichungen (sogenannte Anomalien) erklärt und als bloße Stilmittel gesehen. Metaphern kommen demnach dadurch zustande, dass Wörter, die aufgrund ihrer semantischen Merkmale nicht kompatibel sind, unter Verletzung der Selektionsregeln miteinander zu Phrasen oder Sätzen kombiniert werden. So ist *Abgrund* ein Konkretum und *Verzweiflung* ein Abstraktum. Von den sprachlichen Selektionsregeln (die die semantisch korrekte Verbindung von Wörtern bestimmen) her betrachtet, ist die unmittelbare Verbindung von abstrakten und konkreten Referenzbereichen aber nicht möglich. Das Wort *rufen* verlangt ein belebtes Subjekt und ist damit mit den inhärenten Merkmalen von *Frühling* nicht kompatibel, da Frühling eine Jahreszeit und nicht ein Lebewesen ist. Durch die Kombination von *rief* und *Frühling* aber ergibt sich eine Bedeutungsveränderung, die den Frühling belebt, ihm menschliche Eigenschaften zuschreibt (ihn also personalisiert). Die Bedeutungen von Wörtern unterliegen im Kommunikationsakt oft bestimmten Veränderungen (vgl. hierzu Kap. 1.2.3).

Psychologisch betrachtet ist es dabei nun nicht sehr plausibel, den Vorgang der Metaphernbildung als Regelverstoß zu erklären. Positiv ausgedrückt ist die Metaphernbildung eher Ausdruck unserer kognitiven und sprachlichen Kreativität. Metaphern sind das Resultat semantisch-konzeptueller Prozesse, die motiviert sind von dem Bedürfnis, uns schwer vorstellbare oder kaum denkbare Bereiche zu erschließen. Unsere Sprachkompetenz hält in diesem Sinn ein großes Maß an Flexibilität und lexikalischer Kreativität bereit. Metaphernbildung ist daher ein produktives Mittel, um abstrakte und schwer zu veranschaulichende Erfahrungsaspekte mittels konkreter und bekannter Aspekte zu erfassen und zu beschreiben. Das für uns nicht visuell wahrnehmbare Phänomen der Zeit wird deshalb oft durch Raumausdrücke beschrieben. Mentale und psychische Vorgänge wie Denken, Leid, Glück und Trauer finden ihre „Sensualisierung" mittels metaphorischer Ausdrücke (vgl. *tosender, pochender, abgrundtiefer Schmerz, überschäumendes Glück, scharfe, klare* bzw. *nebulöse, schwammige Gedanken, erdrückendes, schweres Leid* usw.; zu Emotionsmetaphern s. Schwarz-Friesel [2]2013: Kap. 5.2.4).

Metaphern haben also keineswegs nur ästhetische, sondern auch erkenntnisfördernde Funktionen. Und wie das Beispiel (1) zeigt, haben Metaphern als diskursive Mittel durchaus persuasive und manipulative Funktionen: Sie erzeugen perspektivierte Sichtweisen (mit z. T. intensiven Bewertungen) auf Personen, Dinge und Sachverhalte der Welt.

Um Metaphern verstehen zu können, müssen wir zum einen die wörtliche Bedeutung der involvierten Wörter kennen und zum anderen zusätzliches Weltwissen aktivieren, das die Verbindung zwischen den eigentlich unverträglichen Wortbedeutungen sinnvoll erscheinen lässt. Die Bildung von Metaphern beinhaltet die Konzeptualisierung einer kognitiven oder psychischen Domäne mit der Hilfe einer anderen Domäne (z. B. Zeit mit Raum wie in *große Zeitspanne, die Minuten füllen*). Daher finden sich Metaphern primär dort, wo es um Grenzgebiete menschlicher Erfahrung geht, wo Konzeptbereiche erschlossen und dargestellt werden, für die es noch keine sprachlichen Bezeichnungen gibt: in der Literatur und Dichtung und in der Wissenschaft. Der Wunsch nach Innovation, Originalität und nach Einzigartigkeit im sprachlichen Ausdruck ist hier besonders ausgeprägt.

Metaphern sind aber ebenso oft einfach Ausdruck unserer sprachlichen Spontanität und unserem Wunsch nach Kreativität. Auch in unserem ganz alltäglichen Leben erzeugen wir Metaphern. Manchmal tun wir das ad hoc, um einen bestimmten Sachverhalt möglichst prägnant oder besonders anschaulich mitteilen zu können. Hörbelege für solche spontan gebildeten Metaphern aus einem Proseminar:

(2)   Das sind doch Sackgassen der Begrifflichkeit.

(3)   Dieses wurmstichige Argument überzeugt mich nicht.

(4)   Dieser begriffliche Wald verwirrt mich.

Eine metaphorische Sonderform ist die Synästhesie. Hier handelt es sich um die eigentlich unzulässige Kombination von Sinneswahrnehmungen: *silbergrauer Duft* (visuell und olfaktorisch), *süße Stimme* (gustatorisch und akustisch), *raues Licht* (taktil und visuell).

Bei der Metonymie findet eine Substitution statt, wobei ersetzter und ersetzender Ausdruck in einer bestimmten Relation (meist der semantischen Kontiguität) stehen (z. B. Gefäß statt Inhalt, Autor statt Buch, Maler statt Gemälde): *ein Glas* (Wasser) *trinken, einen Teller* (Suppe) *essen, Goethe lesen, einen Picasso besitzen.* Die Verwendung solcher Ausdrücke ist stark konventionalisiert. Beispielsweise können nur die Namen berühmter Autoren oder Maler metonymisch benutzt werden, die schon durch einige Werke bekannt sind.

(5)   Hast du schon den neuesten Bierwisch/Chomsky/Jackendoff gelesen?

(6)   Hast du den Turner/Magritte/Monet im Wohnzimmer gesehen?

Wenn über eine Federzeichnung meines Nachbarn Herrn Schmitz gesprochen wird, wird sich eine solche Form wohl kaum (oder nur scherzhaft gemeint) finden.

Viele Metaphern sind bereits lexikalisiert, d. h. ihr Gebrauch ist schon konventionalisiert und ihre Bedeutung ist im Lexikon als habituell gespeichert. Die semantische Diskrepanz zwischen den involvierten Wörtern wird bei diesen sogenannten konventionellen Metaphern gar nicht mehr wahrgenommen: *die Zeit totschlagen, ein Argument durchfechten/niederschlagen, Hüter des Gesetzes, am Fuße des Berges, am Rande des Ruins* (vgl. auch *Hoffnungsschimmer, Lichtblick, Rohmanuskript*!). Bei idiomatischen Wendungen wie *auf den Arm nehmen* (im Sinne von anschwindeln) und *die Katze aus dem Sack lassen* (im Sinne von eine Information preisgeben) kann die Bedeutung ebenfalls nicht aus der wörtlichen Bedeutung der einzelnen Wörter erschlossen werden. Die Bedeutung solcher Phrasen muss im mentalen Lexikon als gesonderter Eintrag abgespeichert sein.

Vom Kontext ist oft abhängig, ob überhaupt eine metaphorische Lesart entsteht: Ein Satz wie *Die alte Knorreiche wankt* kann entweder wortwörtlich mit der Lesart ‚ein nicht sehr stabiler Baum‘ oder etwas despektierlich metaphorisch mit der Lesart ‚ein älterer Mensch‘ verstanden werden.

Vom Kotext ist abhängig, welche konzeptuelle Lesart aktiviert wird:

„Sprache ist eine Waffe, haltet sie scharf!" (Kurt Tucholsky)

Hier ergibt sich die Lesart ‚Die Sprache soll sinnvoll als (politisches und journalistisches) Instrument gegen Misstände etc. benutzt werden', während in

Sprache ist eine Waffe, haltet sie im Zaum!

die Lesart entsteht ‚Die Sprache ist ein gefährliches Macht- und Gewaltinstrument, das Menschen verletzen, aufwiegeln, manipulieren kann'.

1. Analysieren Sie: *einen Sony besitzen, den Rotstift in der Schulpolitik regieren lassen, das Mittelalter studieren, Berlin und Moskau verhandeln.*

2. Nach welchem Prinzip sind die folgenden Bildungen entstanden? *Wir brauchen neue Gesichter. Seine Nase gefällt mir nicht. Er ist ein schmales Hemd.*

3. In welchem Kontext könnte der folgende Satz sinnvoll geäußert werden? *Das Hacksteak ist gegangen, ohne ein Trinkgeld zu hinterlassen, und Tisch 4 will bezahlen.*

4. Beschreiben Sie die folgenden sprachlichen Phänomene mit semantischen Merkmalen. Inwiefern lassen sich diese rhetorischen Figuren als semantische Abweichungen oder Regelverstöße gegen Selektionsrestriktionen beschreiben? *Süßer Schmerz, goldener Herbst, schwarze Milch der Frühe.*

5. Worauf beruht die Wirkung dieses Witzes?

   Erziehen Sie Ihren Mann so, dass er Ihnen aus der Hand frisst, dadurch sparen Sie eine Menge Abwasch!

6. „Sprachliche Treppenstufen zum menschlichen Geist: Metaphern aus kognitionslinguistischer Perspektive" (Vortragstitel 2012). Inwiefern ist in diesem Titel zu einem wissenschaftlichen Vortrag über Metaphern selbst eine metaphorische Konstruktion enthalten?

7. In der kognitiven Metapherntheorie unterscheidet man konventionelle, innovative und kreative Metaphern. Überlegen Sie, warum.

Lektüre:

Lakoff/Johnson 1980, Lakoff 1987, Taylor [3]2009: Kap. 5, Liebert 1992 und 2008, Schwarz-Friesel 2004, Palm [2]1997, Asher/Lascarides 2008, Skirl/Schwarz-Friesel [2]2013.

4.2 Ad-Hoc-Komposita

Neue Bildungen, der Natur vorgeschlagen

Der Ochsenspatz
Die Kamelente
Der Regenlöwe
Die Turtelunke
Die Schoßeule
Der Walfischvogel
Die Quallenwanze
Der Gürtelstier
Der Pfauenochs
Der Werfuchs
Die Tagtigall
Der Sägeschwan
Der Süßwassermops
Der Weinpinscher
Das Sturmspiel
Der Eulenwurm
Der Giraffenigel
Das Rhinozepony
Die Gänseschmalzblume
Der Menschenbrotbaum
(Christian Morgenstern, in: *Galgenlieder*)

Teil unserer sprachlichen Kompetenz ist es, neue Wörter bilden und verstehen zu können. So können wir beispielsweise sehr komplexe Wörter bilden, wobei bereits bestehende Wörter zu neuen Wörtern, den Komposita, zusammengesetzt werden. Komposita können aus Nomen + Nomen (*Sommerkleid*), Adjektiv + Nomen (*Kleintier*), Nomen + Adjektiv (*grasgrün*), Adjektiv + Adjektiv (*dunkelblau*), Verb + Nomen (*Gehweg*), Nomen + Verb (*staubsaugen*), Verb + Verb (*rennsegeln*) zusammengesetzt sein. Diese Fähigkeit ist an unser morphologisches Kenntnissystem und insbesondere an die Wortbildungsregeln unserer Sprache geknüpft. Sie ist aber auch Ausdruck unserer semantischen Kreativität.

Die Möglichkeit komplexer Zusammensetzungen kommt in dem folgenden Gedicht besonders anschaulich zum Ausdruck:

Sommermädchenküssetauschelächelbeichte
An der Murmelrieselplauderplätscherquelle
Saß ich sehnsuchttränentröpfeltrauerbang:
Trat herzu ein Augenblinzeljunggeselle
In verwegenem Hüfteschwingeschlendergang,
Zog mit Schäkerehrfurchtsbittegrußverbeugung
Seinen Federbaumelriesenkrempenhut –
Gleich verspürt ich Liebeszauberkeimeneigung
War ihm zitterjubelschauderherzensgut.
Nahm er Platz mit Spitzbubtückekichern,

Schlang um mich den Eisenklammermuskelarm!
Vor dem Griff, dem grausegruselsiegessichern,
Wurde mir so zappelseligsiedewarm.
Und er rief: „Mein Zuckerschnuckelputzelkindchen,
Welch ein Schmiegschmatzeschwelgehochgenuß!"
Gab mir auf mein Schmachteschmollerosenmündchen
Einen Schnurrbartstachelkitzelkosekuß.
Da durchfuhr mich Wonneloderflackerfeuer –
Ach, das war so überwindewundervoll...
Küßt ich selbst das Stachelkitzelungeheuer,
Sommersonnenrauschverwirrungstoll!
Schilt nicht, Hüstelkeifewackeltrampeltante,
Wenn dein Nichtchen jetzt nicht knickeknirschekniet,
Denn der Plauderplätscherquellenunbekannte
Küßte wirklich wetterbombenexquisit!
(Hanns Freiherr von Gumppenberg 1901)

Die Bedeutung von Komposita kann manchmal aus den Bedeutungen der zusammengesetzten Wörter erschlossen werden. Dann spricht man von semantischer Transparenz. *Haustür*, *grasgrün* und *Kellerfenster* sind transparent, weil wir die Bedeutung aus der Bedeutung der Kompositumsteile mittels einer Paraphrase herleiten können. *Haustür* bezeichnet die Tür eines Hauses und *Kellerfenster* das Fenster eines Kellers, die Farbe ist so grün wie Gras.

Nicht immer lassen sich den Komposita aber so einfach adäquate semantische Interpretationen zuordnen. Die Komposita *Götterspeise*, *Kaltmiete* und *Junggeselle* beispielsweise entziehen sich dem einfachen Paraphrasenkriterium. Um die Bedeutung dieser Wörter verstehen zu können, benötigen wir Informationen, die im Lexikon bei den entsprechenden Worteinträgen abgespeichert sind. Die *Götterspeise* ist eben nicht eine Speise für Götter, sondern ein wackeliger Fruchtpudding, die *Kaltmiete* ist keine kalte Miete, sondern die Miete für ein Zimmer zuzüglich der Heizungskosten, der Junggeselle ist kein junger Geselle, sondern ein unverheirateter Mann. Komposita dieser Art nennt man lexikalisiert, weil ihre Gesamtbedeutung wie bei den idiomatischen Ausdrücken direkt im Lexikon repräsentiert wird.

Die Komposita-Beispiele, die eben erwähnt worden sind, stellen usuelle Wortbildungen für uns dar. Sie sind allgemein bekannte und gebräuchliche Teile unseres Wortschatzes, die uns im Verstehensprozess keinerlei Probleme bereiten.

Anders ist es mit neuen Komposita, die aus der Situation heraus, also ad hoc, gebildet werden, und die wir vorher noch nicht gehört haben. Hörbelege: *Schimmelzimmer* für ein Urlaubszimmer, in dem Schimmel an den Wänden war; *Linguistikbegräbnis* für ein Gespräch unter Linguisten, das mit trivialem Alltagsgeplänkel endete, *Lachgesicht* für ein Korrekturkürzel, das bildlich die Belustigung des Korrigierenden zum Ausdruck bringt. Solche Wortbildungen sind Ausdruck unserer lexikalischen und referenziellen Kreativität. Bei diesen Zusammensetzungen ist die Situation bzw. die episodische Information entscheidend für die semantische Interpretation. Die Verständlichkeit dieser Komposita ist also an ganz spezifische Kontexte und das gemeinsame Wissen der Kommunizierenden darüber gebunden.

> Ein Gingganz bedeutet damit fortan ein in Gedanken Vertiefter, Verlorener, ein Zerstreuter, ein Grübler, Träumer, Sinnierter. (Christian Morgenstern über seine *Galgenlieder*)

In vielen Fällen wird die Kompositumbedeutung erschlossen, indem eine passende Relation gefunden wird, die zwischen den Bedeutungen der Kompositumteile besteht. Dabei kann die für die Interpretation notwendige Information aus dem vorderen und/oder dem hinteren Wort des Kompositums erschlossen werden. Beim *Spezialitätenrestaurant* wird die semantische Relation aus dem Hinterglied erschlossen (in Restaurants wird Essen bestellt und verzehrt) und dann durch das Vorderglied näher spezifiziert (ein Spezialitätenrestaurant bietet Spezialitäten an). Das *Mäuserestaurant* (Hörbeleg) wird aber in unserer Gesellschaft kaum als ein Restaurant verstanden, in dem Mäuse zum Verzehr angeboten werden. Vielmehr lässt unser Common Sense vermuten, dass in diesem Restaurant Mäuse gesehen worden sind.

Die Relationserstellung bei der Komposita-Interpretation läuft also zu einem großen Teil über unser allgemeines Weltwissen, also schemabasiertes, stereotypes Wissen über Gegenstände und Sachverhalte unserer Welt. Dieses Wissen hilft uns aber nicht bei potenziell mehrdeutigen Komposita. Der *Silbertopf* beispielsweise kann ein Topf aus Silber sein, er kann aber auch ebenso gut ein Topf für die Aufbewahrung von Silber sein (vgl. dagegen *Blumentopf*). Hier entscheidet der Kontext.

Komposita der Form AB mit NN-Zusammensetzungen sind oft Determinationskomposita, wobei das Grundwort, die zweite Konstituente (B) von der ersten Konstituente näher charakterisiert wird. Solche Komposita können je nach Kontext wörtlich oder metaphorisch verstanden werden:

(7) *Tiefkühltruhenmutter* (Bild-Schlagzeile 2009)

Es gibt zwei nicht-metaphorische Lesarten: zum einen die Mutter, die ihre (getöteten) Kinder in der Tiefkühltruhe aufbewahrte (mit der funktionalen Relation ‚aufbewahren in‘; diese Lesart ist in der Schlagzeile auch gemeint); zum anderen aber auch die Mutter, die ihren Kindern nur Tiefkühlprodukte zum Essen gibt (statt frische Zutaten zu kochen). Möglich ist aber auch eine metaphorische Lesart (Hörbeleg): Mutter (Zielkonzept), die emotional kalt wie eine Tiefkühltruhe (Ursprungskonzept) ist.

Diese Komposita drücken nicht per se ein spezifisches Verhältnis der gekoppelten Konstituenten aus, d. h. die Bedeutung ist semantisch unbestimmt. Kontextlos haben wir lediglich die Lesartenannahme ‚B hat etwas mit A zu tun‘ – ansonsten liegt informationelle Unterspezifikation vor (vgl. Willems 1994). Die jeweiligen Paraphrasen, die eine spezifische Lesart im Kontext festlegen, sind immer das Resultat einer kontextbezogenen konzeptuellen Elaboration.

Es lassen sich zwei Typen metaphorisch benutzter Komposita unterscheiden: metaphorische Komposita und Kompositummetaphern.

Bei metaphorischen Komposita, die in Sätzen der Art *X ist ein Y* benutzt werden,

  (8)   Fundamentalistischer Terrorismus ist ein Krebsgeschwür im Islam.
        (FAZ, 17.09.2001)

ist das gesamte Kompositum mit beiden Nomen metaphorisch, und es gibt das Ursprungskonzept, das der Spezifizierung des jeweiligen Zielkonzeptes (hier Terrorismus) dient: Terrorismus wird in Analogie zu Krebsgeschwür gesetzt, *Krebsgeschwür* ist im übertragenen Sinne zu verstehen.

Bei den Kompositummetaphern dagegen wird nur ein Nomen metaphorisch benutzt und dient als konzeptueller Ursprungsbereich:

Subventionsheuschrecke, Teflon-Bürgermeister, Bulldozer-Klatsch, Karawanen-Kapitalismus, Asylantenflut.

Bei diesen NN-Komposita der Form AB ist entweder A oder B metaphorisch:

Bei *Bulldozer-Klatsch* ist A, das erste Nomen in der Konstruktion, also *Bulldozer*, metaphorisch zu verstehen. Das dazugehörige Konzept stellt den Ursprungsbereich und spezifiziert die Bedeutung von Klatsch: Klatsch, der uns wie ein Bulldozer niederwalzt, aber nicht physisch, sondern mental.

Anders bei *Asylantenflut*: Hier ist B, also (*Flut*), die zweite Konstituente, metaphorisch und dient der näheren Charakterisierung von Asylanten bzw. Asylantenzuzug. Die für die Lesart notwendige Paraphrase ist *wie eine Wasserflut kommen Asylanten zu uns* (s. hierzu auch Kap. 5). Äquivalent sind *Asylantenstrom, -flut, -welle, -schwemme, -tsunami.*

Kompositummetaphern stellen die kürzestmögliche formale Realisierung von Metaphern dar (s. Skirl 2010). Sie werden sehr häufig im massenmedialen, vor allem politischen und ideologischen Diskurs benutzt und haben dann die Funktion, bestimmte Aspekte von Referenzobjekten zu perspektivieren und komprimiert zu konzeptualisieren. Sie liefern oft informationell kondensierte Bewertungen (Evaluationen).

Ob ein Kompositum überhaupt mehrere Interpretationen zulässt, wird jedoch wiederum von unserem Weltwissen determiniert. Der *Lebkuchenmann* kann dementsprechend als ein Mann, der Lebkuchen verkauft, verstanden werden und als ein aus Lebkuchenteig hergestellter Mann, der *Müllmann* dagegen wohl nur als ein Mann, der den Müll von unseren Straßen schafft. Das *Müslibrötchen* ist ein aus Müslizutaten hergestelltes Brötchen, der *Kakerlakensalat* wohl eher ein Salat, in dem eine Kakerlake entdeckt wurde und nicht ein aus Kakerlaken zubereiteter Salat (vgl. dagegen *Kartoffelsalat, Kohlsalat, Eiersalat*).

Das Verstehen von Komposita ist ein spezieller Fall des allgemeinen Sprachverstehens. Auf der Basis unserer sprachlichen Kenntnisse erstellen wir unter Hin-
zunahme allgemeiner Weltwissensinformationen für uns sinnvolle Interpretationen.

1. Bestimmen Sie die Art der Relation, die zwischen den Einzelwörtern bei den
    folgenden Komposita besteht, mittels Paraphrasenbildung: *Seminarkritik*,
    Studentenausweis, BAföG-Amt, Semesterfete, Abschlussklausur.

2. Ist das bei den folgenden Komposita auch möglich? *Schaumschlägerei, Geld-
    wäsche, Scheinheiligkeit, Beutelschneiderei.*

3. Definitionen (Ulrich 1977)

    Allgemeinheit: bösartiges Verhalten des Kosmos
    Abteile: Hast eines Klostervorstehers
    Blasebalg: pustende Göre
    Durchzugsgebiet: windige Gegend
    Dramatisch: von ernsten Dichtern benutztes Möbelstück
    Feuerzeuge: Zuschauer bei einem Brand
    Einreiher: Rangierer im Güterbahnhof
    Kohlestift: Lehrling im Bergbau
    Tonkünstler: Designer für Keramikwaren
    Rockaufschlag: Zusatzgebühr für einen Modetanz

    Geben Sie für die folgenden Wörter an die „Definitionen" angelehnte Interpre-
    tationen: *Kleinode, Versehen, Nachteile, Zweiteiler, Aufsatz, urgemütlich, Le-
    sezeichen, Strickjacke, Absatzsteigerung, Wasserhahn.*

4. Versuchen Sie für die folgenden Ad-Hoc-Komposita sinnvolle Interpretationen
    anzugeben. Wieso ist das schwierig?

    Spinnenhemd, Kalenderkomplex, Büchertopf, Computerkrampf.

5. Worauf beruht der Effekt dieses Witzes?

    Ein Haus brennt. Der kleine Hansi wirft eifrig Papier ins Feuer. „Was soll das?"
    brüllt der Feuerwehrmann. „Wieso? Das ist doch Löschpapier!"

6. In welchem Diskurskontext wurden *Subventionsheuschrecke* und *Karawanen-
    Kapitalismus* benutzt? Bestimmen Sie Ziel- und Ursprungskonzept; welches
    semantische Merkmal wird besonders fokussiert?

Lektüre:

Fanselow 1981, Kanngießer 1985, Meyer 1993, Skirl 2009 und 2010.

4.3 Macht der Sprache und semantische Gewalt: zur gesellschaftlichen Relevanz von Bedeutungsanalysen

> Es sind nicht die Dinge, die uns beunruhigen, sondern was wir über die Dinge denken. (Seneca)

Wir haben bereits in den vorangehenden Kapiteln an einigen Beispielen gesehen, dass sprachliche Einheiten und Strukturen über ihre Semantik nicht nur Realität in Referenzprozessen abbilden, sondern die Gegenstände und Sachverhalte dabei auch auf eine bestimmte Art und Weise perspektivieren und bewerten (s. Kap. 4.1 und 4.2). Dadurch kommt der sprachlichen Vermittlung eine besondere Rolle zu: Je nach Darstellung eines außersprachlichen Sachverhaltes können Menschen in ihren Gedanken und Gefühlen maßgeblich gelenkt oder bestimmt werden. Bei der Metaphernanalyse thematisierten die Beispielsätze (1) und (7) diese Macht von Sprache, d. h. das Potenzial, über die Semantik einer Äußerung Repräsentationen zu aktivieren, die kognitiv und/oder emotional, bewusst und/oder unbewusst den Geist der Rezipienten beeinflussen.

> Dass Worte etwas bewirkten, dass sie jemanden in Bewegung setzen oder aufhalten, zum Lachen oder Weinen bringen konnten: Schon als Kind hatte er es rätselhaft gefunden, und es hatte nie aufgehört, ihn zu beeindrucken. Wie machten Worte das? War es nicht Magie? (Pascal Mercier 2006, *Nachtzug nach Lissabon*)

Einzelne Wörter, Komposita, Phrasen oder Sätze können Menschen verletzen, erfreuen oder aufwiegeln, können ihre Gedanken in eine bestimmte Richtung lenken und sogar Handlungen nahelegen. Der antisemitische Sprachgebrauch zeigt dies deutlich: Das Kompositum *Judenschwein* vermittelt semantisch eine Dehumanisierung und wertet die Gruppe der Juden kollektiv ab; eine Phrase wie *die jüdische Rachsucht* vermittelt ein judeophobes Stereotyp, das seit Jahrhunderten zur Diffamierung von Juden artikuliert wird; ein Satz wie *Die Juden sind unser Unglück!* (Treitschke 1879; in der NS-Zeit Schlagzeile jeder Stürmer-Ausgabe) impliziert die Abgrenzung von Deutschen und Juden ‚Juden sind keine Deutsche' und ‚Juden sind für die Gruppe des Sprechers unheilvoll'. Die Semantik des Satzes und die sich daraus ergebenden Implikationen erzeugen eine spezifische mentale Realität, die zwar mit der tatsächlichen Realität nichts zu tun hat(te), sich aber in der Geschichte als wirkungsmächtig erwies.

Angesichts solcher Phänomene haben sich in der Linguistik und insbesondere in der Semantik Ansätze entwickelt, die nicht nur die abstrakte Kompetenz und das Sprachsystem untersuchen, sondern auch anwendungsorientierte Analysen zum Beeinflussungs- und Persuasionspotenzial von verbalen Mitteln durchführen.

Diese sprach- und diskurskritischen Ansätze beschäftigen sich entweder als kulturwissenschaftliche Linguistik mit der „Brisanz von Wörtern" und dem Handlungspotenzial von Sprachstrukturen (s. z. B. Geideck/Liebert 2003, Busse/Niehr/Wengeler 2005) und/oder mit Texten und Diskursen und deren sozialer und historischer Einbettung sowie ihrer politischen Relevanz (s. z. B. Reisigl/Wodak 2001). Die „Sprachkritik" versteht sich dabei immer auch als Gesellschaftskritik, da Sprache immer eine Manifestation von Glaubens- und Ideologieverhältnissen ist (s. z. B. Kilian/

Niehr/Schiewe 2010). Fokussiert wird bei allen genannten Ansätzen v. a. das Verhältnis zwischen Sprache und Macht: Welche Rolle spielt der Sprachgebrauch bei der Ausübung von Macht? Wie kann eine kritisch reflektierende Sprachanalyse sozial-kognitive Machtverhältnisse und Machtetablierung aufdecken?

Die Kritische Kognitionslinguistik (KKL) untersucht in diesem Zusammenhang als kognitionswissenschaftlicher Ansatz methodisch interdisziplinär die (manipulative und persuasive) Rolle der Sprache in der individuellen und massenmedialen Kommunikation (s. z. B. Schwarz-Friesel/Kromminga 2014). Sprache wird als kognitives Kenntnis- und Verarbeitungssystem gesehen, das eingebettet in kulturell-soziale Prozesse ist. Emotion und Kognition interagieren beim Sprachgebrauch; Äußerungen werden einerseits als verbale Spuren mentaler Aktivität gesehen, die Einblick in den Geist des Sprachproduzenten und Aufschluss über Einstellungen/Weltbilder/Glaubenssysteme etc. geben (s. die de-realisierende und antisemitische Äußerung *Juden sind die größte Gefahr für den Weltfrieden*). Andererseits wird betont, dass sprachliche Äußerungen über ihre spezifische Semantik geistige Zwischenstrukturen (sogenannte Textweltmodelle) etablieren, die im Rezeptionsprozess spezifische Realitäten konstruieren (vgl. z. B. eine antisemitische Äußerung wie *Juden beherrschen die Welt!*), die oft nichts mit der realen Welt gemeinsam haben.

Macht und Gewalt der Semantik manifestiert sich negativ als Gewalt durch Sprache in verbalen Handlungen, die verunsichern, aufregen, beleidigen, verleumden, aufhetzen, ausgrenzen, Vorurteile schaffen oder schüren usw. Äußerungen wirken dann destruktiv, d. h. sie dienen der De-Stabilisierung von Individuen und/oder Gesellschaften. Sprachliche Gewalt zeigt sich in Demagogie, Propaganda, Polemik, Diffamierung, Diskriminierung. Sprachgewalt manifestiert sich aber auch positiv in Sprachhandlungen, die Wissensvermittlung, Aufklärung, Therapie u. a. involvieren. Sprachliche Äußerungen können entsprechend Unsicherheit aufheben, Faktizität vermitteln, Vertrauen schaffen, Konflikte lösen, beruhigen, stabilisieren, mobilisieren, beglücken usw. Sprachgewalt ist hier als das Potenzial von Sprache zu verstehen, in der Kommunikation konstruktiv und stabilisierend in die kognitiv-emotionale Lebenswelt von Menschen und Gesellschaften einzuwirken.

> Kannst du lesen, so sollst du verstehen; kannst du schreiben, so musst du etwas wissen; kannst du glauben, so sollst du begreifen ... und wenn du erfahren bist, sollst du nutzen. (Johann Wolfgang von Goethe, *Maximen und Reflexionen*)

Denkanregungen

1. Sind Äußerungen per se (d. h. aufgrund ihrer Bedeutung) brisant, manipulativ, persuasiv? Oder spielen vielmehr die Intention und/oder die Wirkung, also pragmatische Aspekte die größere Rolle? Ist eine Beleidigung erst dann beleidigend, wenn der Produzent dies auch intendierte und der Adressat sich auch tatsächlich beleidigt fühlt (vgl. Meier 2007)? Ist eine Äußerung nur dann antisemitisch, wenn sie als solche beabsichtigt war? Oder ist nicht vielmehr der Inhalt ausschlaggebend, d. h. das durch die Äußerung vermittelte judendiskriminierende Stereotyp?

2. Was versteht man in der Linguistik unter Perspektivierung und Evaluierung?

3. Überlegen Sie, inwiefern die Wahl des „Unwort des Jahres" eine sprachkritische Handlung ist. Schauen Sie sich die in den letzten Jahren als Unwörter ausgewählten Wörter an: Inwiefern zeigt sich hier in Bezug auf die Semantik ein Missverhältnis von Sprache und Welt?

4. Inwiefern spielen im massenmedialen politischen Diskurs Metaphern eine wichtige Rolle? Inwieweit kann die Semantik „politischer Metaphern" (vgl. *Asylantenflut, Krebsgeschwür Terrorismus*) Gefühle wie Furcht aktivieren und evtl. bestimmte Handlungsoptionen nahelegen?

Lektüre:

Reisigl/Wodak 2001, Van Dijk 2006, Klein 2010, Schwarz-Friesel ²2013: Kap. 2.3, Schwarz-Friesel/Reinharz 2013: Kap. 3, Schwarz-Friesel/Kromminga 2014.

Teil II

Jeannette Chur

Das logische Gerüst

Die Logik hat wie jede Wissenschaft die Aufgabe, der Wahrheit nachzujagen. ... Aber wissenschaftliche Arbeit besteht nicht in blindem Anhäufen von Wahrem; Wissenschaft ist selektiv und sucht nach dem Wahren, das am meisten zählt, entweder gemäß seinem eigenen Gewicht oder als Werkzeug, um es mit der Welt aufzunehmen. (Quine: *Grundzüge der Logik*)

5 Satzsemantik

5.1 Kompositionalität: aus Wörtern werden Sätze

In den vorherigen Kapiteln wurde die Semantik von Wörtern dargestellt, ihr Aufbau und die möglichen Relationen. Jedoch werden in der Sprache nicht nur einzelne Wörter benutzt, sondern diese werden zu Sätzen und zu Texten kombiniert. Es ist sinnvoll, anzunehmen, dass die Bedeutung von Sätzen eng mit der Bedeutung der darin enthaltenen Wörter verknüpft ist. Dieser Grundgedanke ist als Kompositionalitätsprinzip der Semantik bekannt. Es geht schon auf Frege zurück und besagt, dass sich die Bedeutung eines Satzes aus der Bedeutung der darin enthaltenen Wörter und der Art ihrer Zusammensetzung ergibt.

Die Bedeutung eines Satzes ist eine Funktion der in ihm enthaltenen Ausdrücke und der Art ihrer Zusammensetzung.

Prinzipiell ist auch ein anderes Vorgehen möglich, bei dem sich die Bedeutung der Wörter aus der Bedeutung des Satzes ergibt (nach einer entsprechenden Zerlegung). Es gibt also zwei Möglichkeiten, die Kompositionalität aufzufassen. Gängige Ansicht ist jedoch, dass sich die Bedeutung des Satzes aus der Bedeutung der einzelnen Bestandteile zusammensetzt.[3]

In der Satzsemantik kann man zwei große Strömungen unterscheiden. Zum einen gibt es die sogenannte wahrheitswertfunktionale Semantik, die davon ausgeht, dass die Referenz eines Satzes sein Wahrheitswert ist. Das Ziel dieser Semantik ist also immer die Zuordnung eines Wahrheitswertes. Das hat vor allem historische Gründe und macht die enge Verbindung zur Logik aus. Die Referenz eines Satzes ist in solch einem Ansatz die Angabe von Bedingungen, unter denen ein Satz wahr ist. Die wahrheitswertfunktionale Semantik ist weit verbreitet und die meisten formalen Systeme arbeiten mit diesem Modell. Die andere große Strömung – die Situationssemantik – stellt eigentlich eine Modifizierung des wahrheitswertfunktionalen Ansatzes dar, in der die Referenz eines Satzes nicht mehr der Wahrheitswert ist, sondern die durch den wahren Satz beschriebene Situation oder das entsprechende Ereignis.

(1)   1961 wurde die Mauer gebaut.

Die Bedeutung dieses Satzes ist ein Ereignis, das im Jahr 1961 stattfand. Dieses Ereignis ist der Bau einer Mauer, wobei die Mauer als schon im Kontext gegeben angesehen wird. Gibt es ein derartiges Ereignis, so ist der Satz wahr, ansonsten ist er falsch. Wenn man mit *die Mauer* auf die durch Berlin laufende ehemalige

---

[3] Manchmal wird jedoch in der Praxis von beiden Varianten Gebrauch gemacht. Dies geschieht zum Beispiel in all denjenigen Fällen, in denen die formale Bedeutung eines Ausdrucks durch Lambda-Abstraktion aus der Bedeutung des Satzes gewonnen wird, die Bedeutung eines Satzes sich dann wieder durch Lambda-Konversion aus der Bedeutung seiner Teile ergibt (vgl. Kap. 6.2.8).

Grenzmauer zwischen der BRD und der DDR referiert, dann ist dieser Satz wahr. Bezieht man sich dagegen auf die Chinesische Mauer, so ist dieser Satz eindeutig falsch.

> Die Bedeutung eines Satzes kennen, bedeutet angeben zu können, ob er wahr oder falsch ist.

Insgesamt gilt, dass beide Ansätze auseinander hervorgegangen sind. Der ereignissemantische Ansatz ist eine Weiterentwicklung des wahrheitswertfunktionalen Ansatzes. Der Begriff der Wahrheit ist in beiden Strömungen von ausschlaggebender Bedeutung. Im wahrheitswertfunktionalen Ansatz ist er der einzige Anhaltspunkt für die Bedeutung eines Ausdrucks. Im Extremfall könnte man behaupten, dass alle wahren Sätze synonym wären, da sie ja den gleichen Wahrheitswert und somit die gleiche Bedeutung haben. Insgesamt gilt, dass der wahrheitswertfunktionale Ansatz mit seiner starken Betonung des Wahrheitswertes nicht in Übereinstimmung mit der Intuition eines Sprechers ist. Die Situationssemantik vermeidet genau diese Fehler, gleicht aber in ihren Grundzügen dem wahrheitswertfunktionalen Ansatz. Natürlich gibt es auch Weiterentwicklungen hinsichtlich der adäquaten Formalisierung der Satzbedeutungen. Dies ist eine Entwicklung, die sich über Jahrhunderte hinzieht und ihren Ausgangspunkt in der Aussagenlogik hat, die dann erweitert wurde zur Prädikatenlogik mit weiteren Erweiterungen wie Modallogik, intensionale Logik etc. Der Anstoß für eine Modifizierung war immer das Bedürfnis, die Bedeutung der natürlichsprachlichen Ausdrücke auch im formalen Semantikmodell darstellen zu können. Ein wichtiges Ziel ist die Bestimmung der Relationen, die zwischen zwei Sätzen bestehen und die ein kompetenter Sprecher erschließen kann. Diese müssen im formalen System abgeleitet werden können, um so auch Gesetzmäßigkeiten der Sprache auf den Grund zu kommen.

Ein Problem bei den meisten Semantiktheorien ist, dass sie sich in der Satzsemantik auf Aussagesätze beschränken, denn nur diesen können Wahrheitswerte bzw. Situationen oder Ereignisse zugeschrieben werden. Es werden also nur die deklarativen Sprechakte des Beschreibens erfasst, eine Formalisierung anderer Sprechakte wie z. B. Frage, Wunsch, Bitte, Befehl etc. unterbleibt meistens (vgl. aber Zaefferer 1984, Walther 1985).

5.2 Semantische Relationen zwischen Sätzen

Im ersten Teil dieses Buches wurden die verschiedenen semantischen Relationen, die zwischen den Bedeutungen von Wörtern bestehen können, ausführlich dargestellt.

Auch zwischen Sätzen können semantische Relationen bestehen. Diese sind oft den semantischen Relationen zwischen zwei Wörtern ähnlich. Die semantische Relation der Synonymie ist leicht erklärt. Zwei Sätze A und B sind immer dann synonym, wenn sie in allen Situationen den gleichen Wahrheitswert haben, wenn also die Menge der Situationen, die durch den jeweiligen Satz korrekt beschrieben werden, gleich ist.

(2)   a) Die Orange liegt auf dem Tisch.

        b) Die Apfelsine liegt auf dem Tisch.

Sätze, die synonym sind, werden auch Paraphrasen genannt. Als Wahrheitswertbedingung kann man sich merken:

Zwei Sätze A und B sind synonym, genau dann, wenn (g. d. w.): in allen Situationen, in denen der Satz A wahr ist, auch Satz B wahr ist und umgekehrt.

Nicht synonym dagegen sind folgende Sätze:

(3)   Ein Affe sitzt am Computer.

(4)   Ein Tier sitzt am Computer.

Es stimmt zwar, dass immer, wenn der erste Satz wahr ist, auch der zweite Satz wahr ist. Umgekehrt ist dies jedoch nicht der Fall. Man kann daher aus der Wahrheit des ersten Satzes nur auf die Wahrheit des zweiten Satzes schließen, nicht jedoch aus der Wahrheit des zweiten Satzes auf die Wahrheit des ersten Satzes.

In solchen Fällen spricht man davon, dass der erste Satz eine Subordination des zweiten Satzes ist, oder mit anderen Worten: Der erste Satz impliziert den zweiten Satz.

Als Wahrheitswertbedingung kann man sich merken:

Ein Satz A impliziert einen Satz B, wenn in allen Situationen, in denen Satz A wahr ist, auch Satz B wahr ist, aber nicht notwendig auch umgekehrt.

Statt Implikation wird auch der Begriff Inklusion gebraucht, sodass man dann sagt: Satz A inkludiert Satz B.

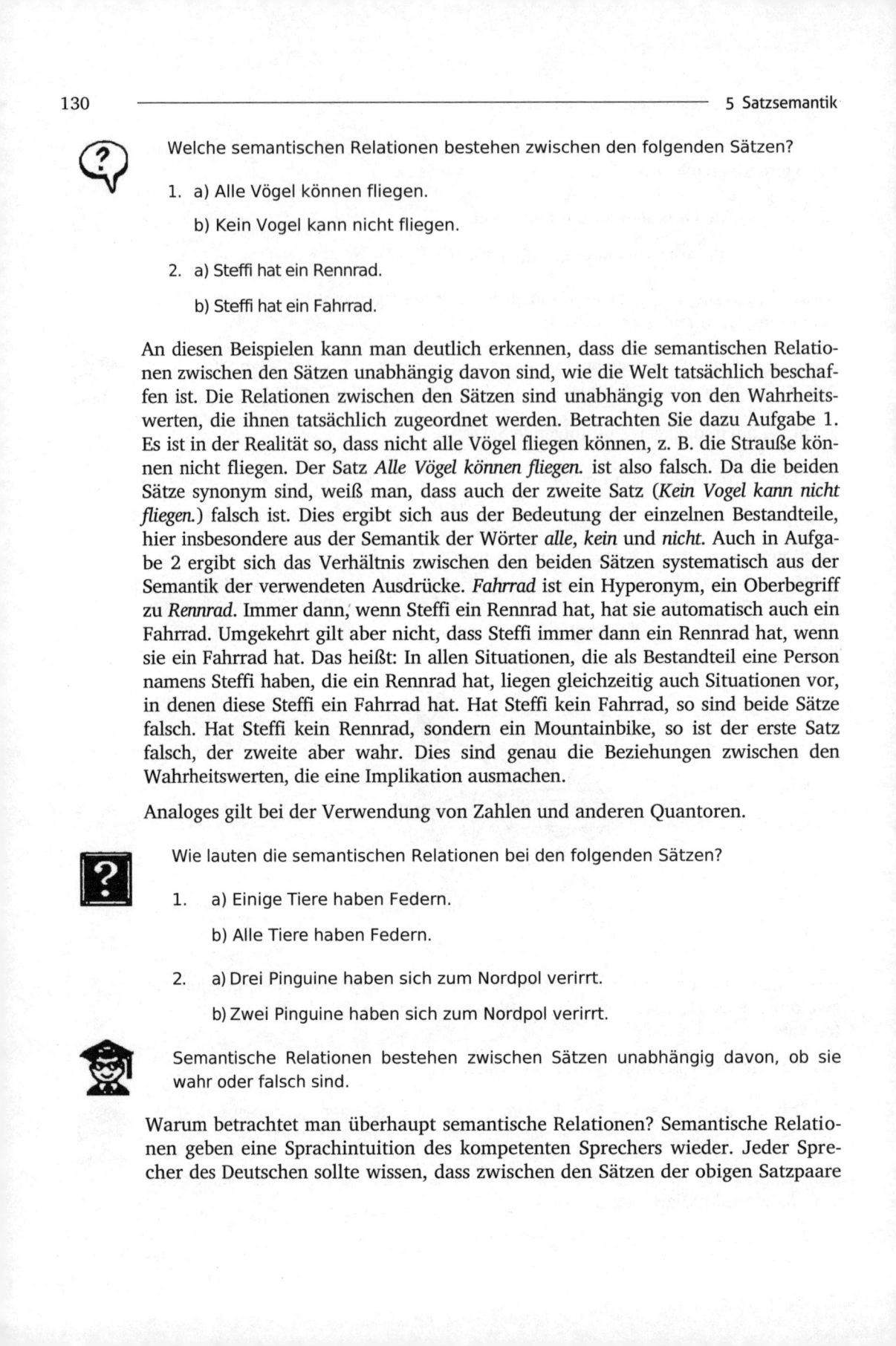

Welche semantischen Relationen bestehen zwischen den folgenden Sätzen?

1. a) Alle Vögel können fliegen.

   b) Kein Vogel kann nicht fliegen.

2. a) Steffi hat ein Rennrad.

   b) Steffi hat ein Fahrrad.

An diesen Beispielen kann man deutlich erkennen, dass die semantischen Relationen zwischen den Sätzen unabhängig davon sind, wie die Welt tatsächlich beschaffen ist. Die Relationen zwischen den Sätzen sind unabhängig von den Wahrheitswerten, die ihnen tatsächlich zugeordnet werden. Betrachten Sie dazu Aufgabe 1. Es ist in der Realität so, dass nicht alle Vögel fliegen können, z. B. die Strauße können nicht fliegen. Der Satz *Alle Vögel können fliegen.* ist also falsch. Da die beiden Sätze synonym sind, weiß man, dass auch der zweite Satz (*Kein Vogel kann nicht fliegen.*) falsch ist. Dies ergibt sich aus der Bedeutung der einzelnen Bestandteile, hier insbesondere aus der Semantik der Wörter *alle*, *kein* und *nicht*. Auch in Aufgabe 2 ergibt sich das Verhältnis zwischen den beiden Sätzen systematisch aus der Semantik der verwendeten Ausdrücke. *Fahrrad* ist ein Hyperonym, ein Oberbegriff zu *Rennrad*. Immer dann, wenn Steffi ein Rennrad hat, hat sie automatisch auch ein Fahrrad. Umgekehrt gilt aber nicht, dass Steffi immer dann ein Rennrad hat, wenn sie ein Fahrrad hat. Das heißt: In allen Situationen, die als Bestandteil eine Person namens Steffi haben, die ein Rennrad hat, liegen gleichzeitig auch Situationen vor, in denen diese Steffi ein Fahrrad hat. Hat Steffi kein Fahrrad, so sind beide Sätze falsch. Hat Steffi kein Rennrad, sondern ein Mountainbike, so ist der erste Satz falsch, der zweite aber wahr. Dies sind genau die Beziehungen zwischen den Wahrheitswerten, die eine Implikation ausmachen.

Analoges gilt bei der Verwendung von Zahlen und anderen Quantoren.

Wie lauten die semantischen Relationen bei den folgenden Sätzen?

1. a) Einige Tiere haben Federn.

   b) Alle Tiere haben Federn.

2. a) Drei Pinguine haben sich zum Nordpol verirrt.

   b) Zwei Pinguine haben sich zum Nordpol verirrt.

Semantische Relationen bestehen zwischen Sätzen unabhängig davon, ob sie wahr oder falsch sind.

Warum betrachtet man überhaupt semantische Relationen? Semantische Relationen geben eine Sprachintuition des kompetenten Sprechers wieder. Jeder Sprecher des Deutschen sollte wissen, dass zwischen den Sätzen der obigen Satzpaare

Beziehungen bestehen, auch wenn er sie nicht mit einem Fachterminus benennen kann. Ebenso sollte er wissen, dass zwischen dem Satz *Alle Vögel können fliegen* und *Steffi hat ein Rennrad* keine derartigen semantische Beziehungen bestehen. Diese beiden Sätze haben nach sprachlicher Intuition wenig miteinander zu tun.

Als Oberbegriff für die Relationen der Paraphrase und der Implikation (Inklusion) wird der Begriff der Kompatibilität gebraucht. Zwei Sätze sind miteinander kompatibel, wenn sie beide miteinander vereinbar sind. Das bedeutet, dass ein Sprecher kompatible Sätze äußern kann, ohne dass es zu Widersprüchen kommt. Das Gegenteil der semantischen Relation der Kompatibilität ist die Inkompatibilität. Zwei Sätze sind inkompatibel, wenn man sie nicht zugleich behaupten kann. Es gibt zwei verschiedene Arten der Inkompatibilität, die Kontradiktion und den konträren Gegensatz. Beide Begriffe stammen aus der Logik. Der einfachere Fall ist die Kontradiktion.

Zwei Sätze A und B sind kontradiktorisch zueinander, g. d. w.: Immer wenn A wahr ist, ist B falsch und umgekehrt.

(5) Alle Menschen sind sterblich.

(6) Manche Menschen sind unsterblich.

oder

(7) Erich ist verheiratet.

(8) Erich ist Junggeselle.

Eine Kontradiktion muss also zwei Bedingungen erfüllen:

1. Wenn der erste Satz wahr ist, ist der zweite Satz falsch.

2. Wenn der erste Satz falsch ist, ist der zweite Satz wahr.

Besteht zwischen den beiden folgenden Sätzen die semantische Relation der Kontradiktion? Beachten Sie dabei bitte, dass bei einer Kontradiktion zwei Bedingungen erfüllt sein müssen.

1. Alle Menschen müssen irgendwann einmal sterben.

2. Kein Mensch muss irgendwann einmal sterben.

Der sinnvollste Weg, die Aufgabe zu lösen, besteht darin, sich zuerst für jeden Satz zu überlegen, ob er wahr oder falsch ist. Führt man dies durch, so erhält man für den ersten Satz wahr und für den zweiten Satz falsch. Es ist also so, dass, wenn der erste Satz wahr ist, der zweite Satz falsch ist. Damit ist die erste Bedingung erfüllt. Nun kann, bezogen auf eine bestimmte Situation, ein Satz eigentlich nur einen

Wahrheitswert haben, also nur entweder wahr sein oder falsch sein.[4] Wie kann man kontrollieren, ob die umgekehrte Relation auch gilt? Dazu überlegt man sich: Was wäre, wenn...? Man macht also kontrafaktische Annahmen. In diesem Fall: Was wäre, wenn nicht alle Menschen sterben müssen? Man nimmt an, es gäbe entgegen der Realität tatsächlich einige unsterbliche Menschen. Dann wäre der Satz *Alle Menschen müssen irgendwann einmal sterben* falsch. Wenn man diese Situation annimmt, wie ist es dann mit dem Wahrheitswert für den zweiten Satz? Ist der Satz *Kein Mensch muss irgendwann einmal sterben* nun wahr oder falsch?

Die naheliegende Antwort ist: der Satz ist falsch. Wenn nur einige Menschen nicht sterben müssen, wie oben beschrieben, dann ist der Satz falsch. Wir wissen aber nicht, ob nur einige Menschen nicht sterben müssen oder ob niemand mehr sterben muss, wenn der Satz *Alle Menschen müssen sterben* falsch ist. Es kann ja theoretisch möglich sein, dass niemand mehr sterben muss. Dann wäre der zweite Satz sogar wahr. Entscheidend für die zweite Bedingung der Kontradiktion ist jedoch nicht, dass der zweite Satz wahr sein **kann**, sondern dass er dann wahr sein **muss**. Wenn er nur wahr sein **kann**, handelt es sich nur um einen konträren Gegensatz. Das Beispiel zeigt also zwei konträre Sätze.

> Zwei Sätze A und B sind konträr, g. d. w. A und B nicht gleichzeitig wahr sein können.

Auch konträre Sätze sind inkompatibel, d. h. sie sind nicht miteinander vereinbar. Niemand kann, in der Absicht, etwas Sinnvolles zu sagen, beide Sätze gleichzeitig vertreten. Jemand, der ernsthaft vertreten will, dass alle Menschen irgendwann einmal sterben müssen, aber auch, dass niemand irgendwann einmal sterben muss, wird wohl als Spinner und Wirrkopf angesehen werden, ebenso jemand, der von ein und derselben Person behauptet, dass sie verheiratet und Junggeselle sei. Gleichgültig, ob zwei Sätze Kontradiktionen oder konträr sind, inkompatibel sind sie also auf jeden Fall.[5]

Die wichtigsten semantischen Relationen sind nun behandelt worden. Es gibt noch eine wenig beachtete Relation, die des subkonträren Gegensatzes. Hierfür verwendet man meistens den Begriff kompatibel. Es handelt sich um das Gegenteil des konträren Gegensatzes.

> Zwei Sätze A und B sind subkonträr, g. d. w. A und B nicht gleichzeitig falsch sein können.

---

[4]   Es gibt noch die dritte Möglichkeit, dass der Satz unter bestimmten Bedingungen weder wahr noch falsch ist. Dieses Problem wird erst im Kapitel über mehrwertige Logiken angeschnitten. Die Standardlogik nimmt nur die Wahrheitswerte wahr und falsch an.

[5]   Oft lässt man auch den Begriff konträr weg, der hauptsächlich in der Logik verwendet wird und verwendet für diese Fälle einfach den Begriff inkompatibel, dann aber synonym zu dem Begriff konträr, und nicht als Oberbegriff. Ähnliches ist auch bei dem Begriff kompatibel möglich, der dann für die semantischen Relationen benutzt wird, die kompatibel sind, jedoch weder eine Paraphrase, noch eine Implikation sind.

Fasst man diese verschiedenen semantischen Relationen zusammen, so ergibt sich folgendes Schema:

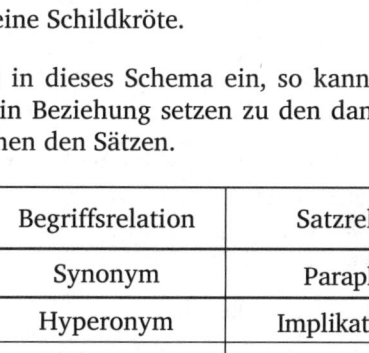

Semantische Satzrelationen

Kompatibilität   Inkompatibilität

Subkontrarität   Implikation   Paraphrase   Kontrarität   Kontradiktion

Ganz zu Anfang dieses Kapitels wurde behauptet, dass die Satzsemantik dem Prinzip der Kompositionalität gehorcht, dass also die Bedeutung eines Satzes sich systematisch aus der Bedeutung der Wörter und der Art ihrer syntaktischen Verbindung ergibt. Wenn man zwei Sätze miteinander vergleicht, die sich nur in je einem Wort unterscheiden, und diese Wörter in einer semantischen Relation zueinander stehen, so sollte man erwarten, dass die Sätze auch in einer semantischen Relation zueinander stehen.

Dazu sollen zunächst Sätze vom selben Typ betrachtet werden. Das Satzschema für diese Betrachtung soll sein:

(9)   Kasiopeia ist eine Schildkröte.

Setzt man nun Begriffe in dieses Schema ein, so kann man die Relationen zwischen diesen Begriffen in Beziehung setzen zu den dann resultierenden semantischen Relationen zwischen den Sätzen.

Begriff	Begriffsrelation	Satzrelation	Satz Nr.
Testudines (lat.)	Synonym	Paraphrase	1
Tier	Hyperonym	Implikation von	2
Hund	Kohyponym	konträr	3
Nicht-Schildkröte	Kontradiktion	kontradiktorisch	4

Der dann entstehende Satz 1 ist eine Paraphrase, Satz 2 eine Implikation des Ausgangssatzes, während Satz 3 konträr und Satz 4 kontradiktorisch zum Ausgangssatz sind.

Dasselbe System entsteht auch bei einem anderen Ausgangssatz, bei dem der zu ersetzende Begriff als Subjekt fungiert.

(10)   Eine Schildkröte kommt näher.

Es gelten also folgende Regeln:

Satz A mit Synonym ist eine Paraphrase zu Satz B mit Synonym.

Satz A mit Hyponym impliziert Satz B mit Hyperonym.

Satz A mit Kohyponym ist konträr zu Satz B mit Kohyponym.

Satz A mit Kontradiktion ist kontradiktorisch zu Satz B mit Kontradiktion.

Bei der Betrachtung der Sätze kommt es oft bei der ersten Reaktion zu einer Fehleinschätzung.

Welche semantische Relation besteht zwischen folgenden Sätzen:

1. Svenja ist Wolfgangs Schwester.

2. Svenja ist Wolfgangs Bruder.

Beide Sätze sind nicht kontradiktorisch zueinander, sondern konträr. Sie sind keine Gegenteile voneinander. Denn wenn Svenja nicht Wolfgangs Schwester ist, so muss sie nicht sein Bruder sein. Sie kann z. B. mit ihm verheiratet sein, seine Tochter sein etc. Also können beide Sätze falsch sein. Bei einem kontradiktorischen Gegensatz muss aber immer einer der Sätze wahr sein.[6]

Bisher wurde ein Problem völlig vernachlässigt. Alle bisherigen Beispiele waren Sätze, die keine explizite Negation wie *kein, nicht, niemand* etc. enthielten. Die Negation ändert jedoch einige Relationen. Am deutlichsten ist dies bei der Implikation.

(11)   Auf dem Tisch liegt eine Rose.

(12)   Auf dem Tisch liegt eine Blume.

Hier gilt: wenn der erste Satz wahr ist, ist auch der zweite Satz wahr. Also impliziert der erste Satz den zweiten Satz.

(13)   Auf dem Tisch liegt keine Rose.

(14)   Auf dem Tisch liegt keine Blume.

Hier ist die Situation genau umgekehrt. Wenn auf dem Tisch keine Blume liegt, so kann auch keine Rose auf dem Tisch liegen. Wenn auf dem Tisch aber keine Rose liegt, so kann doch eine Blume, z. B. eine Nelke auf dem Tisch liegen. Es gilt daher: Wenn der zweite Satz wahr ist, so ist auch der erste Satz wahr, aber nicht unbedingt umgekehrt. Also impliziert hier der zweite Satz den ersten Satz, die Relation der Sätze ist demnach genau entgegengesetzt wie bei dem Beispiel davor (Sätze (11) und (12)). Durch die Negation wird also die Richtung der Implikation verändert. Dies gilt unabhängig davon, wo sich die Negation befindet, sofern sich nur die beiden relevanten Begriffe im Skopus[7] der Negation befinden.

---

6   Zumindest gilt dies in der üblicherweise vorausgesetzten zweiwertigen Logik.

7   Der Skopus eines Operators ist der Geltungsbereich dieses Operators. In den hier betrachteten Fällen handelt es sich um Satznegationen, also befindet sich die gesamte Proposition im

(15)   Niemand küsst Kreuzottern.

(16)   Niemand küsst Schlangen.

Auch hier gilt: Wenn niemand Schlangen küsst, dann küsst auch niemand Kreuzottern, aber nicht unbedingt umgekehrt.

Auch konträre Sätze sind sensitiv für das Vorhandensein von Negationen.

(17)   Svenja ist nicht Wolfgangs Schwester.

(18)   Svenja ist nicht Wolfgangs Bruder.

Beide Sätze können zusammen wahr sein, wenn z. B. Svenja mit Wolfgang verheiratet ist oder sie seine Tochter ist. Sie können aber nicht beide falsch sein. Denn wenn der Satz *Svenja ist nicht Wolfgangs Schwester* falsch ist, dann stimmt es ja, dass Svenja die Schwester von Wolfgang ist. Also muss dann der Satz *Svenja ist nicht Wolfgangs Bruder* wahr sein. Wenn zwei Sätze zusammen wahr sein können, aber nicht zusammen falsch sein können, liegen die Bedingungen für den subkonträren Gegensatz vor.

Nun zu den Relationen, die sich nicht ändern. Zwei Sätze, die synonym sind, sind synonym, egal, ob sie eine Negation enthalten oder nicht.

(19)   Delia mag keine Orangen.

(20)   Delia mag keine Apfelsinen.

Das gleiche gilt für ihr Gegenteil, die kontradiktorischen Sätze. Auch hier gilt, dass zwei Sätze, die Kontradiktionen enthalten, kontradiktorisch zueinander sind, egal, ob sie eine Negation enthalten oder nicht.

(21)   Theodor ist nicht tot.

(22)   Theodor ist nicht lebendig.

Befindet sich der ausgetauschte Begriff im Skopus einer Negation, so gelten folgende Regeln:

Bei einer Paraphrase und bei einer Kontradiktion ändert sich nichts.

Bei einer Implikation ist die Richtung der Implikation vertauscht im Vergleich zu den Sätzen ohne Negation.

Aus einem konträren Gegensatz wird im Skopus einer Negation ein subkonträrer Gegensatz.

Skopus der Negation. In *Burghard weiß, dass Rauchen nicht gesund ist* steht nur *Rauchen ist gesund* im Skopus der Negation, nicht aber *Burghard weiß (etwas)*.

Eine ganz andere Relation zwischen Sätzen ist die Relation der Präsupposition. Diese ist dem Bereich der Pragmatik zuzuordnen, soll hier aber kurz erwähnt werden. Präsuppositionen sind Voraussetzungen, die beim Äußern eines Satzes gemacht werden. Die wichtigsten Präsuppositionen sind die Existenzpräsupposition und die Unikalitätspräsupposition bei definiten Kennzeichnungen im Singular.

(23)   Der gegenwärtige König von Frankreich ist kahlköpfig.

Hier wird präsupponiert, dass es 1) einen König von Frankreich gibt (Existenzpräsupposition) und 2), dass es genau einen König von Frankreich gibt (Unikalitätspräsupposition). Das Kennzeichen einer Präsupposition ist, dass der Sprecher diese Voraussetzungen auch macht, wenn er das kontradiktorische Gegenteil des Satzes äußert. Präsuppositionen gelten also sowohl bei der Äußerung eines Satzes als auch bei der Äußerung der Negation dieses Satzes.

1. Welche semantischen Relationen bestehen zwischen folgenden Sätzen:

   a) Irina heiratet einen Norweger. Irina heiratet einen Mann.

   b) Erich sammelt alte Bücher. Erich sammelt Bücher.

   c) Günther besitzt zwei Fahrräder. Günther besitzt kein Fahrrad.

   d) Manfreds Auto ist schwarz. Manfreds Auto ist weiß.

   e) Alle Menschen können lachen. Nicht alle Menschen können lachen.

2. Vergleichen Sie folgende Sätze:

   a) Auf dem Tisch liegt eine Rose.

   b) Auf dem Tisch liegt eine Nelke.

Kann man beide Sätze zugleich behaupten? Wenn ja, was hat man zusätzlich geändert? Darf man bei der Feststellung semantischer Relationen verschiedene Referenten für die betreffenden zwei Sätze annehmen? Zur Illustration: Beziehen Sie sich in *Theodor ist tot, Theodor ist lebendig* auf zwei verschiedene Personen (Roosevelt und van Nahl), oder bei *Tote können nicht reden, Lebende können nicht reden* auf zwei verschiedene Gruppen.

Lektüre:

Lyons 1995: Teil 3, Löbner 1990: Kap. 4 und 5 für semantische Relationen bei anderen Ausdrücken (z. B. *schon, noch* etc.); Levinson [3]2000 und Petöfi/Franck 1973 (Einstieg in die Präsuppositionenproblematik), TerMeulen/Abraham 2004, Werning/Machery/Schurz 2005.

6 Einführung in die formale Semantik

Die Logik hat das Verdienst, die Geister geschmeidig gemacht zu haben. (André Maurois, Die Kunst zu leben)

Die formale Semantik versucht, die Bedeutung mithilfe einer formalen Metasprache zu erfassen. Dabei wird der Logik ein zentraler Platz eingeräumt. Die Logik als Disziplin war von jeher auch der Versuch, der Sprache mithilfe formaler Systeme auf den Grund zu gehen. Dabei entstand ein Forschungszweig, der zuerst sehr stark von den sprachlichen Gegebenheiten abstrahierte, sich jedoch mit der Zeit immer mehr der natürlichsprachlichen Bedeutung annäherte. Manches, das zunächst nicht einsichtig erscheint, basiert auf der geschichtlichen Entwicklung der Logiksysteme. Die Grundlage dieser Systeme ist die Aussagenlogik, deren Grundstrukturen auch in den anderen Logiksystemen wie Prädikatenlogik, Modallogik, mehrwertige Logik, Situationssemantik, Diskursrepräsentationssystemen erhalten bleiben. Es ist damit unumgänglich, mit der Aussagenlogik anzufangen, auch wenn man sich dabei zunächst scheinbar von dem Thema der Bedeutung von Sätzen entfernt und nur noch bedeutungslose Satzvariablen manipuliert.

Es ist nicht möglich, alle Ansätze ihrer Wichtigkeit entsprechend zu behandeln, die interessanten, weiterführenden Systeme können hier nur in ihren groben Grundzügen dargestellt werden. In diesem Kapitel sollen vielmehr zuerst Grundkenntnisse der Logik vermittelt werden, die Voraussetzung für die Beschäftigung mit formaler Semantik sind. Anschließend soll ein Überblick über wichtige Strömungen in der Semantikforschung gegeben werden. Da die Entwicklung der verschiedenen Systeme weiter anhält, kann hier keine abschließende Beurteilung erfolgen.

6.1 Aussagenlogik

6.1.1 Aussagenlogik leichtgemacht

Die Wahrheit ist der offenbarende Glanz der Wirklichkeit. (Simone Weil, Die Einwurzelung)

Bei der Aussagenlogik kann man tatsächlich wie nach einem Rezeptbuch verfahren. Es gibt nur sehr wenige Bestandteile. Zuerst nehme man einige Satzvariablen. Als Satzvariablen werden konventioneller Weise p und q verwendet. Benötigt man mehrere Variablen, z. B. in komplexen Formeln, geht man im Alphabet weiter: r und s werden noch verwendet, weitere Variablen werden in der Regel nicht benötigt. Diese Sätze werden mithilfe von Junktoren zu Formeln verbunden. Dafür gibt es bestimmte Zeichen, alternativ benutzte Symbole sind in Klammern angegeben:

<u>und:</u> & (∧)
<u>oder:</u> v
<u>wenn-dann:</u> → (⊃)

Dabei muss berücksichtigt werden, dass die logischen Ausdrücke <u>und</u>, <u>oder</u>, <u>wenn-dann</u> nicht genau den umgangssprachlich verwendeten entsprechen. Deshalb sind sie hier auch durch Unterstreichung von natürlichsprachlichen Ausdrücken unterschieden.

1. <u>und</u> umfasst auch *aber*. Die Aussagenlogik vernachlässigt den Unterschied zwischen *und* und *aber*.

2. Das <u>oder</u> ist das sogenannte einschließende *oder*. Es ist auf keinen Fall identisch mit *entweder-oder,* sondern ist eher mit *entweder das eine oder das andere oder beides* zu umschreiben. Es ist dem lateinischen *vel* ähnlich, deshalb ein ‚v' als Zeichen.

3. Das logische <u>wenn-dann</u> stimmt mit dem umgangssprachlichen relativ wenig überein, wie sich später bei den Wahrheitswertetafeln herausstellen wird. Deshalb wird auch oft stattdessen gesagt: *der eine Satz impliziert den zweiten,* oder *aus dem ersten folgt das zweite.*

Außerdem gibt es noch die Satznegation, als <u>nicht</u> verbalisiert.

<u>nicht</u>: ¬ (~, -)

Als abschließende Zutat werden noch die Wahrheitswerte benötigt:

wahr: w (W, T, t)
falsch: f (F)

Mit diesen Zutaten kann man aussagenlogische Formeln aufstellen. Das Ziel der Aussagenlogik ist es, Satzfolgen auf ihren Wahrheitsgehalt zu überprüfen. So kann man mithilfe der Aussagenlogik komplexe Argumentationen daraufhin überprüfen, ob z. B. logische Widersprüche, Tautologien oder Kontradiktionen auftreten. Deshalb untersucht man bei der Aussagenlogik immer, wie sich der Wahrheitswert ändert, wenn man die Einzelbestandteile (z. B. p und q) zu einer komplexen Formel zusammensetzt (z. B. p v q (zu lesen als p oder q)). Dazu werden für die Junktoren Wahrheitswertbedingungen angegeben, die man auch mit Wahrheitswertetafeln darstellen kann.

Die Wahrheitswertbedingungen sind:

Konjunktion: <u>und</u> (&)
p & q ist wahr, wenn beide Sätze wahr sind, ansonsten falsch.

Disjunktion: <u>oder</u> (v)
p v q ist wahr, wenn mindestens ein Satz wahr ist, ansonsten falsch.

Implikation: <u>wenn-dann</u> (→)
p → q ist nur dann falsch, wenn aus etwas Wahrem etwas Falsches folgt, ansonsten wahr.

Negation: nicht (¬)
¬ p ist wahr, wenn p falsch ist, und umgekehrt.

Wenn man komplexe Formeln hat, kann man anhand dieser Regeln kaum feststellen, ob z. B. eine Kontradiktion oder eine Tautologie vorliegt. Wenn man sich folgende Formel ansieht, wird dies recht schnell deutlich.

$$[p \,\&\, (q \lor \neg r)] \rightarrow [(q \lor \neg q) \lor (\neg (p \,\&\, r))]$$

Um auch derartig komplexe Formeln auswerten zu können, benutzt man die Wahrheitswertetafeln. Diese sind ein Hilfsmittel, so wie der Taschenrechner oder das schriftliche Multiplizieren anstatt des Kopfrechnens, jedoch nichts prinzipiell Neues. Damit man leichter die Übersicht behält, hat man sich auf folgende Vorgehensweise geeinigt. In die ersten Spalten trägt man die möglichen Wahrheitswerte für die Satzvariablen ein, und zwar so, dass alle Kombinationen auftreten. Bei zwei Wahrheitswerten ergibt sich die benötigte Anzahl der Zeilen nach der Formel zwei hoch Anzahl der Satzvariablen. Eine Spalte weist alternierende Wahrheitswerte auf, in der nächsten Spalte alternieren Paare von Wahrheitswerten (ww, ff, ww, ff usw.), danach Gruppen von vier Wahrheitswerten, dann von acht usw. Der doppelte Längsstrich zeigt an, dass im Anschluss daran die Berechnungen der Formeln erfolgen. Auf alles, was links davon steht, kann man immer wieder zurückgreifen.

eine Variable:

p	
w	
f	

zwei Variablen:

p	q	
w	w	
w	f	
f	w	
f	f	

drei Variablen:

p	q	r	
w	w	w	
w	w	f	
w	f	w	
w	f	f	
f	w	w	
f	w	f	
f	f	w	
f	f	f	

In die nächste Spalte wird dann für alle Wahrheitswertkombinationen der Wahrheitswert für die entsprechende Teilformel eingetragen. Dieser ergibt sich aus den oben genannten Wahrheitswertbedingungen.

Negation (nicht)

p	¬ p
w	f
f	w

Konjunktion (und)

p	q	p & q
w	w	w
w	f	f
f	w	f
f	f	f

Disjunktion (oder)

p	q	p ∨ q
w	w	w
w	f	w
f	w	w
f	f	f

Implikation (wenn-dann)

p	q	p → q
w	w	w
w	f	f
f	w	w
f	f	w

Das Verfahren soll anhand der Tabelle für die Implikation noch einmal verdeutlicht werden.

p → q ist nur dann falsch, wenn aus etwas Wahrem etwas Falsches folgt, ansonsten wahr. In der ersten Zeile steht für p der Wahrheitswert w (wahr), für q auch. Das heißt, aus etwas Wahrem folgt etwas Wahres. Damit ist die Bedingung für falsch nicht erfüllt, also ist p → q unter diesen Voraussetzungen wahr. Also wird ein w eingetragen. In der zweiten Zeile steht für p der Wahrheitswert w (wahr), für q aber f (falsch). Das heißt, aus etwas Wahrem folgt etwas Falsches. Damit ist die Bedingung für falsch erfüllt, also ist p → q unter diesen Voraussetzungen falsch. Es wird ein f eingetragen. In der dritten Zeile steht für p der Wahrheitswert f (falsch), für q aber w (wahr). Das heißt, aus etwas Falschem folgt etwas Wahres. Damit ist die Bedingung für falsch nicht erfüllt, also ist p → q unter diesen Voraussetzungen wahr. Hier wird wieder ein w eingetragen. In der letzten Zeile steht für p der Wahrheitswert f (falsch), für q auch. Das heißt, aus etwas Falschem folgt etwas Falsches. Damit ist die Bedingung für falsch nicht erfüllt, also ist p → q unter diesen Voraussetzungen wahr. Es wird wieder ein w eingetragen.

Eine alternative Formulierung der Bedingung für die Implikation ist: Eine Implikation p → q hat den Wahrheitswert von q, wenn p wahr ist, ansonsten ist sie wahr.

Weiter oben wurde gesagt, dass sich die logischen Junktoren teilweise von den umgangssprachlichen Entsprechungen unterscheiden. Am Problemfall der Implikation soll dies verdeutlicht werden.

(1)   Wenn es regnet, wird die Straße nass.

An diesem Beispiel kann man nachvollziehen, wieso diese Implikation wahr sein sollte. Es handelt sich um ein Standardbeispiel für die Implikation, das der ersten Zeile in der Wahrheitswertetafel entspricht, während das folgende Beispiel die zweite Zeile illustriert. Dieser Satz wird wohl von jedem als falsch angesehen werden.

(2)   Wenn die Sonne scheint, wird die Straße nass.

Die folgenden zwei Sätze sind Beispiele für die dritte und die vierte Zeile.

(3)   Wenn der Mond aus grünem Käse ist, ist die Erde eine Kugel.

(4)   Wenn der Mond aus grünem Käse ist, ist die Erde eine Scheibe.

Beide Sätze sollen laut Tabelle wahr sein. Problematisch ist, dass diese Wahrheitswerte nicht direkt nachvollziehbar sind. Beispiel 4 wäre wohl nur als ironische Äußerung noch denkbar. Weitere Beispiele für Implikationen, bei denen der Vordersatz falsch ist, sind auch die sogenannten kontrafaktischen Sätze (bekannter unter der englischen Bezeichnung „counterfactuals").

(5)   Wenn ich zaubern könnte, wäre immer Frieden auf der Welt.

(6)   Wenn ich zaubern könnte, könnte ich nichts gegen den Krieg tun.

Auch für die Logiker war die Festlegung der Wahrheitswerte für den Fall, dass schon der Vordersatz falsch ist, ein Problem. Sie haben sich letztlich aus systeminternen Gründen entschieden, die Wahrheitswerte in Zeile drei und vier als wahr festzulegen.

Ein großes Problem bei der Aussagenlogik ist, dass sie vom Inhalt der Sätze ganz abstrahiert. Wenn völlig unsinnige Satzfolgen aneinandergereiht werden und einen konfusen Text ergeben, ordnet die Aussagenlogik diesen nach ihren Regeln dennoch einen Wahrheitswert zu.

(7)   Der Weihnachtsmann ist verheiratet, aber: Semantik ist sehr interessant oder es gibt Einhörner. Wenn das alles stimmt, dann ist Semantik sehr interessant oder auch nicht oder es stimmt nicht, dass der Weihnachtsmann verheiratet ist und es keine Einhörner gibt.

Versuchen Sie, diesem Text eine entsprechende logische Formel zuzuordnen.
Hinweis: Benutzen Sie folgende Variablen für die entsprechenden Propositionen.

p: Der Weihnachtsmann ist verheiratet.

q: Semantik ist sehr interessant.

r: Es gibt keine Einhörner.

Anhand einer komplexen Formel soll nun gezeigt werden, dass man mit den bisherigen Mitteln bestimmen kann, ob eine Tautologie oder eine Kontradiktion vorliegt. Denn in einem Argumentationsgang sind weder Tautologien noch Kontradiktionen sehr sinnvoll. Die Formel wurde schon weiter oben angeführt.

$$[p \,\&\, (q \lor \neg r)] \to [(q \lor \neg q) \lor (\neg (p \,\&\, r))]$$

Die Auswertung einer Formel geschieht immer von innen nach außen.

Die Reihenfolge in dem Beispiel ist: erst die Satznegationen, dann die Ausdrücke in den einfachen runden Klammern, dann der Ausdruck in der fettgedruckten runden Klammer, dann die eckigen Klammern, zuletzt der zentrale Junktor →.

Wer dies nicht für die beste Reihenfolge hält, sollte einmal versuchen, eine andere Reihenfolge anzuwenden, z. B. streng von links nach rechts (erst p dann & – hier wird es schon schwierig, da die Konjunktion erst dann berechnet werden kann, wenn der Wert der nachfolgenden Klammer bekannt ist).

Als erstes werden die Wahrheitswerte der benötigten Negationen der Satzvariablen bestimmt, also die Werte von ¬ q und ¬ r. Die Wahrheitswerte der Negation erhält man dadurch, dass man jeweils alle w durch f ersetzt und alle f durch w. Danach werden die Wahrheitswerte der inneren Klammern bestimmt. Diese sind in diesem Beispiel alle runden Klammern, zuerst die normalen und dann die fettgedruckte. Es stellt sich dabei heraus, dass eine der Formeln in runden Klammern eine Tautologie ist (q v ¬ q), eine Formel, die immer wahr ist. Generell gilt, dass die Disjunktion eines Satzes mit seiner Negation eine Tautologie ergibt, genauso wie die Konjunktion eines Satzes mit seiner Negation (z. B. p & ¬ p) immer eine Kontradiktion ergibt, also einen komplexen Satz, der immer falsch ist.

p	q	r	¬ q	¬ r	(q v ¬ r)	(q v ¬ q)	(p & r)	(¬ (p & r))
w	w	w	f	f	w	w	w	f
w	w	f	f	w	w	w	f	w
w	f	w	w	f	f	w	w	f
w	f	f	w	w	w	w	f	w
f	w	w	f	f	w	w	f	w
f	w	f	f	w	w	w	f	w
f	f	w	w	f	f	w	f	w
f	f	f	w	w	w	w	f	w

Für diejenigen, denen die Tafel zu unübersichtlich erscheint, sind zur Verdeutlichung für die Formeln q v ¬ q und p & r die relevanten Spalten noch einmal nebeneinander aufgeführt.

q	¬ q	(q v ¬ q)
w	f	w
w	f	w
f	w	w
f	w	w
w	f	w
w	f	w
f	w	w
f	w	w

p	r	(p & r)
w	w	w
w	f	f
w	w	w
w	f	f
f	w	f
f	f	f
f	w	f
f	f	f

Hier kann man die Bestimmung der Wahrheitswerte leichter überprüfen. Die linke Tabelle ist ein Beispiel für eine tautologische Disjunktion, die rechte ein Beispiel für eine Konjunktion.

Mit den bis dahin erhaltenen Wahrheitswerten werden die äußeren Klammern berechnet. In diesem Beispiel sind es die eckigen Klammern. Zur besseren Übersichtlichkeit sind hier auch nur die relevanten Spalten aus den obigen Wahrheitswertetafeln aufgeführt. Zur Erinnerung hier noch einmal die gesamte Formel.

$$[p \ \& \ (q \ v \ \neg \ r)] \rightarrow [(q \ v \ \neg \ q) \ v \ (\neg \ (p \ \& \ r))]$$

p	(q v ¬ r)	[p & (q v ¬ r)]	(q v ¬ q)	(¬ (p & r))	[(q v ¬ q) v (¬ (p & r))]
w	w	w	w	f	w
w	w	w	w	w	w
w	f	f	w	f	w
w	w	w	w	w	w
f	w	f	w	w	w
f	w	f	w	w	w
f	f	f	w	w	w
f	w	f	w	w	w

Zum Schluss wird der zentrale Junktor berechnet.

[p & (q v ¬ r)]	[(p v ¬ p) & (q v ¬ q)]	[p & (q v ¬ r)] → [(q v ¬ q) v (¬ (p & r))]
w	w	w
w	w	w
f	w	w
w	w	w
f	w	w
f	w	w
f	w	w
f	w	w

Als Ergebnis erhält man dann, dass es sich bei dieser Folge um eine Tautologie handelt, denn sie ist immer wahr, ganz unabhängig davon, welche Wahrheitswerte den einzelnen Propositionen zukommen. Alle Texte, die durch die obige Formel formalisiert werden können, sind Tautologien, unabhängig von der Bedeutung der einzelnen Sätze.

Eine Vorgehensweise, die jeden einzelnen Teilschritt durch eine extra Tabelle darstellt, erzeugt überflüssige Schreibarbeit und verbraucht viel Platz. Deshalb ist eine andere Methode gebräuchlicher, bei der nicht alle Ergebnisse von Teilformeln immer wieder abgeschrieben werden müssen. Abgesehen vom Zeitverlust ist dies ja auch eine Fehlerquelle, denn leicht unterläuft einem dabei ein Flüchtigkeitsfehler. Stattdessen werden einfach unter jedem Zeichen die entsprechenden Wahrheitswerte eingetragen. Mit ein wenig Übung ist diese Methode zuverlässiger und auch übersichtlicher, da man nicht mehr verschiedene Tabellen hat, sondern nur eine. Die Reihenfolge der Berechnungen erfolgt auch bei dieser Methode genauso wie vorher im Einzelnen beschrieben: immer von innen nach außen, also erst die eingebetteten Ausdrücke, dann wird mit den Ergebnissen weitergearbeitet.

p	q	r	[(p	&	(q	v	¬	r)]	→	[(q	v	¬	q)	v	(¬	(p	&	r))]
w	w	w	w	w	w	w	f	w	w	w	w	f	w	w	f	w	w	w
w	w	f	w	w	w	w	w	f	w	w	w	f	w	w	w	w	f	f
w	f	w	w	f	f	f	f	w	w	f	w	w	f	w	f	w	w	w
w	f	f	w	w	f	w	w	f	w	f	w	w	f	w	w	w	f	f
f	w	w	f	f	w	w	f	w	w	w	w	f	w	w	w	f	f	w
f	w	f	f	f	w	w	f	w	w	w	w	f	w	w	w	f	f	f
f	f	w	f	f	f	f	f	w	w	f	w	w	f	w	w	f	f	w
f	f	f	f	f	f	w	w	f	w	f	w	w	f	w	w	f	f	f
1.	1.	1.	1.	4.	1.	3.	2.	1.	5.	1.	3.	2.	1.	4.	3.	1.	2.	1.

Zur Erleichterung ist die Reihenfolge der Berechnungen unter den Spalten noch einmal angegeben. Zusätzlich wurden die beiden letzten Schritte optisch hervorgehoben. Das Endergebnis ist die stark umrandete Spalte. Dies ist ein übliches Verfahren, um das Ergebnis derartiger Tabellen auf den ersten Blick kenntlich zu machen. Um sie zu berechnen, werden die dunkel schraffierten Spalten mit der Ziffer 4 benötigt. Um diese zu berechnen, verwendet man die Werte der schwächer schraffierten Spalten jeweils rechts und links von den dunkel schraffierten Spalten.

Diese komplexe Formel diente dazu, zu zeigen, was mit den bisherigen Mitteln der Aussagenlogik erreichbar ist. Außerdem sollte dabei auch die Angst vor komplexen Formeln gemildert werden. Logische Formeln allein sind vielen schon ein Gräuel, weil sie so abstrakt erscheinen. Sie sehen mathematischen Formeln recht ähnlich, und nicht jeder liebt Mathematik. Doch auch hier gilt, dass zumindest bis zu einem gewissen Niveau nur mit Wasser gekocht wird, und diese Wissenschaft gar nicht so geheimnisvoll ist, wie sie auf den ersten Blick erscheint. Natürlich kann man mit den hier vermittelten Kenntnissen nicht behaupten, man sei Experte in der Aussagenlogik, aber es reicht zum Lesen entsprechender Formeln. Ein tiefergehendes Verständnis der zugrundeliegenden Axiome und Theoreme ist für die hier verfolgten Zwecke nicht nötig. Wer jedoch an weitergehender Information interessiert ist, sollte auf entsprechende Logikbücher zurückgreifen (vgl. z. B. Seiffert 1973, Leblanc 1976, Tarski [5]1977, Epstein [2]2001a, Friedrichsdorf 1992, Urchs 1993, Heil 1994).

1. Versuchen Sie, ohne noch einmal nachzusehen, die Formel [p & (q v ¬ r)] → [(q v ¬ q) v (¬ (p & r))] selbst zu berechnen.

2. Wie lauten die Formeln für folgende Texte?

    a) Wenn ich glücklich bin, bin ich nicht unglücklich.

    b) Wenn ich Lotto spiele, kann ich eine Million gewinnen. Daraus folgt, wenn ich gar nicht Lotto spiele, kann ich keine Million gewinnen.

    c) Wenn ein Student dieses Buch liest, will er etwas über Semantik lernen. Daraus folgt, wenn er nichts über Semantik lernen will, liest er dieses Buch nicht.

    Handelt es sich dabei um immer gültige Schlüsse (um Tautologien)? Wenn nein, für welche Wahrheitswertkombinationen ergeben die Schlüsse den Wahrheitswert f?

6.1.2 Zusammenfassung und Einführung für Eilige, Formelfrustrierte und Mathematikgeschädigte

In der formalen Semantik wird Kenntnis der Aussagenlogik eigentlich implizit oder explizit vorausgesetzt. Praktisch reicht es zumindest für den ersten Einstieg, wenn man aussagenlogische Formeln lesen kann und weiß, wann diese wahr sind. Da die Aussagenlogik an der natürlichen Sprache orientiert ist, bieten sprachliche Intuitionen oft eine ausreichende Leitlinie. Eine Berechnung von Wahrheitswerten wird in vielen Fällen, außer in der Aussagenlogik selbst, nicht mehr vorgenommen, da in der Regel die Zielsetzung eine andere ist. Deshalb hier eine Zusammenfassung für alle Eiligen oder an einer fundierten Kenntnis nicht Interessierten.

Zentral für die Aussagenlogik ist, dass vom Inhalt der Sätze abstrahiert wird. Vielmehr wird jeder Proposition eine Satzvariable zugeordnet. Mit diesen Variablen wird dann gearbeitet, völlig unabhängig davon, ob der zu untersuchende Text sinnvoll ist oder nicht. Untersucht wird lediglich: wie ändert sich der Wahrheitswert des gesamten Textes, der durch eine komplexe Formel dargestellt wird, wenn sich der Wahrheitswert einer der darin enthaltenen Propositionen ändert. Ziel ist es unter anderem auch, herauszufinden, ob bei langen Argumentationsketten Tautologien oder Kontradiktionen vorkommen. Auf dieser Logik haben andere Logiken wie z. B. die Prädikatenlogik aufgebaut.

Die Aussagenlogik stellt mit der Angabe der Wahrheitswertbedingungen die Bedeutung der Junktoren und, oder, wenn-dann etc. und nicht dar.

Es folgen wichtige Symbole der Aussagenlogik, die wie Vokabeln auswendig gelernt werden müssen:

Satzvariablen: p, q (r, s ...)

Junktoren: &   (manchmal auch ∧) (gesprochen: und)
              v   (gesprochen: oder)
              →   (manchmal auch ⊃) (gesprochen: wenn-dann, oder: impliziert, oder: aus ... folgt)
              ¬   (gesprochen: nicht, oder: es ist nicht der Fall, dass)

Wahrheitswerte: w (auch W, t, T (von englisch *true*)) (gesprochen: wahr)
              f   (auch F) (gesprochen: falsch)

Die Fachtermini für die Formeln sind:

Negation   ¬ p

Konjunktion   p & q

Disjunktion   p v q

Implikation   p → q

Weitere Junktoren, die aber seltener auftreten, sind z. B. das Bikonditional und die Äquivalenz. Ein Bikonditional ist eine Implikation in beide Richtungen (wenn p, dann q, und wenn q, dann p). Die Äquivalenz gibt an, dass beide Sätze füreinander eingesetzt werden können, da sie logisch gesehen gleich sind.

Wichtig sind die Leitsätze zu den Wahrheitswertbedingungen:

Eine **Konjunktion** ist nur dann **wahr, wenn beide** Konjunktionsglieder **wahr** sind.

Eine **Disjunktion** ist **wahr**, wenn **mindestens ein** Disjunktionsglied **wahr** ist.

Eine **Negation** ist **wahr**, wenn die **Proposition falsch** ist.

Eine **Implikation** ist **falsch**, wenn aus einem **wahren Antezendens** eine **falsche Konsequenz** folgt, ansonsten ist sie wahr. (Oder: Wenn der Vordersatz wahr ist, hat eine Implikation den Wahrheitswert des Nachsatzes, ansonsten ist sie wahr.)

Zur Verdeutlichung ein Beispiel:

(8)   Es ist eisig kalt hier, aber ich schwitze.

Aber wird in der Aussagenlogik interpretiert wie *und*. Die Formel lautet also: p & q. Die Konjunktion ist wahr, wenn beide Teilsätze wahr sind. Schwitzt der Sprecher tatsächlich, weil er z. B. Fieber hat oder zu warm angezogen ist, und ist es tatsächlich eisig kalt, so ist die Konjunktion wahr. Unter allen anderen Umständen nicht.

(9)   Die Erde ist rund oder dreht sich um die Sonne.

Hier handelt es sich um eine Disjunktion. Die Formel lautet p v q (lies: p oder q). Hier sind tatsächlich beide Teilsätze wahr, im Gegensatz zu dem folgenden Beispiel, wo nur einer der beiden Teilsätze wahr ist. Die Disjunktion ist dennoch wahr.

(10)   Die Erde ist rund oder eine Scheibe.

Beispiele für eine Negation sind wohl nicht nötig. Das Standardbeispiel für die Implikation ist:

(11)   Wenn es regnet, wird die Straße nass.

Da bei der Aussagenlogik vom Inhalt der Sätze abstrahiert wird, bleiben inhaltlich bedingte Beziehungen in den Formeln nicht erhalten. In natürlicher Sprache nimmt man an, dass es eine Beziehung zwischen dem ersten und dem zweiten Satz gibt, wenn diese durch *wenn-dann* verbunden sind.

(12)   Wenn ich schlafe, schnarche ich.

(13)   Wenn man gestorben ist, ist man tot.

Aussagenlogisch besteht aber kein Unterschied zwischen diesen und den folgenden Sätzen.

(14)   Wenn ich schlafe, kocht der Präsident von Frankreich Sauerkraut.

(15)   Wenn man gestorben ist, ist man lebendig.

Für alle diese Sätze gilt die Formel: p → q. Vom Inhalt wird völlig abstrahiert, ob die Sätze überhaupt was miteinander zu tun haben oder nicht, wird nicht berücksichtigt. Das heißt: das logische wenn-dann ist mit dem normal verwendeten *wenn-dann* oder *weil* nicht identisch.

Ein Beispiel für eine Implikation, die aus aussagenlogischen Gründen immer wahr sein muss, ist die bekannte Bauernregel:

(16)   Wenn der Hahn kräht auf dem Mist, ändert sich das Wetter oder es
         bleibt wie es ist.

Die Formel dazu lautet: p → (q v ¬ q). Bei (q v ¬ q) handelt es sich um eine Tautologie, einen Satz, der immer wahr ist. Dadurch kann die Implikation niemals falsch werden. Mithilfe der Wahrheitswertetafeln kann man nachweisen, dass es sich bei dieser Bauernregel um eine Tautologie handelt, genauso, wie man beweisen kann, dass von den folgenden beiden Schlüssen der erste nicht immer gültig ist, wohl aber der ähnlich aussehende zweite.

(17)   Wenn ich Lotto spiele, kann ich eine Million gewinnen. Daraus folgt, wenn ich gar nicht Lotto spiele, kann ich keine Million gewinnen.

(18)   Wenn ich Lotto spiele, kann ich eine Million gewinnen. Daraus folgt, wenn ich keine Million gewinnen kann, spiele ich kein Lotto.

Lektüre:

Allwood/Anderson/Dahl 1973: Kap. 3, Wall 1973: Kap. 2, Cresswell 1979: Kap. 2, Heil 1994, Lohnstein [2]2011, Zimmermann 2014.

6.2   Einführung in die Prädikatenlogik

Als nächste Stufe der Logiken ist die Prädikatenlogik anzusehen. Im Gegensatz zur Aussagenlogik wird der Satzinhalt mit erfasst. Aber auch die Prädikatenlogik ist eine Logik der deklarativen Sätze, der Aussagen. Fragen, Wünsche, Befehle etc. sind nicht berücksichtigt. Sie basiert auf der Aussagenlogik, das bedeutet, dass alle Junktoren, die schon aus der Aussagenlogik bekannt sind, auch für die Prädikatenlogik gelten. Es kommen jedoch weitere Operatoren hinzu. Die Satzvariablen dagegen fallen weg, da die Sätze weiter zerlegt und formalisiert werden.

6.2.1   Einfache Sätze mit Eigennamen oder: 2+2=4

Die einfachsten Sätze, die die Prädikatenlogik kennt, sind Sätze, die außer dem Prädikat nur Eigennamen enthalten. Denn Prädikate und Eigennamen sind in der Prädikatenlogik Konstanten. Derartige Formeln sind vergleichbar mit mathematischen Formeln wie $2+2=4$. Es kommen keine Variablen darin vor (vgl. dagegen 6.2.2). Für die Konstanten der Prädikatenlogik gibt es bestimmte Konventionen, um sie voneinander unterscheiden zu können.

Individuenkonstanten: Kleinbuchstaben (meist Anfangsbuchstabe des Namens)

Prädikatkonstanten: Großbuchstaben (Anfangsbuchstabe des Prädikates)

Prädikate werden als Funktionen aufgefasst. Sie haben so viele Argumente, wie es ihrer Stelligkeit entspricht. Das heißt: intransitive Verben haben nur ein Argument, transitive dagegen zwei etc. Man schreibt immer zuerst das Prädikat, und dann folgen in einer Klammer die Argumente. Die Reihenfolge der Argumente folgt der Reihenfolge in einem unmarkierten Aussagesatz (vgl. die beiden letzten Beispiele).

Burghard raucht: R (b), *Manfred lügt*: L (m), *Günther lacht über Erich*: L (g, e) oder Lü (g, e), *über Erich lacht Günther*. Lü (g, e)

Wie wird *Burghard*Subj *liebt Waltraud*Obj formalisiert?

1. L (w, b)   4. L (b, w)
2. I (b, w)   5. L (B, W)
3. I (w, b)   6. I (B, W)

Von den vielen verschiedenen Varianten ist nur eine richtig, alle anderen weisen verschiedene Fehler auf. Entweder sind die Individuenkonstanten falsch geschrieben (groß statt wie richtig klein (5, 6)) oder die Prädikatkonstanten (klein statt wie richtig groß (2, 3, 6)). Oder aber die Reihenfolge der Argumente ist vertauscht: Das Subjekt steht immer vor dem Objekt (also falsch bei 1 und 3). Also ist nur die Variante vier richtig.

In vielen Texten werden die Konstanten ausgeschrieben. Dies erleichtert die Lesbarkeit der Formeln. Das obige Beispiel wird dann zu: Lieben (Burghard, Waltraud).

6.2.2   Der Allquantor und der Existenzquantor oder: 2+x=4

Außer den Konstanten gibt es auch in der Prädikatenlogik Variablen. Mit den bisherigen Mitteln kann man nur über Personen und Gegenstände sprechen, die durch einen Eigennamen gekennzeichnet sind. In der natürlichen Sprache werden dagegen auch andere Kennzeichnungen wie *ein Mann*, *das Buch*, *der stellvertretende Vorsitzende* verwendet. Deshalb werden Individuenvariablen eingeführt. Diese sind x, y und z (genau wie in der Mathematik).

Die Variablen sind Stellvertreter für Individuen oder Gegenstände. Die eigentliche Kennzeichnung wie *Mann* oder *Buch* wird wie ein Prädikat interpretiert. B (x) ist aber nicht allein zu verwenden, da alle Variablen durch einen Quantor gebunden werden müssen. Sonst ist die Formel nicht wohlgeformt, also nicht korrekt. Das kann man analog zur Mathematik sehen, bei der auch gewisse Regeln einzuhalten sind. + x = 4 ist ja auch keine korrekte mathematische Formel.

Individuenvariablen: x, y, z

Alle (Individuen-)Variablen der Prädikatenlogik müssen durch einen Quantor gebunden sein.

Es gibt zwei wichtige Quantoren:

1.   den Existenzquantor ∃ (es gibt ein ..., für das gilt),

2.   den Allquantor ∀ (für alle ... gilt)

∃ x bedeutet also: „Es gibt ein x, für das gilt ...", ∃ y bedeutet: „Es gibt ein y, für das gilt ...". ∀ x bedeutet „Für alle x gilt: ...", ∀ y bedeutet „Für alle y gilt, ..."

Welche Formel ist richtig für den Satz *Günther spendiert ein Bier*?

1. ∃x [B (x) & S (g, x)],

2. [B (x) & S (g, x)],

3. ∃ x ∃ y [G (x) & B (y) & S (x, y)]

Formel 2 ist falsch, weil sie eine ungebundene Variable enthält, Formel drei stimmt nicht, weil der Eigenname nicht durch eine Individuenkonstante (hier g) ausgedrückt wurde, sondern als Kennzeichnung (das entspräche *ein Günther)*. Die erste Formel ist die korrekte Formel.

∃ x [B (x) & L (p, x)] wird gelesen als: „Es gibt ein x, für das gilt: x ist ein Buch und Peter liest x". Das ist die prädikatenlogische Formalisierung für *Peter liest ein Buch.* ∃ x ∃ y [(M (x) & B (y) & L (x, y)] bedeutet „es gibt ein x, für das gilt: es gibt ein y für das gilt: x ist ein Mann und y ist ein Buch und x liest y" bzw.: Es gibt ein x und ein y, für die gilt: x ist ...". Das ist die Formalisierung für *Ein Mann liest ein Buch.*

Bei einer Formalisierung eines Satzes mit Kennzeichnungen werden aus einem Satz mehrere Sätze. Sie werden durch die Konjunktion & verbunden, wenn die Formel nur durch Existenzquantoren gebunden wird. *Ein Mann liest ein Buch* wird dann zu „es gibt einen Mann und es gibt ein Buch und es besteht die Relation des Lesens zwischen diesen beiden Individuen". *Ein Leser ist verzweifelt* wird dann zu ∃ x [L (x) & V (x)] (es gibt einen Leser und der ist verzweifelt).

Bei einer Allquantifikation kann man keine Verbindung durch die Konjunktion & (und) vornehmen.

(19)   Alle Leser sind begeistert.

Wenn man diesen Satz auf die obige Weise paraphrasiert, erhält man: „für alle x gilt: x ist ein Leser und x ist begeistert". Das bedeutet aber, dass alles, was es überhaupt gibt, ein Leser ist, auch Steine oder Pferde, und dass diese alle begeistert sind. Das ist nicht die Bedeutung, die man mit dem Satz *Alle Leser sind begeistert* verbindet. Die richtige Interpretation lässt sich eher ausdrücken als: „Für alle x gilt, **wenn** x ein Leser ist, **dann** ist er begeistert". Die Verbindung der einzelnen Teilsätze geschieht also durch eine Implikation.

(20)   Alle Leser sind begeistert.   ∀ x [L (x) → B (x)]

Bei einer Allquantifikation werden die Teilsätze durch eine Implikation (→) verbunden, bei einer Existenzquantifikation durch eine Konjunktion (&).

Peter kauft ein Auto. ∃ x [A (x) & K (p, x)]
Mindestens eine Linguistin kennt Irina. ∃ x [L (x) & K (x, i)]
Volker liest alle Bücher. ∀ x [B (x) → L (v, x)]
Alle Linguisten kennen Chomsky. ∀ x [L (x) → K (x, c)]

Wie lautet die Formel für *Chomsky kennt alle Linguisten*? Worin unterscheidet sie sich von der Formel *für Alle Linguisten kennen Chomsky*? Wie lautet die Formel für *Chomsky kennt mindestens einen Linguisten*?

6.2.3 Komplexe Kennzeichnungen und komplexe Prädikate

Bisher wurden nur einfache Kennzeichnungen betrachtet, die keine weiteren Modifikatoren enthielten. Komplexe Kennzeichnungen wie *ein neues Buch, alle spannenden Krimis, ein Anzug, der Manfred passt,* werden in die einzelnen Bestandteile aufgeteilt und durch den Operator & zusammengefügt.

Komplexe Kennzeichnungen sind eine Folge von durch & verbundener Einzelausdrücke.

*Peter liest ein **neues Buch**.*
∃ x [**B (x)** & **N (x)** & L (p, x)]

*Alle **spannenden Krimis** sind ausverkauft.*
∀ x [**K (x)** & **S (x)** → A(x)]

*Günther sucht einen **Anzug, der Manfred passt**.*
∃ x [**A (x)** & **P (x, m)** & S (g, x)]

*Irina kennt alle **mutigen Nachbarn, die Arbed beschützen**.*
∀ x [**N (x)** & **M (x)** & **B (x, a)** → K(i, x)]

Wie würde der Satz lauten, wenn statt ∀ x [K (x) & S (x) → A (x)] die Formel ∀ x [K (x) → S (x) & A (x)] benutzt würde?

Komplexe Kennzeichnungen werden als eine Einheit gesehen und müssen immer auf derselben Seite einer Implikation stehen. Die Formel aus der Kontrollfrage müsste rückübersetzt werden als *Alle Krimis sind spannend und ausverkauft*. Das bedeutet aber nicht dasselbe wie der ursprüngliche Satz. Da wird behauptet, dass nur die spannenden Krimis ausverkauft sind, die langweiligen Krimis sind noch zu haben. Der Satz *Alle Krimis sind spannend und ausverkauft* bedeutet aber, dass alle Krimis spannend sind und gleichzeitig alle ausverkauft sind, dass es also überhaupt keine Krimis zu kaufen gibt.

Auch Prädikate können komplex sein. Bei komplexen Prädikaten verlässt man die Ebene der Prädikatenlogik erster Stufe und begibt sich auf die Ebene der Prädikatenlogik zweiter Stufe. Auf die Differenzierungen soll hier nicht weiter eingegangen werden. Der Unterschied liegt darin, dass nun auch Prädikate auf Prädikate und Sätze angewendet werden und nicht nur auf Individuen. Beispiele für komplexe Prädikate sind Prädikate, die durch ein Adverb modifiziert werden. *Minna bellt* hat die Formel B (m). *Minna bellt laut* dagegen hat die Formel: L (B (m)). Das heißt: das Adverb *laut* wird hier als Prädikat aufgefasst (mit dem Buchstaben L), und es wird auf das Prädikat bellen angewandt (Buchstabe B).

Ein Hund bellt laut. ∃ x [H (x) & L (B (x))]

Alle Schnecken kriechen langsam. ∀ x [S (x) →L (K (x))]

Alle jungen Hasen rennen schnell. ∀ x [H (x) & J (x) → S (R (x))]

Komplexe Prädikate wie z. B. Prädikate mit Adverbien werden als Prädikate über Prädikaten formalisiert.

Formalisieren Sie folgende Sätze:

a) Alle Menschen sind Ausländer.

b) Burghard kauft ein neues Auto.

c) Alle neuen Autos sind teuer.

d) Burghard ist pleite.

e) Burghard verkauft ein altes Auto.

f) Alle ausgewachsenen Roadrunners laufen schnell.

6.2.4 Negation und die Formalisierung einiger semantischer Relationen, oder: 2+2=5-1

> Wahres ist so zahlreich wie Falsches; denn zu jedem Falschen gibt es eine Negation, die wahr ist. (Willard Quine: Grundzüge der Logik)

Bisher wurden nur Sätze betrachtet, die die Quantoren *alle/jeder* oder *ein* enthielten. Ein Satz wie *Kein vernünftiger Mensch ist ein Rassist* ist damit nicht formalisierbar. Für *kein* gibt es keinen gesonderten Quantor, da er durch die beiden bisherigen Quantoren *alle* und *ein* definiert werden kann.

In Kapitel 5 wurden verschiedene semantische Relationen vorgestellt. Eine dieser Relationen ist die Paraphrase. Paraphrasen haben die gleiche Bedeutung. Wenn man den Satz *Kein vernünftiger Mensch ist ein Rassist* paraphrasiert, so erhält man Sätze wie:

1)　　Es gibt nicht einen vernünftigen Menschen, der Rassist ist.

2)　　Für alle vernünftigen Menschen gilt: sie sind nicht Rassisten.

Diese kann man noch umständlicher paraphrasieren:

1')　　Es ist **nicht** der Fall, dass es **etwas** gibt, was ein Mensch und zugleich vernünftig ist und Rassist ist.

2')　　Für **alles** gilt: wenn es ein Mensch und vernünftig ist, dann ist es **nicht** Rassist.

Formalisiert man die Sätze 1 und 2 bzw. 1' und 2', so erhält man folgende Formeln:

1) ¬ ∃ x [M (x) & V (x) & R (x)]

2) ∀ x [M (x) & V (x) → ¬ R (x)]

Diese beiden Formeln sind mögliche Formalisierungen für den Satz *Kein vernünftiger Mensch ist ein Rassist,* da es Formalisierungen von Paraphrasen sind.

¬ ∃ x ist wie ∀ x ¬ eine Formalisierung für *kein.* ¬ ∃ x ist die gebräuchlichere Formalisierung.

Keiner ist ein komplexer Ausdruck, der wie *kein Mensch* analysiert werden sollte.

Keiner beleidigt Boni.   ¬ ∃ x [M (x) & B (x, b)] (Es gibt kein x, für das gilt, x ist ein Mensch und x beleidigt Boni).

Nobody is perfect.   ¬ ∃ x [M (x) & P (x)]

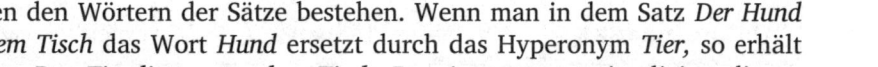

Geben Sie für die beiden obigen Sätze noch je eine weitere Formalisierung an. Was muss man dann außer dem Quantor und der Stellung der Negation noch ändern?

Bisher wurden die Quantoren *ein* (∃ x), *alle* (∀ x) und *kein* (¬ ∃ x) eingeführt. Welche Bedeutung hat nun der Quantor ¬ ∀ x? Er bedeutet so viel wie *einige x nicht* oder *nicht alle x.* Im Deutschen gibt es dafür keinen eigenen sprachlichen Ausdruck. Aber aus der sprachlichen Formulierung erkennt man schon, dass ¬ ∀ x dasselbe ist wie ∃ x ¬.

¬ ∀ x bedeutet dasselbe wie ∃ x ¬. Die sprachliche Realisierung lautet *einige ... nicht* bzw. *nicht alle.*

Jetzt kann man die in Kap. 5.2 angesprochenen semantischen Relationen für einen weiteren Teilbereich systematisieren. In 5.2 ist deutlich geworden, dass manche semantischen Relationen dadurch erklärt werden können, dass Relationen zwischen den Wörtern der Sätze bestehen. Wenn man in dem Satz *Der Hund liegt unter dem Tisch* das Wort *Hund* ersetzt durch das Hyperonym *Tier,* so erhält man den Satz *Das Tier liegt unter dem Tisch.* Der Ausgangssatz impliziert diesen Satz. Semantische Relationen können auch durch Quantoren bedingt sein. Einen Überblick verschafft das sogenannte logische Quadrat, hier schon mit den entsprechenden Quantoren versehen.

∀ x kontär ¬ ∃ x

impliziert | impliziert

 kontradiktorisch

∃ x subkontär ¬ ∀ x

Da es für jeden Quantor zwei verschiedene Möglichkeiten gibt, ihn zu formalisieren, bestehen Äquivalenzbeziehungen zwischen Sätzen mit verschiedenen Quantoren. Der Junktor für die Äquivalenz ist ≡.

ein	∃ x F (x)	≡	¬ ∀x ¬ F (x)
kein	¬ ∃x F (x)	≡	∀ x ¬ F (x)
alle	∀ x F (x)	≡	¬ ∃x ¬ F (x)
nicht alle	¬ ∀ x F (x)	≡	∃ x ¬ F (x)

Jemand lacht bedeutet also dasselbe wie *nicht alle lachen nicht,* und *alle weinen* bedeutet dasselbe wie *niemand weint nicht.* Da immer nur das Prädikat verneint wird, nicht die gesamte Formel, wird auch bei mehrteiligen Formeln nur das jeweilige Prädikat verneint (in der folgenden Tabelle Q (x)).

Quantorausdruck	bejahtes Prädikat	verneintes Prädikat
ein	∃ x [P (x) & Q (x)]	¬ ∀ x [P (x) → ¬ Q (x)]
kein	¬ ∃ x [P (x) & Q (x)]	∀ x [P (x)→ ¬ Q (x)]
alle	∀ x [P (x) → Q (x)]	¬ ∃ x [P (x) & ¬ Q (x)]
nicht alle	¬ ∀ x [P (x) → Q (x)]	∃x [P (x) & ¬ Q (x)]

Verbindet man die Informationen aus diesen Äquivalenzen mit den Informationen über die semantischen Beziehungen zwischen Quantoren, wie sie im logischen Quadrat dargestellt sind, so ergeben sich folgende Regeln:

Alle Ausdrücke aus Zeile 3 implizieren alle Ausdrücke aus Zeile 1 und alle Ausdrücke aus Zeile 2 implizieren alle Ausdrücke aus Zeile 4. Die Ausdrücke aus Zeile 1 und 2 sind kontradiktorisch zueinander, genauso wie die Ausdrücke aus Zeile 3 und 4.

1. Welche der folgenden Sätze sind Kontradiktionen voneinander?

2. Welche Sätze implizieren einen anderen?

   a)   Kein Troll ist nett.

   b)   Ein Troll ist nicht nett.

   c)   Alle Trolle sind nicht nett.

   d)   Nicht alle Trolle sind nicht nett.

   e)   Kein Troll ist nicht nett.

   f)   Nicht alle Trolle sind nett.

6.2.5 Verschiedene Lesarten und Quantorenskopus oder: -2-2 ≠ -(2-2)

Aus einem ganz bestimmten Grund wurde bisher vermieden, dass ein Satz zwei Kennzeichnungen enthält, die mithilfe von Quantoren formalisiert werden müssen, denn prinzipiell treten dann immer zwei verschiedene Lesarten auf, die unterschiedlich formalisiert werden müssen, sogenannte Skopuslesarten:

   (21)   Alle Studenten lesen ein Buch.

Je nach Betonung und Intention des Sprechers kann dies bedeuten, dass alle Studenten gerade ein Buch lesen (aber möglicherweise jeder ein anderes), oder aber, dass es ein bestimmtes Buch gibt, das alle Studenten lesen. Diese Paraphrasierungen zeigen schon die Art der Formalisierung an. Die unmarkierte Lesart, in der alle Studenten irgendein Buch lesen, wird so formalisiert:

   $\forall$ x [S (x) → $\exists$ y (B (y) & L (x, y))]

Also: Für alle x gilt, wenn x ein Student ist, dann gibt es ein y, für das gilt: y ist ein Buch und x liest y.

Da es etwas unübersichtlich ist, einen Quantor mitten in der Formel zu haben, kann man ihn auch nach vorne ziehen. Dadurch wird eine Klammer überflüssig.

   $\forall$ x $\exists$ y [(S (x) → B (y) & L (x, y)]

Für alle x gilt: Es gibt ein y, sodass gilt: wenn x ein Student ist, dann ist y ein Buch und x liest y.

Beide Formeln bedeuten: ‚alle Studenten lesen (irgend)ein Buch'. Es muss sich dabei nicht um dasselbe Buch handeln. Studentin Andrea liest vielleicht einen französischen Roman, während Student Erich ein Buch über Werkzeugherstellung in der Steinzeit liest.

Die zweite Lesart dagegen behauptet, dass alle Studenten das gleiche Buch lesen. Diese Lesart wird deutlicher, wenn man eine andere Wortstellung wählt. Die Großschreibung des Wortes *ein* zeigt hier an, dass dieses Wort besonders betont wird (eine in der Linguistik übliche Konvention).

(22)   EIN Buch lesen alle Studenten.

Die Formel ist fast die gleiche wie in der ersten Lesart, nur der Skopus der Quantoren ist unterschiedlich. Jetzt steht der Allquantor im Skopus der Existenzquantifikation. Der Skopus eines Quantors reicht immer bis ans Ende der links von ihm stehenden Klammer.

$$\exists\, y\, \forall\, x\, [S\,(x) \rightarrow B\,(y)\, \&\, L\,(x, y)]$$

Man kann sich das so vorstellen, dass die Variable mit dem weitesten Skopus zuerst festgelegt wird, und dann erst die Variable mit dem engeren Skopus. Bei der obigen Formel wird zuerst ein Buch herausgegriffen, dazu werden dann die passenden Studenten, die es lesen, herausgesucht und anschließend überprüft, ob dies die Gesamtmenge der Studenten ist. Bei der anderen Lesart wird zuerst die Gesamtmenge der Studenten betrachtet, danach aus der Menge der Bücher die Bücher, die von mindestens einem Studenten gelesen werden, herausgegriffen. Zum Schluss wird überprüft, ob es zu jedem Studenten ein Exemplar der Menge dieser Bücher gibt.

Zu welcher Zeichnung gehört welche Lesart:

a) Allquantor weiter Skopus   b) Existenzquantor weiter Skopus

Der Skopus ist der Bereich, in dem die Variable gebunden ist. Befindet sich eine Variable außerhalb des Skopus des dazugehörigen Quantors, so ist sie nicht gebunden. Die Formel ist daher nicht wohlgeformt.

Wie weit reicht der Skopus des Allquantors in der folgenden Formel:
∃ y {∀ x [S (x) → B (y)] & L (x, y)}?

Welcher Quantor hat den größeren Skopus? Welcher Quantor steht im Skopus eines anderen Quantors?

Ist die Formel wohlgeformt? Begründen Sie Ihre Entscheidung!

Bei der Formel steht der Existenzquantor links vom Allquantor, er hat also den größeren Skopus. Dadurch steht der Allquantor im Skopus des Existenzquantors. Die Formel ist aber nicht wohlgeformt, da der Skopus des Allquantors nur bis zur eckigen Klammer direkt nach B (y) reicht. Links davon befindet sich jedoch noch ein Vorkommnis der Variable x (in (L (x, y)). Dieses x ist nicht gebunden, und damit verstößt die Formel gegen die elementare Regel, dass Variablen gebunden sein müssen.

1. Ist die Variable y in der obigen Formel gebunden?

2. Formalisieren Sie bitte folgende Sätze:

    a) Es gibt etwas, das jeder liebt.
    b) Jeder liebt etwas.
    c) Es gibt etwas, das niemand weiß.
    d) Jeder weiß etwas nicht.
    e) Niemand weiß etwas.
    f) Nicht jeder weiß etwas.

    Hinweis: Formalisieren Sie *jeder* als ∀ (x). Dies ist gängige Methode, obwohl eine weitere Einschränkung nötig wäre, um *jeder* von *alles zu* unterscheiden.

6.2.6 Problemfälle für die Prädikatenlogik: *ein, manche, viele, zwei* etc.

Die Prädikatenlogik ist von der natürlichen Sprache noch relativ weit entfernt. Viele Bestandteile eines Satzes können mit ihr nicht oder nur sehr umständlich ausgedrückt werden. Die bisherige Einführung sollte einen Einblick in die Prädikatenlogik gewähren; hier sollen nun ihre Grenzen aufgezeigt werden.

Ein Schwachpunkt liegt darin, dass sich bisher noch kein System etabliert hat, das auch zur Formalisierung von anderen Sprechakten dienen kann (vgl. aber Zaefferer 1984, Walther 1985, Berman 1991, Grewendorf/Zaefferer 1991, Bäuerle/Zimmermann 1991, Higginbotham 1991, Chierchia 1993). Dagegen kann man einwenden, dass jeder Sprechakt ja aus einer Proposition und einer Illokution bestehe, die Proposition dabei der Bereich der Semantik sei, die Illokution der Bereich der Pragmatik. Ein scheinbar berechtigter Einwand, der jedoch das Kompositionalitätsprinzip in gewisser Weise außer Kraft zu setzen scheint.

(23) Das esse ich.

(24) Das esse ich?

Die Proposition ist die gleiche, die Bedeutung der beiden Sätze jedoch nicht, weder die kontextuelle noch die kontextunabhängige Bedeutung. Die Prädikatenlogik ist bisher noch zu keiner überzeugenden Lösung dieser Frage gekommen.

Das zeigt sich auch schon an viel geringeren Problemen. Die Prädikatenlogik kennt in der Standardausführung zwei Quantoren, den Existenzquantor und den Allquantor. Mit diesen beiden Quantoren wird operiert, alles andere wird mehr oder minder umständlich daraus abgeleitet. So werden *ein, viele, manche, einige* etc. alle durch denselben Quantor, den Existenzquantor formalisiert. Kardinalzahlen wie *zwei, drei* werden normalerweise nicht behandelt. Derartige Beispielsätze werden einfach vermieden, genauso wie in fast allen Lehrbüchern immer nur sehr einfache Sätze und die dazugehörigen Formeln dargestellt werden. Bei Bedarf werden neue Operatoren definiert, so auch der Jota-Operator ɩ, der aus Kennzeichnungen Individuen erzeugt, um auch definite NPs erfassen zu können. Die Existenz- und Unikalitätspräsuppositionen sollen dabei definitionsgemäß gelten. *Der Mann lacht* wird dann formalisiert als L (ɩx M (x)).

Diese knappen Anmerkungen zeigen schon, dass die Prädikatenlogik – obwohl sie zu verdienstvollen Darstellungen formaler Aspekte geführt hat – zur umfassenden Darstellung der Bedeutung von Sätzen bisher nicht geeignet zu sein scheint. Daher sind – basierend auf der Prädikatenlogik – auch weitere Logiksysteme entstanden, die versuchen, durch geeignete Modifizierungen und Erweiterungen Systeme zu entwickeln, die mehr Aspekte der sprachlichen Realisierung erfassen. Eine bedeutende Änderung in dieser Richtung ist die Abwendung von dem zentralen Begriff der Wahrheit eines Satzes hin zu Situation oder dem Ereignis, sodass sich Begriffe wie Situationslogik bzw. Ereignislogik etablieren. Bevor jedoch diese Erweiterungen betrachtet werden, nun noch zu einem wichtigen Operator, dem Lambda-Operator, der in letzter Zeit verstärkt benutzt wird. Er ist geeignet, den Zusammenhang zwischen Wortsemantik und Satzsemantik wiederherzustellen.

6.2.7 Lambda-Abstraktion oder 2+2 = (1+1) + (1+1)

Bisher gab es im Vergleich zur Aussagenlogik keine neuen Operatoren. Die Operatoren der Aussagenlogik waren ¬, &, v, →, um nur die wichtigsten zu nennen. Dies waren alles Operatoren, die Ausdrücke gleicher Art zusammenfügen (&, v, →) oder einen Ausdruck in einen Ausdruck der gleichen Art umwandeln (¬). Der Lambda-Operator λ jedoch funktioniert anders, er ändert die Art eines Ausdrucks. Er macht z. B. aus einem Satz ein Prädikat oder eine Individuenvariable.

Der Lambda-Operator ist ein Abstraktor, der – salopp gesagt – bedeutet: Bei der folgenden Formel bitte von dieser Variable absehen.

Die generelle Form einer Lambda-Abstraktion ist:

1) Lambda-Operator (λ) 2) Variable 3) Formel, die diese Variable enthält.

Dazu je ein Beispiel, auch wenn diese inhaltlich noch nicht interpretiert werden können: λ x [R (x)] und λ P [P (e)]. Zur besseren Zuordnung ist die Variable fettgedruckt und die Formel unterstrichen.

Zunächst zu einem häufig benutzten Fall, bei dem Prädikatvariablen benötigt werden. Bisher wurden nur Prädikatkonstanten verwendet.

Eine Prädikatvariable wird mit den Großbuchstaben P, Q, R ... gekennzeichnet.

Bitte formalisieren Sie folgende Sätze:

Manfred ist TÜV-Kontrolleur. Manfred beißt. Manfred taucht. Manfred ist ein Lästermaul. Manfred lacht. Manfred schmunzelt. Manfred ist frech. Manfred ist ein Mountainbike-Fahrer.

Wenn man diese Sätze formalisiert, so fällt auf, dass sich die Formeln sehr ähneln. Es ist immer ein einstelliges Prädikat mit der Individuenkonstante m für Manfred. Also: TK (m), B (m), T (m), L (m), L (m), S (m), F (m), MBF (m). Die Liste ließe sich noch weiter fortsetzen. Wenn man nun diese Formeln alle zusammenfasst und das zugrundeliegende Schema aufzeigen will, so ersetzt man die Prädikate TK, B,..., MBF einfach durch eine Prädikatvariable, z. B. durch P. Das Ergebnis ist dann: P (m).

Die Angabe von verschiedenen Eigenschaften einer Person wie z. B. obige Aufstellung, ist eine gute Möglichkeit, eine Person eindeutig zu kennzeichnen, sodass jemand, der sie noch nicht kannte, die Person gegebenenfalls identifizieren kann. Ein Schaubild kann dies verdeutlichen. Die Prädikate werden dabei als Mengen von Individuen aufgefasst, auf die dieses Prädikat zutrifft.

lacht taucht a b m e g h hetzt	Es bedeuten: a Andrea, b Brigitte, e Erich, g Günther, h Heribert, m Manfred

Im Einzelnen gilt also, dass Brigitte taucht, Andrea lacht, Günther, Heribert und Erich hetzen, wobei Erich außerdem lacht, während Manfred alles macht, nämlich tauchen, hetzen und lachen.

Wenn man genügend Prädikate kennt, so ist es möglich, dass in der Schnittmenge aller Prädikate nachher nur noch das gesuchte Individuum vorhanden ist. Man kann also Individuen durch Mengen von Prädikaten, die auf sie zutreffen, charakterisieren. Abstrahiert man nun von den jeweiligen Prädikaten, so bleibt der Individuenausdruck übrig. Als Formel ergibt sich dann: λ P (P (m)). Diese Art, ein Individuum zu formalisieren, ist eine Formalisierung als sogenannter generalisierter Quantor. Diese Bezeichnung stammt daher, dass in der Typenlogik die Eigennamen als Lambda-Ausdruck vom gleichen Typ sind wie die NPs mit Quantoren, sodass die Quantorentypisierung als generelle, allgemeine Typisierung einer NP möglich ist. Deshalb also die Bezeichnung „generalisierte Quantoren".

 Wenn man bei einem Satz vom Prädikatausdruck abstrahiert, so erhält man ein Individuum, wenn man von einem Individuenausdruck abstrahiert, so erhält man einen Prädikatausdruck.

Bei der Erstellung von Prädikaten mithilfe der Lambda-Abstraktion wird das prinzipielle Vorgehen noch deutlicher werden.

1. Ausgangspunkt der Lambda-Abstraktion sind immer Satzformeln, die dort, wo später die Variable steht, eine Konstante haben.

2. Die Konstante wird überall durch eine geeignete Variable ersetzt.

3. Gleichzeitig werden vor die Formel der Lambda-Operator und die Variable geschrieben.

Was sind die Konstanten in den folgenden Beispielen?

a) *Burghard raucht.* R (b)

b) *Burghard raucht eine Zigarette.* ∃ x [Z (x) & R (b, x)]

c) *ein P q-t.* ∃ x [P (x) & Q (x)]

d) *Alles liebt etwas.* ∀ x ∃ y [L (x, y)]

e) *Hans-Willi sagt kein Wort.* ¬ ∃ x [W (x) & S (hw, x)]

Die Formalisierung für *Minna bellt* ist B (m) (Schritt 1). Um einen Prädikatausdruck zu erreichen, muss man von dem Individuum abstrahieren. In diesem Fall von Minna. Also wird das m durch ein x ersetzt (Schritt 2) und gleichzeitig der Lambda-Operator und die Variablenbezeichnung davor geschrieben (Schritt 3). Ergebnis: λ x B (x).

Die Formel λ x B (x) ist das Prädikat *bellen*. Eine sehr viel einfachere, aber gleichwertige Formalisierung dieses Prädikates ist die Prädikatkonstante B (für *bellen).* Diese wurde ja auch zur Herleitung in der Formel benutzt. Das bedeutet aber, dass das Ergebnis einer Lambda-Abstraktion wieder eine Konstante ist, es kann im Weiteren wie eine Konstante benutzt werden.

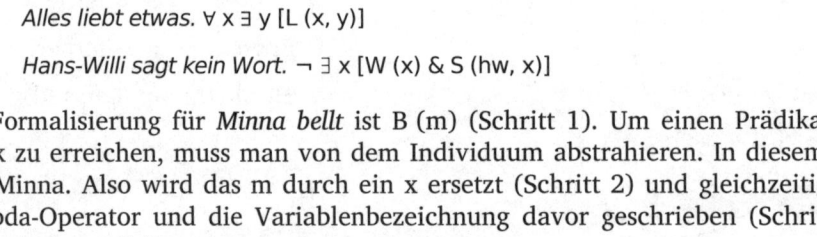 Das Ergebnis einer Lambda-Abstraktion ist eine Konstante.

Bisher waren die Beispiele einfach. Außerdem wäre es nicht notwendig gewesen, diesen Aufwand der Lambda-Abstraktion zu betreiben, da die betreffenden Ausdrücke (*Manfred* und *bellen*) auch einfacher dargestellt werden konnten als durch Lambda-Abstraktion. Es gibt aber auch komplexere Beispiele. Generell kann man die Bedeutung von jedem Ausdruck – auch von komplexen – mithilfe der Lambda-Abstraktion darstellen.

Wie lässt sich mithilfe der Lambda-Abstraktion die Bedeutung von *ein Mann sein* und *ein Buch lesen* angeben?

Hier geht man wieder von einem Satz aus. Der Satz muss dieses komplexe Prädikat enthalten und eine Individuenkonstante, auf die dieses Prädikat angewendet wird. Hier z. B. die Individuenkonstante b für Boni. Der Satz lautet also: *Boni ist ein Mann und liest ein Buch.* Dieser hat die Formel: $\exists$ y [M (b) & B (y) & L (b, y)]. Es wird jetzt von der Individuenkonstante b abstrahiert, diese an allen Stellen, wo sie vorkommt, durch die Individuenvariable x ersetzt, und der Lambda-Operator samt Variable x, die er bindet, davor geschrieben. Das Ergebnis ist dann λ x $\exists$ y [M (x) & B (y) & L (x, y)] die Formel für das komplexe Prädikat *ein Mann sein und ein Buch lesen*.

Wie lautet die Bedeutung von *lieben*?

Hinweis: Es handelt sich um ein transitives Verb mit zwei Argumenten. Man muss also von zwei Individuen ausgehen.

Ausgangspunkt ist wieder ein Satz, in dem die Argumente des Prädikats durch Individuenkonstanten gefüllt sind, z. B. *Günther liebt Burghard.* Die Formalisierung ist L (g, b). Nun wird erst vom Subjekt-Individuum (Günther) abstrahiert. Als Variable nimmt man hier am besten x, damit später die gewohnte Belegung der Variablen auftritt. Also wird g durch x ersetzt und λ x vor die Formel geschrieben. Das Ergebnis ist λ x L (x, b). Dann abstrahiert man von dem noch übrig gebliebenen Objekt-Individuum (Burghard) mit der Variable y. Man erhält λy λx L (x, y).

Man kann anhand der Lambda-Operatoren schon erkennen, von welchem Typ der formalisierte Ausdruck ist.

Individuen:	λP [...]
intransitive Verben:	λx [...]
transitive Verben:	λy λx [...]
ditransitive Verben:	λz λy λx [...]
Determinantien und Quantoren:	λP λQ [...]

1. Wie werden

   a)   einstellige Kennzeichnung wie *Mann* und
   b)   zweistellige Kennzeichnungen wie *Vater von* formalisiert?

2. Leiten Sie mithilfe der Lambda-Abstraktion die Bedeutung der folgenden Ausdrücke her:

   lachen, singen, Mensch, Malu, Yannick, Delia, ein Buch lesen, über ein Haus springen, eine Frau und Bundeskanzlerin sein, sehen, suchen, kaufen, ein, alle(s), kein, niemand

6.2.8   Lambda-Konversion

Mit Lambda-Abstraktion kann man aus einer Formel Prädikate erzeugen, Individuen als generalisierte Quantoren darstellen und die Semantik von Quantoren und Determinantien formalisieren. Es muss aber eine Möglichkeit geben, diese Elemente zu verwenden, um damit einen Satz zu erzeugen. Dieses Verfahren der Zusammenfügung von einem Ausdruck mit Lambda-Abstraktion und einem anderen Ausdruck nennt man Lambda-Konversion.

Lambda-Konversion ist das Gegenteil von Lambda-Abstraktion. Bei der Lambda-Konversion wird die Variable durch eine geeignete Konstante im Satz ersetzt.

Man kann zwei verschiedene Möglichkeiten unterscheiden, eine einfache und eine etwas kompliziertere Art der Lambda-Konversion. Bei der einfachen Art handelt es sich nur bei einem der beteiligten Ausdrücke um einen Ausdruck mit Lambda-Operator, der andere ist eine einfache Konstante.

Im vorherigen Kapitel wurde für den Namen *Manfred* der generalisierte Quantor $\lambda P [P (m)]$ hergeleitet. Die Variable ist hier P, eine Variable für ein Prädikat. Fügt man nun den Ausdruck $\lambda P [P (m))$ mit einem Prädikat[8] (z. B. *schnarchen)* zusammen, so muss wieder ein Satz entstehen, nämlich *Manfred schnarcht.* Formal schreibt man immer zuerst den Ausdruck, der Lambda enthält, und dann die Konstante, die man für die Variable einsetzen möchte, also:

   $\lambda P [P (m)] S$

Nun nimmt man Lambda-Konversion vor, d. h. man ersetzt jedes Vorkommnis der Variablen in der Satzformel durch die Konstante und tilgt dann den Lambda-Operator mit der zugehörigen Variablen. In diesem Fall heißt dies: Man ersetzt innerhalb der Klammern P durch S und tilgt λP. Das Ergebnis ist S (m), die Formel für *Manfred schnarcht.* Das bedeutet: das Prädikat S (für *schnarchen*) auf das Individuum $\lambda P [P (m)]$ (für *Manfred*) angewandt, ergibt nach der Lambda-Konversion tatsächlich die Formel S (m) für den Satz *Manfred schnarcht.*

---

[8]   Genau genommen ist es eine Prädikatkonstante.

Manfred schläft. λ P [P (m)] S, Lambda-Konversion: S (m)

Manfred ist ein Zyniker. λ P [P (m)] Z, Lambda-Konversion: Z (m)

Manfred ist nett. λ P [P (m)] N, Lambda-Konversion: N (m)

Geben Sie den generalisierten Quantor für den Eigennamen *Brigitte* an, und erzeugen dann mit Lambda-Konversion den Satz *Brigitte taucht.*

Nach dem gleichen Prinzip kann man auch durch Lambda-Abstraktion gewonnene Prädikate mit einer Individuenkonstante zusammenfügen.

Andrea lacht.

λ x [L (x)] a, Lambda-Konversion: L (a)

Andrea ist eine Frau und Bundeskanzlerin.

λ x [F (x) & B (x)] a, Lambda-Konversion: F (a) & B (a)

Boni ist ein Mann und liest ein Buch.

λ x ∃ y [M (x) & B (y) & L (x, y)] b, Lambda-Konv.: ∃ y [M (b) & B (y) & L (b, y)]

Lambda-Konversion mit einer Konstanten bedeutet: Man ersetzt jedes Vorkommen der Variablen in der Satzformel durch die Konstante und tilgt dann den Lambda-Operator mit der Variablen.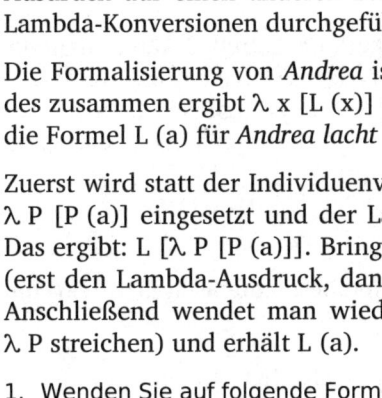

Da jeder Lambda-Ausdruck eine Konstante ist, kann man auch einen Lambda-Ausdruck auf einen anderen Lambda-Ausdruck anwenden. Dabei werden zwei Lambda-Konversionen durchgeführt.

Die Formalisierung von *Andrea* ist λ P [P (a)], die von *lachen* ist λ x [L (x)]. Beides zusammen ergibt λ x [L (x)] (λ P [P (a)]), das dann nach Lambda-Konversion die Formel L (a) für *Andrea lacht* ergeben müsste.

Zuerst wird statt der Individuenvariablen x streng nach den Regeln der Ausdruck λ P [P (a)] eingesetzt und der Lambda-Operator samt Variable (λ x) gestrichen. Das ergibt: L [λ P [P (a)]]. Bringt man diese Formel in die gewohnte Reihenfolge (erst den Lambda-Ausdruck, dann die Konstante), so erhält man [λ P [P (a)]] L. Anschließend wendet man wieder Lambda-Konversion an (L statt P schreiben, λ P streichen) und erhält L (a).

1. Wenden Sie auf folgende Formeln Lambda-Konversion an:

    a) λ x (∃ y [B (Y) & L (x, y)]) m

    b) λ P [P (m)] L

2. a) Wie ist die Bedeutung des komplexen Prädikates *erwachsen und nicht verheiratet sein?*

b) Leiten Sie mit Lambda-Konversion die Formel des Satzes *Ein Junggeselle ist erwachsen und nicht verheiratet* her.

Gehen Sie dabei von links nach rechts vor. Benutzen Sie dabei das gerade hergeleitete Prädikat und folgende Bedeutungen:

ein: λP λQ ∃x [P (x) & Q (x)]

Junggeselle: λx J (x)

6.2.9 Der Zusammenhang zwischen Wortsemantik und Satzsemantik in der Prädikatenlogik

In der Prädikatenlogik besteht ein eigenartiger Zusammenhang zwischen Satzsemantik und Wortsemantik. Häufig wird die Annahme vertreten, dass sich die Satzsemantik aus der Wortsemantik ergibt, dass man die Bedeutung des Satzes erhält, indem man die Bedeutung der Wörter in geeigneter Weise zusammensetzt. Dabei bedeutet „in geeigneter Weise", dass dies unterschiedlich sein kann, je nach der syntaktischen Funktion, die die Ausdrücke haben.

(25)   Der Hund beißt den Postboten.

(26)   Der Postbote beißt den Hund.

Beide Sätze enthalten die gleichen Wörter, beide Sätze sind nach der gleichen syntaktischen Regel konstruiert, dennoch haben beide Sätze eine unterschiedliche Bedeutung, weil *der Hund* einmal als Subjekt fungiert und einmal als Objekt. Analoges gilt für *der Postbote.* In der prädikatenlogischen Formalisierung drückt sich dies durch eine veränderte Reihenfolge der Variablen bei der Prädikatkonstanten B (für *beißen*) aus.

Solange man Prädikatenlogik ohne Lambda-Operator betreibt, kann man die Ansicht vertreten, dass sich die Satzbedeutung aus der Wortbedeutung ergibt. Die Formalisierungen sind zwar oft nicht analog zu den ursprünglichen Sätzen, aber zumindest spiegeln sie den Aufbau von – wenn auch umständlichen – Paraphrasen wieder.

(27)   Alle Kreter lügen.

wird paraphrasiert als (die dazugehörigen Formelbestandteile sind direkt mit angegeben, um die Zuordnung zu erleichtern):

Für jedes (∀) etwas (x) gilt: Wenn es (x) ein Kreter (K) ist, dann (→) lügt (L) es (x).

In die richtige Reihenfolge gebracht (Prädikatausdruck vor dem zugehörigen Argument) und für die korrekte Zuordnung mit Klammern versehen ergibt sich tatsächlich die prädikatenlogische Formel des Ausgangssatzes.

∀ x [K (x) → L (x)]

Diese Formel kann man aber erst erreichen, wenn der Ausgangssatz geschickt umformuliert wird, dem Ausgangssatz selbst sieht man es nicht direkt an. Dass man dabei noch einige Wörter mit einfügt, die nicht in der Formulierung auftauchen (z. B. *gilt, für, ein*), wird ebenfalls stillschweigend übergangen. Benutzt man aber den Lambda-Operator, dann kann man tatsächlich die Bedeutung des Satzes mithilfe der Lambda-Konversion aus den Bedeutungen der einzelnen Ausdrücke herleiten.

Alle: $\quad \lambda P \, \lambda Q \, \forall x \, [(Q \, (x) \rightarrow P \, (x)]$

Kreter: $\quad K$

lügen: $\quad L$

Alle Kreter lügen wird dann zu $\lambda P \, (\lambda Q \, \forall x \, [(Q \, (x) \rightarrow P \, (x)] \, K) \, L$, und das wird nach Lambda-Konversion zu $\forall x \, [K \, (x) \rightarrow L \, (x)]$.

Hier wurden einfach die Bedeutungen der einzelnen Ausdrücke aufeinander angewandt. Dabei war die Bedeutung für *Kreter* und *lügen* jeweils eine Prädikatkonstante, also K und L. Der Quantor hatte eine komplexe Formel mit zwei Lambda-Operatoren. In dieser Formel liegt nun genau der Trick. Es wird nämlich nur scheinbar die Satzbedeutung aus der Wortbedeutung aufgebaut. Tatsächlich wird von der Satzbedeutung ausgegangen und aus dieser durch geschickte Abstraktion die Wortbedeutung erstellt. Das heißt, man hat zuerst die Satzbedeutung, und daraus erschließt man die Wortbedeutung. Dann setzt man die Wortbedeutungen zusammen, um wieder die Satzbedeutung zu erhalten. Scheinbar handelt es sich hierbei um einen kleinen Taschenspielertrick, um das Prinzip der Kompositionalität mit der Prädikatenlogik irgendwie in Einklang zu bringen. Dieses Vorgehen ist jedoch zusätzlich durch Daten aus dem Spracherwerb gestützt. Kinder lernen zuerst einzelne Begriffe, die später zu komplexeren Ausdrücken zusammengesetzt werden können. Dabei wird eine Struktur, die der Prädikat-Argument-Struktur entspricht, eher gelernt als die Bedeutung der Wörter wie *ein, der* etc. Die Bedeutung dieser Wörter muss also irgendwie aus der Bedeutung des Satzes – die sich ja durch die Situation ergibt – abgeleitet werden. Es ist daher nicht unangebracht, die Bedeutung eines Wortes erst aus der Bedeutung eines Satzes abzuleiten, und sie dann in anderen Sätzen zu verwenden, um die Bedeutung des Satzes kompositionell zu erstellen.

6.2.10 Extensionale Interpretation der Semantik

Auch Ausdrücke einer formalen Sprache wie die Prädikatenlogik haben eine Syntax und eine eigene Semantik. In den bisherigen Kapiteln wurden die Syntax dieser Formeln und ihre Übersetzung in natürlichsprachliche Ausdrücke und umgekehrt behandelt. Diese Ausdrücke wurden dann als Bedeutung der natürlichsprachlichen Ausdrücke angesehen. Die Semantik der logischen Formeln ist mengentheoretisch aufgebaut. Sie erfasst die Extensionen eines Ausdrucks und wird daher auch die extensionale Interpretation genannt.

Alle Ausdrücke werden als Funktionen aufgefasst, ausgenommen die Grundelemente. Diese sind der Individuenbereich, der alle Referenten der Individuenkonstanten enthält, und die Menge der Wahrheitswerte (als Referenten der Sätze). Alle Prädikate sind Funktionen von Individuen zu Wahrheitswerten.

Prädikate unterteilen einen Individuenbereich in die Menge der Individuen, auf die das Prädikat zutrifft, und eine Menge, auf die das Prädikat nicht zutrifft. Die Menge der Individuen, auf die das Prädikat zutrifft, ist dabei die Extension des Prädikates.

Die Bedeutung eines Satzes kann kompositionell zusammengesetzt werden.

(28) Gisela singt. S (g)

Gisela wird übersetzt in die Individuenkonstante g, die, ein Element des Individuenbereichs bezeichnet. Darauf wird die Funktion S angewendet, die jedem Element des Individuenbereichs einen Wahrheitswert zuordnet. Allen Individuen, die singen, wird der Wahrheitswert w zugeordnet, allen Individuen, die nicht singen, der Wahrheitswert f. Da Gisela tatsächlich singt, wird dieser Individuenkonstante der Wahrheitswert w zugeordnet, das heißt, der Satz ist wahr. Seine Referenz ist der Wahrheitswert w.

Alle weiteren syntaktischen Typen kann man aus diesen Elementen sukzessive aufbauen. Ein transitives Verb wird in der Prädikatenlogik als zweistellige Relation formalisiert. Es kann dann interpretiert werden als eine Funktion, in der auf ein Individuum eine Funktion angewendet wird, die ein Individuum einem Wahrheitswert zuordnet. Adverbien für Prädikate (z. B. *laut* in *laut singen*) können als Funktionen aufgefasst werden, die einstellige Relationen (intransitive Verbkomplexe) in einstellige Relationen (intransitive Verbkomplexe) überführen. Das ist wiederum durch Funktionen darstellbar, die nur Elemente der beiden Grundbereiche Individuenbereich und Wahrheitswertebereich verwenden. Adverbien auf Prädikate sind dann Funktionen von Funktionen von Individuen in Wahrheitswerte in Funktionen von Individuen in Wahrheitswerte. Auch alle anderen Elemente wie z. B. Determinantien und Quantoren kann man entsprechend interpretieren. Als Anhaltspunkt kann man sich merken: Je komplexer eine zugehörige Lambda-Formel ist, desto komplexer ist auch die Funktion aufgebaut. Zu einer exemplarischen Ausformulierung für einen Grundbereich mit vier Individuen und zwei Prädikaten vgl. Bartsch/Lenerz/Ullmer-Ehrich (1977: Kap. 3.4.6).

Extensionale Interpretationen werden am anschaulichsten durch Mengendiagramme dargestellt. Wenn ein Individuum ein Element der Menge ist, die die Extension des Prädikates darstellt, so ist der entsprechende Satz wahr, ansonsten falsch. Dies gilt immer bezogen auf den dargestellten Ausschnitt der Welt.

Student(in)   jung

f

o   a   d

m

w

e   y

g   b

Mann

Die Individuenkonstanten bedeuten:

a: Andrea,   g: Günther,

b: Burghard,   m: Malu,

d: Delia,   o: Olga,

e: Erich,   w: Walther,

f: Frieda,   y: Yannick

Bezogen auf den dargestellten Weltausschnitt gilt also, dass Andrea eine junge Studentin ist und Frieda auch eine Studentin ist, aber Frieda nicht jung ist.

Problematisch am extensionalen Ansatz ist, dass theoretisch alle wahren Sätze koreferent sind, genauso wie alle falschen Sätze. Damit können sie in extensionalen Sätzen füreinander eingesetzt werden. In intensionalen Kontexten (vgl. Kap. 6.3.3) ergeben sich dadurch Probleme. Ein weiteres Problem liegt darin, dass logisch äquivalente Sätze dann auch immer das gleiche bedeuten. Man kann jeden Satz in einen logisch äquivalenten Satz verwandeln, indem man einfach eine Konjunktion aus dem Satz und einer Tautologie bildet.

(29)   Gisela singt, und wenn der Hahn kräht auf dem Mist, ändert sich das Wetter, oder es bleibt wie es ist.

Dass beides dasselbe bedeutet, erscheint einem verwunderlich, wenn man nur von seiner Intuition als kompetenter Sprachbenutzer ausgeht. Auf derartige Probleme geht die Situationssemantik ein (vgl. Kap. 6.4). Vorher werden noch einige Erweiterungen der Logik vorgestellt, die verschiedene Phänomene der natürlichen Sprache besser erfassen können als die Prädikatenlogik.

1. Welche der folgenden Sätze sind wahr bezogen auf den vorgestellten Weltausschnitt?

   a)   Olga ist Studentin.
   b)   Malu ist ein Mann.
   c)   Günther ist ein junger Mann.
   d)   Walther ist ein junger Student.
   e)   Erich ist jung.
   f)   Erich ist ein Student und ein Mann.
   g)   Delia ist jung oder ein Mann.
   h)   Wenn Andrea ein Mann ist, dann ist Günther ein Student.
   i)   Wenn Malu jung ist, dann ist Erich auch jung.

2. Kann man den Wahrheitswert für die folgenden Sätze angeben? Wenn ja, wie lautet er, wenn nein, warum nicht?

   a) Manfred ist jung.
   b) Günther tanzt.

Lektüre:

Wall 1973: Kap. 3, Allwood/Andersson/Dahl 1973: Kap. 4, Seiffert 1973, Mates ²1978, Epstein ²2001b (weitere Einführung), Cresswell 1979: Kap. 6 (zu Lambda-Kategorialsprachen, Kap 9–11 zeigen eine Anwendung), Leblanc 1976 (axiomatische Grundlagen, sehr schwer), Tarski ⁵1977 (Grundlagen), Bierwisch 1983b (zur Darstellung der Wortsemantik mithilfe einer Zerlegung in Lambda-Kategorialausdrücke), Cann 1993: Kap. 5 (Lambda-Operator).

6.3   Erweiterungen der Logik

6.3.1 Einführung in die dreiwertige Logik

> Selbst mathematische und logische Gesetze sind nicht vor Veränderung geschützt, wenn sich herausstellt, daß sich daraus wesentliche Vereinfachungen unseres Begriffsnetzes ergeben. In der Hauptsache veranlaßt durch Schwierigkeiten der modernen Physik sind Vorschläge gemacht worden, die Wahr-falsch-Dichotomie der üblichen Logik zugunsten einer Art von Tri- oder n-chotomie aufzugeben. (Willard Quine: Grundzüge der Logik)

Die bisher zugrunde gelegte zweiwertige Logik hat einen entscheidenden Nachteil. Sie kann die Fälle nicht erfassen, in denen man nicht einfach sagen kann: Dieser Satz ist wahr bzw. dieser Satz ist falsch.

(30)   Das ist ein Stuhl (eine Tasse).

Wie schon in Kapitel 2.1.2 dargelegt, gibt es bei Wortkonzepten Grenzfälle, die zu entsprechenden Unsicherheiten bei dem Wahrheitsgehalt derartiger Sätze führen. Ein Grund für einen dritten Wahrheitswert ist also semantische Vagheit eines enthaltenen Ausdrucks. Da es verschiedene Grade der Prototypizität eines Einzelvorkommnisses zu einem Konzept gibt, sind sogar Logiken vorgeschlagen worden, die unendlich viele Wahrheitswerte zulassen. Dies hat sich aber nicht als praktikabel erwiesen, da kein Kriterium für die Festlegung eines Wahrheitswertes entwickelt werden konnte.

(31)   Der Pinguin ist ein typischer Vogel.

Soll (31) nun der Wahrheitswert 0,7, 0,5 oder 0,9 zugewiesen werden oder gar 0,72358912?

Das zweite Problem, das durch eine mehrwertige Logik besser gehandhabt werden kann, sind Fälle von nicht erfüllten Präsuppositionen. Auf die prinzipielle Diskussion, ob in einem solchen Fall gar kein Wahrheitswert oder der Wahrheitswert unbestimmt angenommen werden sollte, kann hier nicht eingegangen werden (vgl. dazu Strawson 1950). Das Standardbeispiel dafür ist:

(32)   Der gegenwärtige König von Frankreich ist kahlköpfig.

Da es gegenwärtig keinen König von Frankreich gibt, kann man eigentlich weder guten Gewissens sagen, dass der Satz wahr ist, noch, dass er falsch ist. Er erscheint einfach unsinnig.

Mit einer dreiwertigen Logik kann man nun darstellen, wie die Kombination mit einem vagen oder die Präsuppositionen nicht erfüllenden Satz den Wahrheitswert eines komplexen Satzgefüges beeinflusst.

(33)   Der gegenwärtige König von Frankreich ist blond, aber Andrea nicht.

(34)   Der gegenwärtige König von Frankreich oder Andrea sind blond.

(35)   Wenn Andrea blond ist, dann ist es der gegenwärtige König von Frankreich nicht.

(36)   Wenn der gegenwärtige König von Frankreich blond ist, dann ist es Andrea auch.

Es gibt verschiedene Systeme einer dreiwertigen Logik. Hier wird nur das relativ gebräuchliche System von Blau (1973, 1978) dargestellt. Es hat im Vergleich zu einem System wie in McCawley (^{2}1999) den Vorteil, immer eindeutige Wahrheitswerte zu liefern.[9] Außerdem ist es mit dem herkömmlichen System der zweiwertigen Logik kompatibel. Das heißt, dass die Wahrheitswerte, die einem komplexen Satzgefüge nach einer zweiwertigen Logik zugewiesen werden, dieselben bleiben, wenn man die dreiwertige Logik anwendet.

Die Wahrheitswerte der dreiwertigen Logik sind w (wahr), f (falsch) und u (unbestimmt).

Auch für die dreiwertige Logik gibt es Merksätze für die Junktoren. Mithilfe dieser Zuweisungsvorschriften kann man sich die Wahrheitswertetafeln selbst herstellen. Grundsätzlich geht man dabei folgendermaßen vor: Man überlegt sich, wann in einer zweiwertigen Logik ein Satz wahr ist, und wann er dort falsch ist. Dadurch erhält man zwei Regeln, mit denen man die Wahrheitswertetafeln erstellt. Alle Lücken, die jetzt noch auftreten, erhalten den Wahrheitswert u für unbestimmt.

In der zweiwertigen Logik gilt für die Konjunktion & die Regel, dass die Konjunktion nur dann wahr ist, wenn beide Konjunktionsglieder wahr sind. Daraus kann

---

[9]   Dies ist bei McCawley nicht der Fall, da er in manchen Fällen für ein und dieselbe Zeile in der Wahrheitswertetafel zwei Werte angibt, je nachdem, ob die beiden zu betrachtenden Sätze p und q Kontradiktionen voneinander sind oder nicht.

man wieder ableiten, dass die Konjunktion falsch ist, wenn mindestens ein Konjunktionsglied falsch ist. Wendet man diese beiden Regeln an, erhält man die linke Wahrheitswertetafel. Alle übrigen Lücken füllt man mit dem Wahrheitswert u auf. Das ergibt dann die vollständige rechte Tabelle für die Wahrheitswerte einer Konjunktion in einer dreiwertigen Logik.

p	q	p & q
w	w	w
w	f	f
w	u	
f	w	f
f	f	f
f	u	f
u	w	
u	f	f
u	u	

p	q	p & q
w	w	w
w	f	f
w	u	u
f	w	f
f	f	f
f	u	f
u	w	u
u	f	f
u	u	u

Nach diesem Verfahren kann man sich aus den Merksätzen für die zweiwertige Logik die Werte einer dreiwertigen Logik nach Blau jederzeit herleiten.

Konjunktion: p & q ist wahr, wenn beide wahr sind, falsch, wenn eines falsch ist, sonst unbestimmt.

Disjunktion: p ∨ q ist wahr, wenn eines wahr ist, falsch, wenn beides falsch ist, sonst unbestimmt.

Implikation: p → q hat den Wahrheitswert von q, wenn p wahr ist, ansonsten ist sie immer wahr.

Etwas problematischer wird es bei der Negation. Im Gegensatz zu der zweiwertigen Logik gibt es in der dreiwertigen Logik zwei verschiedene Arten der Negation, die starke und die schwache Negation. Blau wählt dafür die Zeichen - und ¬. Das Zeichen ¬ stimmt dabei nicht mit dem Zeichen für die zweiwertige Negation überein. Der Unterschied zwischen der starken Negation und der schwachen Negation besteht darin, dass bei der starken Negation (-) die Präsuppositionen erhalten bleiben. Deshalb erscheint hier bei einem Ausgangssatz mit nicht erfüllter Präsupposition (was den Wahrheitswert u zur Folge hat) wieder der Wahrheitswert u. Beispiele für eine starke Negation sind *un-, gar nicht, bestimmt nicht*. Bei der schwachen Negation (¬) bleibt die Präsupposition nicht erhalten, sie kann im Anschluss verneint werden, ohne dass es zu semantischen Unverträglichkeiten kommt. Beispiele für die schwache Negation sind *es ist nicht wahr, dass* und *es stimmt nicht, dass.* Die Negation der natürlichen Sprache ist fast immer ambig zwischen beiden Lesarten, je nach Kontext wird mal die eine, mal die andere gewählt.

Starke und schwache Negation

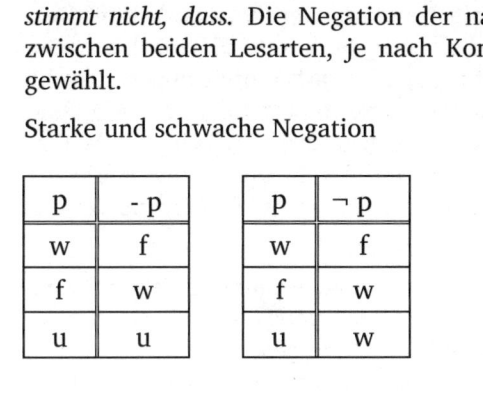

p	- p
w	f
f	w
u	u

p	¬ p
w	f
f	w
u	w

starke Negation: *Der Osterhase legt keine Eier, (das machen seine Hühner).*

schwache Negation: *Der Osterhase legt keine Eier, (weil es ihn gar nicht gibt).*

Die Wahrheitswertetafeln der dreiwertigen Logik nach Blau für die Standardjunktoren sind:

p	q	p & q
w	w	w
w	f	f
w	u	u
f	w	f
f	f	f
f	u	f
u	w	u
u	f	f
u	u	u

p	q	p ∨ q
w	w	w
w	f	w
w	u	w
f	w	w
f	f	f
f	u	u
u	w	w
u	f	u
u	u	u

p	q	p → q
w	w	w
w	f	f
w	u	u
f	w	w
f	f	w
f	u	w
u	w	w
u	f	w
u	u	w

Bei der dreiwertigen Logik gibt es noch andere Junktoren. So gibt es weitere einstellige Junktoren: *es ist wahr, dass; es ist falsch, dass; es ist weder wahr noch falsch, dass; es ist unbestimmt, dass.* Außerdem natürlich noch zweistellige Junktoren wie Äquivalenz, Bikonditional etc. Sie sollen hier nicht weiter aufgeführt werden. Bei Interesse sollte die einschlägige Literatur zu Rate gezogen werden.

Nur noch eine Nebenbemerkung zu der dreiwertigen Implikation →. Mithilfe dieser logischen Systeme soll auch die Semantik von (natürlichsprachlichen) Sätzen abgebildet werden. Die obige Wahrheitswertetabelle ist so gestaltet, dass die erwünschten Ergebnisse bei allquantifizierten Sätzen herauskommen. Denn für allquantifizierte prädikatenlogische Formeln benötigt man die Implikation. Deshalb steckt hinter einem logischen System oft sehr viel mehr, als auf den ersten Blick deutlich wird. Dies gilt vor allem für solche Crash-Einführungen wie die vorliegende. Hinter dem, was auf den ersten Blick total simpel erscheint und vielleicht sogar den Eindruck einer Spielerei erweckt, sind oft prinzipielle Entscheidungen mit weitreichenden Konsequenzen verborgen. Diese Kurzeinführung diente nur dazu, eine grobe Orientierung zu geben, und vielleicht mindestens einem Appetit auf mehr zu machen.

1. Unter welchen Bedingungen sind die folgenden Sätze wahr oder falsch? Wann sind sie unbestimmt? Zur Eingrenzung der vielen verschiedenen Möglichkeiten sei vorausgesetzt, dass nur der Ausdruck *der gegenwärtige König von Frankreich* eine Präsupposition verletzt, keine vagen Ausdrücke und nur die starke Negation in diesen Sätzen vorkommen.

    a) Der gegenwärtige König von Frankreich ist blond, aber Andrea nicht.

    b) Der gegenwärtige König von Frankreich oder Andrea sind blond.

    c) Wenn Andrea blond ist, dann ist es der gegenwärtige König von Frankreich nicht.

    d) Wenn der gegenwärtige König von Frankreich blond ist, dann ist es Andrea auch.

2. Wie ist die Verteilung der Wahrheitswerte bei folgender Formel:

    (p & q) → ¬ r

    Können Sie die Antwort geben, ohne auf Wahrheitswertetafeln zurückzugreifen (nur mit den Merksätzen)?

Lektüre:

Blau 1973, 1978, McCawley [2]1999, Menne 1985: Kap. 7.

6.3.2 Kurzeinführung in die Modallogik und die möglichen Welten

> Wenn ich schlafe oder sterbe, endet meine Welt mit mir, aber die Welt der anderen bleibt. Mit jedem neugeborenen Kind erwacht auch seine Welt. (Oswald Spengler, *Urfragen*)

> Die Welten tauchen nicht auf, wenn man sie nicht zieht. (Musil)

Die Erweiterungen der Logiken dienen immer dazu, ein Problem, welches mit dem bisherigen Modell nicht gelöst werden kann, nun erfassen zu können. Die Modallogik versucht, solch ein Problem in den Griff zu bekommen. Bisher war es nicht möglich, die folgenden Aussagen zu formalisieren:

(37)   Vielleicht ist der Weltfrieden möglich.

(38)   Heribert ist ganz sicher zu Hause.

(39)   Den dritten Weltkrieg kann niemand überleben.

Zur Erfassung der Konzepte der Möglichkeit und der Notwendigkeit werden zwei neue Operatoren eingeführt:

der Notwendigkeitsoperator   N oder ☐ notwendig p
der Möglichkeitsoperator   M oder ◇ möglich p

Zur Definition dieser Operatoren ist das Konzept der möglichen Welten nötig. Wenn etwas notwendigerweise wahr ist, so bedeutet das ja, dass etwas wahr ist, gleich wie die Bedingungen ansonsten sind. Wenn etwas möglicherweise wahr ist, so bedeutet das, dass es unter bestimmten Bedingungen wahr ist, unter anderen Bedingungen aber durchaus falsch sein kann. Diese Bedingungen kann man sich so vorstellen, dass man eine Reihe von verschiedenen Situationen evoziert. Dies kann z. B. sein, dass man sich vorstellt, was wäre, wenn alle Waffen abgeschafft würden, wenn ein Verrückter die Regierung einer Atommacht übernähme, wenn alle weiter Angst vor dem Overkill haben, es aber trotzdem (oder gerade deswegen) nie zu einem Krieg käme, wenn die Menschen endlich vernünftig würden oder wenn Außerirdische alle hypnotisierten. Derartige Überlegungen könnten dem Satz *Vielleicht ist der Weltfrieden möglich* zugrunde liegen. Dies alles sind Bedingungen, die man als mögliche Welten ansehen kann. Diese möglichen Welten sind natürlich nicht real, also keine Welten auf anderen Zeitachsen oder ähnliches, wie sie in Science-Fiction-Romanen vorkommen. Es sind einfach Modelle darüber, wie eine Situation aussehen könnte. Diese möglichen Welten werden nie weiter ausformuliert; es wird lediglich angenommen, dass es derartige Welten gibt. Dann kann man auch die Operatoren notwendigerweise und möglicherweise definieren.

Ein Satz, der notwendigerweise wahr ist, ist wahr, wenn er in allen möglichen Welten wahr ist.

Ein Satz, der möglicherweise wahr ist, ist wahr, wenn er in mindestens einer der möglichen Welten wahr ist.

In welchem Verhältnis stehen folgende Formeln zueinander:

    N ¬ p   notwendig, dass nicht p

    M p   möglich, dass p

    ¬ M ¬ p   nicht möglich, dass nicht p

Diese Operatoren kann man natürlich auch mit der Prädikatenlogik kombinieren. Verschiedene Lesarten sind durch Skopusunterschiede darstellbar. Diese Anforderung muss eine Satzsemantik erfüllen, dass Interpretationsunterschiede bei ein- und demselben Satz formalisiert werden können.

(40)   Mindestens ein Zuschauer lacht bestimmt.

Dieser Satz kann entweder bedeuten, dass sich der Veranstalter sicher ist, dass zumindest einer der Zuschauer aus Dummheit oder Mitleid lachen wird, sozusagen als Erfahrung aus den bisherigen Veranstaltungen in anderen Städten. Das ist die erste Interpretation. Oder aber er kennt einen Zuschauer, von dem er weiß, dass er zu allen möglichen und unmöglichen Anlässen lacht. Also ist er sich sicher, dass dieser Zuschauer auch jetzt wieder lachen wird. Das ist die zweite Interpretation.

Außer diesen Modalitäten gibt es noch andere Modalitäten wie *müssen* und *dürfen*. Diese werden in der deontischen Logik behandelt, die hier aber nicht weiter ausgeführt wird. Die Vorgehensweise ist ähnlich wie in der Modallogik: Es werden entsprechende Operatoren definiert, die axiomatischen Grundlagen erarbeitet und gültige Regeln daraus abgeleitet.

 Welche Formel gehört zu welcher der beiden oben genannten Interpretationen?

a) ∃ x N [Z (x) & L (x)]   b) N ∃ x [Z (x) & L (x)]

Lektüre:

Kalinowski 1972, Kutschera 1973 (deontische Logik), Hughes/Cresswell [2]1974 und 1984, Carnap 1947 (Modallogik), Lutzeier 1981a, Droste 1989 (mögliche Welten).

6.3.3   Einführung in die intensionale Logik

Auch die intensionale Logik dient dazu, ein bestimmtes Problem zu erfassen. Eng mit diesem Problem sind die sogenannte De-dicto- und die De-re-Lesart verbunden. Die intensionale Logik beschäftigt sich u. a. mit den sogenannten Einstellungsverben. Diese sind z. B. *meinen, sagen, behaupten, wissen.*

(41)   Thomas glaubt, dass der Mond aus Käse ist.

Man kann hier nicht einfach annehmen, dass auch der eingebettete Satz wahr ist, wenn der gesamte Satz wahr ist. Er kann wahr sein, kann aber genauso gut falsch sein. Ein anderes, bekanntes Beispiel ist folgendes:

(42)   Georg IV. will wissen, ob Scott der Autor von Waverly ist.

In einer extensionalen Logik ist es prinzipiell möglich, in einem Satz einen Ausdruck durch einen koreferenten Ausdruck zu ersetzen, ohne dass sich der Wahrheitswert ändert.

(43) Im Januar 1993 trat der Bundeswirtschaftsminister von Deutschland
      von seinem Amt zurück.

Ersetzt man nun *der Bundeswirtschaftsminister von Deutschland* durch einen koreferenten Ausdruck z. B. durch *Jürgen Möllemann*, so erhält man einen Satz, der die gleiche Bedeutung hat und denselben Wahrheitswert.

(44) Im Januar 1993 trat Jürgen Möllemann von seinem Amt zurück.

Probiert man dasselbe in einem Skopus von intensionalen Ausdrücken, so kann es passieren, dass sich die Bedeutung und der Wahrheitswert ändern. Unter der Voraussetzung, dass Scott der Autor von Waverly ist, kann man den Ausdruck *der Autor von Waverly* ersetzen durch den koreferenten Ausdruck *Scott.*

(45) Georg IV. wollte wissen, ob Scott Scott ist.

Es ist offensichtlich, dass dieser Satz nicht mehr dasselbe bedeutet wie der ursprüngliche. Lesarten, in denen eine Substitution durch koreferente Ausdrücke möglich ist, nennt man De-re-Lesarten. Fälle, wo dies nicht erlaubt ist, nennt man De-dicto-Lesarten. Beide Fälle verhalten sich auch unterschiedlich hinsichtlich ihrer Präsuppositionen.

Es gibt noch eine Reihe von anderen Ausdrücken, die bewirken, dass man die Bedeutung eines Ausdrucks nicht mit seiner Referenz gleichsetzen kann, in denen also eine extensionale Interpretation nicht möglich ist, wie z. B. *angeblich* oder *mutmaßlich.*

(46) Jürgen ist ein mutmaßlicher Mörder.

(47) Jemand glaubt, dass Jürgen ein Mörder ist.

(47) ist eine Paraphrase von (46). Im Gegensatz zu *Jemand weiß, dass Jürgen ein Mörder ist* kann man in diesen beiden Fällen das Individuum Jürgen nicht sicher unter die Menge der Mörder einordnen.

Um diejenigen Fälle, in denen auf die Extension eines Ausdrucks zurückgegriffen werden kann, von den Fällen zu unterscheiden, in denen dies nicht möglich ist, wird die Intension eines Ausdrucks eingeführt. Die Intension eines Ausdrucks wird als eine Zuordnungsfunktion von Ausdrücken zu Extensionen gesehen. Extensionen sind Mengen von Elementen in möglichen Welten, auf die der Ausdruck zutrifft. Um von Intensionen zu Extensionen zu gelangen, wenn eine extensionale Interpretation sinnvoll ist, benutzt man den Extensionalisator $^\vee$. Sein Gegenteil ist der Intensionalisator $^\wedge$.

Die Intension eines Ausdrucks A ist jene Funktion, die jeder möglichen Welt die Extension von A in dieser Welt zuordnet.

Auch hier gilt wieder, dass es verschiedene Arten von Ausprägungen einer intensionalen Logik gibt. Die radikalste dieser Möglichkeiten ist, immer bei der Zuordnung von Bedeutungen von der Intension der Ausdrücke statt von der Extension auszugehen. Dies hilft, eine Reihe von sogenannten Puzzles zu vermeiden. Das Beispiel mit Georg IV. und Scott ist solch ein Puzzle.

Die intensionale Logik ist Bestandteil der Montague-Grammatik und der Kategorialgrammatik. In beiden Systemen, die eng miteinander verwandt sind, besteht eine 1:1-Beziehung zwischen der syntaktischen Struktur und der semantischen Formel. Beide Strukturen sind nach einer einfachen Regel ineinander überführbar. Die Kategorialgrammatik ist rekursiv aufgebaut aus zwei Grundbereichen. Je nach Autor werden verschiedene Symbole benutzt. Der eine Grundbereich umfasst die Individuen, der andere die Sätze, die durch die Wahrheitswerte repräsentiert werden.

Die verschiedenen Möglichkeiten, die Grundelemente zu benennen: Symbole mit gleicher Ziffer gehören zusammen.

Individuen:　　　　　　　　　　Satz:

1) e, 2) n, 3) NP, 4) N, 5) 1　　1) t, 2) s, 3) S, 4) S, 5) 0

Im Weiteren werden die Kategorienbezeichnungen n (für Name) und s (für Satz) verwendet, da man sich diese leicht merken kann und es auch keine Verwechslung mit den erst später eingeführten semantischen Typen gibt.

Alle syntaktischen Kategorien erhalten eine aus diesen beiden Grundausdrücken bestehende Kategorie. Da nicht alles ein Eigenname (Kategorie n) oder ein Satz (Kategorie s) ist, müssen alle weiteren Kategorien aus diesen beiden Grundkategorien definiert werden. Dies geschieht, indem man alles als Funktion auffasst. Ein intransitives Verb ist ein Ausdruck, der aus einem Eigennamen einen Satz macht. Dies schreibt man so, dass man zuerst das Ergebnis, die Zielkategorie angibt (hier s), dann einen Schrägstrich und danach, was man hinzufügen musste, um das Ergebnis zu erhalten (hier n). Also: s/n ist die Kategorie für intransitive Verben und alles, was dafür eingesetzt werden kann (auch für Verbalphrasen, egal wie komplex sie sind). Es wird bei der Kategorisierung nicht zwischen lexikalischen Elementen und komplexen Einheiten wie Phrasen unterschieden. Alles, was mit einem Eigennamen als Subjekt einen Satz ergibt, ist vom gleichen Typ wie ein intransitives Verb: s/n.

Wenn man den Schrägstrich als Bruchstrich auffasst, versteht man die einzige syntaktische Regel der Kategorialgrammatik leichter.

(A/B) • B = A (mit A, B beliebige Kategorie)

(Wenn α von der Kategorie A/B und β von der Kategorie B ist, dann ist α β von der Kategorie A)

Mit diesen Prinzipien kann man sämtlichen Ausdrücken einer Sprache eine Kategorie der Kategorialgrammatik zuordnen. Da dies hier keine Einführung in die Kategorialgrammatik ist, soll hier nur ein Beispiel für einen kategorialgrammatischen syntaktischen Strukturbaum gezeigt werden.

(48)   Andrea trifft vielleicht einen Franzosen.

Damit sich keine kreuzenden Linien ergeben, müssen die Ausdrücke etwas anders angeordnet werden, entsprechend der Operator/Operand-Struktur der Kategorien. Also immer zuerst das Prädikat vor seinen Argumenten, Adverbiale und Adnominale vor das Verb bzw. das Nomen, usw.

Die wichtigsten Arten der syntaktischen Kategorien sind:

syntaktischer Ausdruck	Kategorie
Eigenname	n
intransitives Verb	s/n
transitives Verb	(s/n)/n
Adverb (z. B. laut)	(s/n)/(s/n)
Nomen	s/n
Adnominal	(s/n)/(s/n)
Determinantien	n/(s/n)
Satzadverbial (z. B. vielleicht)	s/s
Satz	s

Ein Adverb ist nach dieser Auffassung ein Operator, der aus einem intransitiven Verbgefüge ein intransitives Verbgefüge macht (z. B. aus *singen* das komplexe einstellige Prädikat *laut singen*).

Diese syntaktischen Kategorien sind ganz einfach in semantische Typen umzuwandeln. Die informelle, jedoch sehr wirksame Regel ist: Man drehe einfach die gesamte Reihenfolge um, ersetze den Schrägstrich durch ein Komma, die runden Klammern durch spitze, eckige, und schreibe statt s ein t und statt n ein

e. Weniger informell gilt, dass Einheiten der Kategorie n vom semantischen Typ e (für „entity") sind und Einheiten der Kategorie s vom Typ t (für „truth value"). Eine Kategorie A/B ist dann vom semantischen Typ <typ b, typ a>, mit typ a als semantischer Typ der Kategorie A und typ b als semantischer Typ der Kategorie B. Mit diesen Regeln kann man dann die semantischen Typen rekursiv aufbauen, erst für die Kategorie s/n, und dann immer so weiter.

syntaktischer Ausdruck	Kategorie	semantischer Typ
Eigenname	n	e
intransitives Verb	s/n	<e,t>
transitives Verb	(s/n)/n	<e, <e, t>>
Adverb (z. B. laut)	(s/n)/(s/n)	<<e, t>, <e, t>>
Nomen	s/n	<e,t>
Adnominal	(s/n)/(s/n)	<<e, t>, <e, t>>
Determinantien	n/(s/n)	<<e, t>, e>
Satzadverbial (z. B. vielleicht)	s/s	<t,t>
Satz	s	t

Das bisher vorgestellte System ist nur ein ganz einfaches System. Es gibt Varianten, die die Wortstellung mit berücksichtigen können, indem sie zwei verschiedene Schrägstriche verwenden, je nachdem, ob das Argument des Ausdrucks rechts oder links steht. Auch für die NPs sind andere Verfahren vorgeschlagen worden, in denen ein Nomen nicht mehr die gleiche Kategorie hat wie ein intransitives Verb. Für die NP und für Eigennamen gibt es noch eine weitere häufig verwendete Kategorie, die hier mit aufgeführt werden soll, damit man diese Kategorisierung besser einordnen kann.

Eine NP oder ein Eigenname, interpretiert als generalisierter Quantor, haben die syntaktische Kategorie s/(s/n) (etwas, das aus einem intransitiven Verb einen Satz macht). Der semantische Typ ist <<e, t>, t>.

Die Kategorie und der semantische Typ von Determinantien sind dann natürlich entsprechend komplexer. Die Kategorie ist (s/(s/n))/(s/n), der semantische Typ <<e, t>, <<e, t>, t>>.

Zu jeder Kategorie gibt es im Lexikon eine Menge von Grundausdrücken dieser Kategorie. Das entspricht dem, was in anderen syntaktischen Systemen den lexikalischen Einheiten Verben, Nomen etc. entspricht. Diesen Grundausdrücken ist dann auch eine entsprechende semantische Interpretation zugeordnet, die als

Bedeutung gekennzeichnet wird, z. B. durch einen Anführungsstrich, der nur als Zeichen dient für: „bei dem folgenden Ausdruck soll es sich um die Bedeutung des Ausdrucks handeln". So wird aus *Hund* z. B. ‚Hund'. Der Rest der semantischen Zuordnung ergibt sich dann aus den semantischen Typen. Semantische Typen sind Funktionen, und zwar Funktionen vom ersten Ausdruck in den zweiten. Dies kann dann extensional interpretiert werden, es handelt sich also um die extensionale Variante der Typenlogik. In der intensionalen Variante, die unter dem Namen intensionale Logik bekannt ist, werden die logischen Typen aller zusammengesetzten Typen intensional interpretiert. Man erkennt es an einem s vor diesen Typen: $<e, t>$ wird dann zu $<s <e, t>>$ usw. In die Tiefen dieser Logik soll hier nicht eingedrungen werden, zur intensiven Beschäftigung eignet sich am besten Dowty/Wall/Peters (1992).

Man kann diesen Ansatz auch bei der Zerlegung der Wortbedeutung in einzelne Bestandteile anwenden, z. B. für *wecken* (vgl. Bierwisch 1983b). Die semantischen Primitiva sind hier wieder durch Großbuchstaben gekennzeichnet. TU-CAUS bedeutet die Verursacherrelation, mit einem Verursacher und einem Sachverhalt als Argumente. WERD-ZU bezeichnet das Eintreten eines Zustands, hat also einen Zustand als Argument. Sachverhalte und Zustände sind durch Sätze darstellbar mit der Kategorie s. Die Formel für *wecken* lautet: λ y (λ x (TU-CAUS X WERD-ZU NEG SCHLAF Y)). Da der Lambda-Operator aus Sätzen Individuen oder Prädikate erzeugt, ändert er auch die Kategorie einer Formel. Für die Kategorie des Lambda-Operators gibt es eine allgemeine Formel mit Kategorienvariablen. Denselben Effekt erreicht man aber auch, indem man Lambda-Abstraktion als das Gegenteil des Wegkürzens ansieht, also einfach die Kategorie der Variable mit einem Schrägstrich an die Kategorie der folgenden Formel anhängt. In der Zeichnung ist für diese Verfahrensweise beim Lambda-Operator die Kategorie der Variable zur leichteren Zuordnung in eckigen Klammern angegeben. Das Ergebnis ist die korrekte Kategorisierung für *wecken* als transitives Verb.

1. Erstellen Sie einen Strukturbaum für folgende Kategorienzuweisung:

   Eine junge Nixe singt laut ein Lied.

laut	singt	(eine	junge	Nixe)	(ein	Lied)
(s/n)/(s/n)	(s/n)/n	n/(s/n)	(s/n)/(s/n)	s/n	n/(s/n)	s/n

2. Erstellen Sie die kategorialsyntaktische Struktur des folgenden Satzes: *Peter liest ein interessantes Buch.*

3. Wie sind die semantischen Typen der folgenden Kategorien? Bitte sehen Sie dabei nicht in der Tabelle nach!

   (a) s/n,   (b) (s/(s/n)/(s/n),   (c) (s/n)/(s/n),   (d) s

Lektüre:

Dowty/Wall/Peters 1992 (intensionale Semantik), Gebauer 1978 (Montague-Einführung), Bartsch/Lenerz/Ullmer-Ehrich 1977: Kap. 3, Heringer/Strecker/Wimmer 1980: Kap. 5 (Kategorialgrammatik), von Kutschera 1976: ab Kap. 2 (nur für sehr Interessierte), verschiedene Aufsätze in Oehrle/Bach/Wheeler 1988 (zum theoretischen Hintergrund der Kategorialgrammatik und zu Erweiterungen und Anwendungen), Bierwisch 1983b (Anwendung in der Wortsemantik).

6.4   Einführung in die Situationssemantik

Sprache ist eine wundervolle Sache, und man mag sie durchaus für die Quintessenz des Menschseins halten. Sie ist sicherlich ein machtvolles Werkzeug, wenn es darum geht, seine Mitmenschen und die Welt zu verstehen oder Einfluss auf sie zu nehmen. Aber sie stellt kein Geheimnis dar, das sie unterschiede von anderen Beschränkungen auf die Wirklichkeit, die dem Leben Bedeutung verleihen ... (Barwise/Perry: Situationen und Einstellungen)

Wem die vorherigen formalen Systeme zu wenig der Art gerecht zu werden scheinen, wie Sprache verwendet wird, befindet sich in einer ähnlichen Situation wie die Verfechter der Situationssemantik. Diese bemängelten unter anderem, dass die von der Logik stark beeinflussten Systeme immer vom Einfluss der Äußerungssituation auf die Bedeutung abstrahieren. Außerdem wird der Wahrheitsbegriff in den Ansätzen, die sich an den Standardlogiken orientieren, zu stark hervorgehoben, wogegen der Begriff der Situation, des beschriebenen Ereignisses, gar nicht auftaucht, bzw. nur indirekt in der mengentheoretischen Interpretation von Prädikaten und Individuen. In den wahrheitsfunktionalen Ansätzen wird als Referent eines Satzes nicht etwa die beschriebene Situation, sondern der Wahrheitswert angesehen.

Grundlegend für die Situationssemantik ist der Begriff der Situation. Damit ist aber in der Regel nicht eine reale Situation gemeint. Die reale Situation wird nur benötigt, um den Wahrheitswert einer Äußerung festzustellen, der je nach Äußerungssituation verschieden sein kann. Das Lieblingsbeispiel von Barwise/Perry ist der Satz:

(49)   Ich habe Recht, du hast Unrecht.

Wenn sich zwei Personen gegenseitig vorwerfen, Unrecht zu haben, kann höchstens einer der beiden Recht haben, der andere äußert einen falschen Satz. Oder es haben beide Unrecht. Dennoch kann man annehmen, dass (49) eine einheitliche Bedeutung hat, eine kontextinvariante Bedeutung. Diese wird durch abstrakte Situationen dargestellt, wobei es zu unterscheiden gilt zwischen einer aktuellen Situation, die mit der realen Situation übereinstimmt, den faktischen Situationen, die die realen Situationen korrekt klassifizieren, und den nicht-faktischen Situationen, die mindestens ein Element enthalten, das nicht mit der realen Situation korrespondiert. Dies alles benötigt man, um Wahrheit und Falschheit bestimmen zu können. Die abstrakten Situationen braucht man deshalb, weil man nur diese mengentheoretisch darstellen kann.

Die Referenz einer Äußerung ist die beschriebene Situation.

Die Bedeutung eines Satzes ist eine Relation zwischen einer Äußerung und der beschriebenen Situation.

Jede Semantik ist aus bestimmten Einheiten aufgebaut. Die Grundelemente der Situationssemantik sind Individuen, Relationen und Lokalisationen (in der deutschen Übersetzung Gebiete genannt). Für alle Grundelemente gibt es auch entsprechende Variablen:

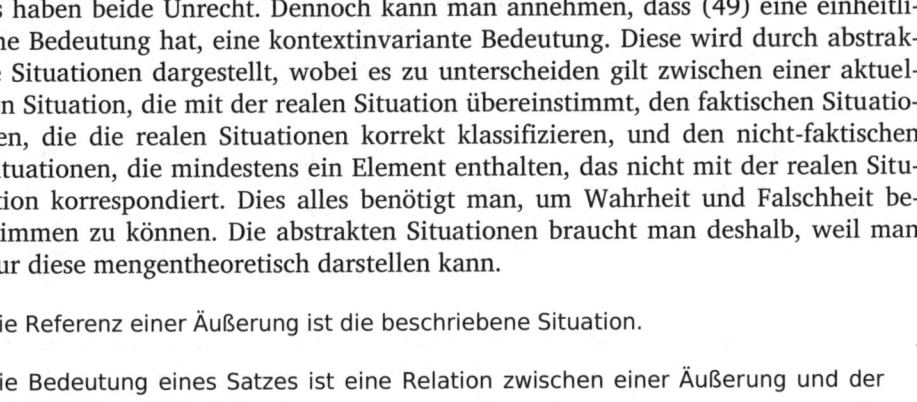

Grundelemente	Variablen
Individuen	**a, b,…**
Relationen	**r, s,…**
Gebiete (Lokalisationen)	**g, g´ (l, l´)**

Variablen unterscheiden sich von Konstanten durch Fettdruck. Barwise/Perry benutzen stattdessen den Begriff „Unbestimmte".

Als Hilfsmittel werden noch 1 und 0 bzw. ja und nein benötigt, um anzuzeigen, wann etwas zutreffen soll oder nicht. Aus diesen Elementen werden Situationen aufgebaut. Generell sind Situationen Relationen von einem Gebiet zu einem Situationstyp. Sie geben also an, wann und wo (= Gebiet) was (= Situationstyp) stattfindet. Der Situationstyp ist eine partielle Funktion von n-stelligen Relationen und n Individuen zu den Wahrheitswerten 0 oder 1. Ereignisse werden dabei wieder als Abfolge von statischen Situationen aufgefasst, sodass tatsächlich mithilfe dieser Grundelemente Situationen und Ereignisse aufgebaut werden können. Damit ist ein wesentliches Element der Situationssemantik definiert, die Situation. Bevor nun die Semantik in Angriff genommen wird, folgen einige Beispiele für derartige Situationen. Dabei wird die eher lesbare Variante verwendet und nicht die Darstellung als Funktionen. Jedoch auch bei einer informelleren Darstellung sollte sich jeder bewusst sein, dass es sich dabei um Funktionen auf definierten Grundelementen handelt.

in s: in g: spricht, Kasiopeia; nein
                läuft, Kasiopeia; ja

Dies ist die Beschreibung einer Situation, in der die Schildkröte Kasiopeia läuft, aber nicht spricht. Da nie alles aufgezählt werden kann, was auf die Individuen zutrifft, muss 0 bzw. „nein" definiert sein, um das, was nicht festgelegt ist, von dem zu unterscheiden, was nicht zutrifft.

In Situationen und Ereignissen muss nicht alles aufgeführt werden, was in der Situation auftritt. Die abstrakten Situationen, die man aus den Grundelementen aufbaut, geben immer nur einen Ausschnitt dieser Realität an. Man benötigt abstrakte Situationen, weil reale Situationen nie vollständig beschrieben werden können.

Bei Ereignissen liegt eine Abfolge von Situationen vor. Diese sind daran erkennbar, dass mehrere Festlegungen für das Gebiet vorliegen, da das Gebiet als raumzeitliche Festlegung die Zeit mit enthält. Wenn man sich am gleichen Ort zu einer anderen Zeit befindet, dann befindet man sich an einem anderen g (Gebiet).

in e: in g1:   Einbrecher, a; ja
                     Safetür, b; ja
                     öffnet, a, b; ja
          in g2:   Skelett, c; ja
                     findet a, c; ja
          in g3:   erschrocken, a; ja
                     erschrocken, c; nein

          $g1 < g2 < g3$

Dies beschreibt also ein Ereignis, in dem ein Einbrecher eine Safetür öffnet, dann darin ein Skelett findet, worauf der Einbrecher erschrickt, das Skelett aber nicht.

Man kann nicht nur einzelne Situationen identifizieren, sondern auch Gemeinsamkeiten zwischen ihnen feststellen. Diese Gemeinsamkeiten werden Ereignistypen genannt. Ein Ereignistyp ist durch ein E gekennzeichnet und enthält Variablen (am Fettdruck erkennbar).

in E: in g: schenken, **a**, **b**, **c**; ja
                     Kind, **b**; ja
                     Bonbon, **c**; ja

Dies ist der Ereignistyp, in dem jemand irgendwann irgendwo einem Kind ein Bonbon schenkt. Variablen können verankert werden, indem man sie einem Element aus den Grundbereichen zuordnet. Wenn man alle Variablen verankert hat, dann erhält man wieder ein Ereignis oder eine Situation (in der z. B. Karl am 01.01.1992 in Köln Sara ein Bonbon schenkt).

Soviel zu Situationen. Die Bedeutung eines Satzes oder eines Ausdrucks ist eine Funktion der Äußerungssituation u, in der der Ausdruck geäußert wird, zu den beschriebenen Situationen e. Die beschriebenen Situationen sind schon erläutert worden. Die Äußerungssituation enthält als wesentliche Bestandteile die Diskurssituation, die aus dem Sprecher und dem Adressaten der Äußerung, der Äußerung selbst und der raum-zeitlichen Lokalisation (g) dieser Äußerung besteht. Der zweite Bestandteil sind die Verbindungen des Sprechers zu den Referenten. Mit diesen kann man die je Sprecher unterschiedlichen Rekurssituationen erfassen. Bisher war es für die Formalisierung definiter Nominalphrasen ein Problem, dass man den Bereich, aus dem dieser Referent genommen werden sollte, nicht eingrenzen konnte. Die Sprecherverbindungen stellen ein Instrument zur Verfügung, mit dem man sogar Situationen erfassen kann, in denen Sprecher und Hörer unterschiedliche Rekurssituationen haben, eine Quelle für Missverständnisse.

Wenn Eva nach Norden sieht und dort einen roten Fesselballon sieht, dann kann sie mit Fug und Recht behaupten: *„Der Ballon ist rot."* Christina sieht aber nach Süden und sieht dort einen grünen Fesselballon. Sie antwortet natürlich: *„Quatsch, der Ballon ist doch grün".* Dieses Missverständnis entsteht dadurch, dass beide eine andere Rekurssituation haben, aus der sie die Referenten für ihre Ausdrücke auswählen. Bzw.: Sie wählen je nach Rekurssituation den passenden Ausdruck (hier *der Ballon* statt *ein Ballon*).

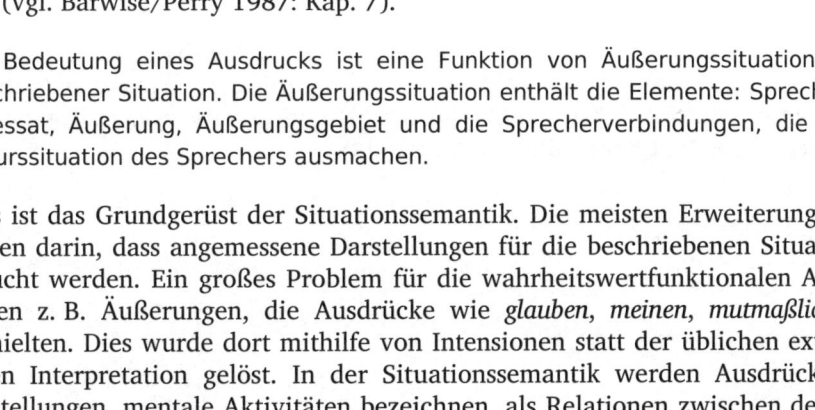

Mithilfe von Zuordnungsvorschriften für Situationen, aus denen der Referent gewählt werden soll, kann man auch die verschiedenen Gebrauchsweisen wie referenzieller Gebrauch und attributiver Gebrauch bzw. De-dicto und De-re-Lesarten in den Griff bekommen. Dies soll hier aber nicht weiter ausgeführt werden (vgl. Barwise/Perry 1987: Kap. 7).

Die Bedeutung eines Ausdrucks ist eine Funktion von Äußerungssituation zu beschriebener Situation. Die Äußerungssituation enthält die Elemente: Sprecher, Adressat, Äußerung, Äußerungsgebiet und die Sprecherverbindungen, die die Rekurssituation des Sprechers ausmachen.

Dies ist das Grundgerüst der Situationssemantik. Die meisten Erweiterungen bestehen darin, dass angemessene Darstellungen für die beschriebenen Situationen gesucht werden. Ein großes Problem für die wahrheitswertfunktionalen Ansätze waren z. B. Äußerungen, die Ausdrücke wie *glauben, meinen, mutmaßlich* etc. enthielten. Dies wurde dort mithilfe von Intensionen statt der üblichen extensionalen Interpretation gelöst. In der Situationssemantik werden Ausdrücke, die Einstellungen, mentale Aktivitäten bezeichnen, als Relationen zwischen demjenigen, der diese Einstellung hat, und Konzepten dieser Person von der Welt dargestellt. Diese Konzepte sind im Rahmen der Situationssemantik als Ereignistypen formalisierbar. Da Ereignistypen Variablen enthalten, muss für diese Variablen wieder eine Verankerung angegeben werden. Durch diese Konstruktion wird verhindert, dass man durch Substitutionen von koreferenten Ausdrücken in Schwierigkeiten gerät. Denn mit koreferenten Ausdrücken werden andere Inhalte beschrieben, die Koreferenz ergibt sich nur durch die Verankerung. Es ist auch leicht möglich, mithilfe dieser Konstruktionen einen Wissenszuwachs zu erfassen. Barwise und Perry legen viel Wert darauf, dass man mit ihrer Art Semantik zu betreiben, auch in der Lage ist, zu erklären, wann, wo und weshalb in einer Sprache Missverständnisse auftreten können, die sich dann durch inadäquate Reaktionen des Sprechers oder des Hörers bemerkbar machen.

Die Situationssemantik hat auch andere Ansätze stark beeinflusst. Es hat sich in neuerer Zeit immer mehr eingebürgert, als Referenten des Satzes nicht mehr wie früher seinen Wahrheitswert anzunehmen, sondern jetzt e für Ereignis zu schreiben. Zwischen der modelltheoretischen Semantik und der Situationssemantik sind jedoch immer noch Unstimmigkeiten festzustellen, beide Ansätze scheinen schwer vereinbar zu sein. Dies liegt insbesondere an der mathematischen Fundierung der beiden Ansätze, was hier nicht weiter erörtert werden kann.

1. Geben Sie das Ereignis, den Ereignistyp oder die Situation an, die durch folgende Sätze beschrieben werden.

   a) Günther liest seiner Tochter Mona ein Buch vor. Mona kennt das Buch. Sie hatte es selbst schon gelesen.

   b) Jemand sucht seine Frau.

   c) Ein Arzt wäscht sich seine Hände, bevor er einen Patienten operiert.

   d) Manfred sucht seinen Autoschlüssel. Er findet ihn nicht und flucht. Günther hat ihn eingesteckt und ist gegangen. Er wusste nicht, dass der Autoschüssel Manfred gehört.

2. Geben Sie den Ereignistyp für die Äußerungssituation an.

Lektüre:

Barwise/Perry 1987 (mit kurzen Inhaltsangaben von Aufsätzen zur Situationssemantik dieser Autoren und einer Auswahlliteraturliste zu Werken zur Situationssemantik), Barwise 1991 und Cresswell 1991 (zu einem Vergleich von modelltheoretischer Semantik und Situationssemantik).

7 Ansätze zu einer Textsemantik

Die in Kap. 6.2 und 6.3 vorgestellten Logiksysteme basieren auf der Prädikatenlogik und haben ein Problem gemeinsam. Bisher war die Satzgrenze auch die Grenze für die semantischen Formalisierungen. Dass bei syntaktischen Modellen die Satzgrenze eine zentrale Grenze ist, ist unbestritten, denn das Ziel der Syntax ist ja die Ermittlung der syntaktischen Struktur von Sätzen. In der Semantik dagegen ist das zentrale Untersuchungsziel die Bedeutung von sprachlichen Ausdrücken. Nun weiß aber jeder aus dem alltäglichen Sprachgebrauch, dass nicht nur Wörter eine Bedeutung haben (vgl. Wortsemantik), sondern auch die aus diesen Wörtern gebildeten Sätze (vgl. Satzsemantik) und ebenfalls die mit diesen Sätzen gebildeten Texte. Die Bedeutung von Texten sollte demnach als Textsemantik darstellbar sein. In Kapitel 3.5 wurde dargestellt, dass insbesondere die Koreferenz ein wichtiges Kohärenzmittel ist, um einen Textzusammenhang herzustellen, ebenso wie die Tatsache, dass es Skripts und Frames gibt, die bestimmte Mitspieler als schon gegeben festlegen. Insgesamt stellt die Koreferenz in ihren verschiedenen Ausprägungen einen Problemfall für eine Textsemantik dar, da sie teilweise durch Weltwissen und Skripts vermittelt ist (vgl. Kap. 3.5).

Es gibt verschiedene Ansätze zur Semantik von Textabschnitten, der bekannteste und in der formalen Semantik am weitesten verbreitete ist die Diskursrepräsentationstheorie. Dabei kann man mithilfe einer Menge von Regeln aus einem Satz, dessen syntaktische Struktur bekannt ist, sozusagen automatisch eine semantische Struktur erzeugen. Zuerst sollen jedoch zwei „Alternativen" vorgestellt werden, die andeuten, welche Bandbreite bei der Textsemantik zu bewältigen ist.

7.1 Alternative Ansätze

In der Textlinguistik wird eher von der Bedeutung, die ein Satz oder Text hat, ausgegangen, und diese wird in ein Modell gefasst, das dann auch solche Probleme wie Kohärenz eines Textes, Vererbung von Eigenschaften bei beteiligten Konzepten, Erfassen des Textthemas etc. erklären kann. Kurz: dem Weltwissen wird ein größerer Stellenwert eingeräumt als bisher. Ausgangspunkt ist immer eine Menge von Konzepten und Grundrelationen, aus denen die Bedeutung eines komplexen Textes zusammengebaut wird. Beim Aufbau dieser Netze ist es oft nötig, Inferenzen zu ziehen. Das dazu benötigte Weltwissen ist durch die in Konzepten und Frames etc. enthaltenen Informationen für diese semantischen Netzwerke zugänglich. Zur Illustration, wie ein derartiges semantisches Netzwerk aussehen kann, hier ein Beispiel aus De Beaugrande/Dressler (1981: 107).

(1) A great black and yellow V-2 rocket 46 feet long stood in a New
Mexico desert. Empty, it weighed five tons.

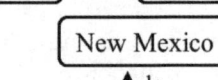

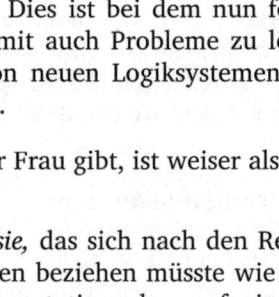

Die runden Einheiten stellen die Konzepte dar, die durch Relationen miteinander verbunden sind. Die Pfeilbezeichnungen geben an, welche Art von Konzept am Ende des Pfeiles erreicht wird. Die Abkürzungen bedeuten im Einzelnen: at: Eigenschaft von; lo: Lokalisierung von; qu: Quantität von, sp: Spezifizierung von; st: Zustand von; su: Substanz von. Auch dass das Pronomen *it* sich auf die Rakete bezieht, ist schon eine auf grammatischem Wissen und auf Weltwissen basierende Inferenz.

In einem derartigen Netzwerk sind aber die Regeln, nach denen man Knotenunifizierungen vornimmt, meist nicht formalisiert. Dies ist bei dem nun folgenden System (vgl. Chur 1993) anders. Man kann damit auch Probleme zu lösen, die mit einer logischen Analyse die Einführung von neuen Logiksystemen wie die Fuzzy-Logik erfordern (vgl. Lerner/Schatz 1989).

(2) Der Mann, der seine Scheckkarte seiner Frau gibt, ist weiser als der Mann, der sie seiner Freundin gibt.

Das Problem an diesem Satz ist das Pronomen *sie,* das sich nach den Regeln der Koreferenz (vgl. Kap. 3) auf denselben Referenten beziehen müsste wie der Ausdruck *seine Scheckkarte,* in der normalen Interpretation aber auf eine andere Scheckkarte (die des zweiten Mannes) referiert.

Das System basiert auf dem Grundgedanken eines Modells von Diskursreferenten (vgl. Heim 1983 und Karttunen 1976). Diskursreferenten sind Einheiten einer Ebene, die zwischen den sprachlichen Ausdrücken und den Referenten angesiedelt sind. Insbesondere anaphorische Ausdrücke werden dadurch leichter erfasst. Die Diskursreferenten werden hier als Kästchen angegeben. Sie enthalten eine arbiträre Zahl (zur leichteren Zuordnung in Texten über diese Netzwerke), die Angabe der numerischen Information ($n = 1$ für Singular, $n > 1$ für Plural, $n = \max$ für Allquantifikation etc.) und die Kennzeichnungen, die nach bisherigem Textverlauf zu diesem Diskursreferenten gehören. Mehrstellige Relationen wie z. B. transitive Prädikate werden durch gerichtete Pfeile zwischen den betroffenen Diskursreferenten dargestellt. Es gibt eine begrenzte Menge von vier Regeln, die die Generierung von Diskursreferenten und ihre Beziehungen untereinander bestimmen. Wie man deutlich sieht, enthält das Diskursnetzwerk für Satz (2) zwei unterschiedliche Diskursreferenten für zwei verschiedene Scheckkarten (207 und 211).

Zur Interpretation von Prädikativa und präsuppositionellen Diskursreferenten vgl. Chur (1993: Kap. 6). Mithilfe dieses Systems ist es auch möglich – nach Etablierung eines zweiten Diskursuniversums des enzyklopädisch-semantischen Wissens –, generische Texte darzustellen, wobei die Erstellung der Diskursnetzwerke immer eng der sprachlichen Realisierung folgt. Für diesen Zweck ist das System auch ursprünglich konzipiert worden (vgl. Chur 1993). Darin unterscheidet es sich von prädikatenlogisch orientierten Ansätzen, die für generische Sätze immer eine uniforme Quantifikation annehmen, entweder einen extra generischen Quantor, oder den Allquantor. Letzteres ist die Standardanalyse. Und zwar unabhängig davon, ob der generische Satz *Ein Bär ist ein Säugetier* oder *Alle Bären sind Säugetiere* hieß. Dadurch bereitete die Semantik generischer Ausdrücke in der kompositionellen Analyse große Probleme. Sie wurden daher fast immer ausgegrenzt.

Lektüre:

De Beaugrande/Dressler 1981: Kap. 5, Chur 1993: Kap. 6–7, Carlson/Pelletier 1995.

7.2   Die Diskursrepräsentationstheorie

In der Prädikatenlogik müssen alle Individuenvariablen gebunden sein. Dazu benutzt man die Quantoren, z. B. den Existenzquantor und den Allquantor. Will man aber komplexere Texteinheiten formalisieren, und sei es nur ein Text von zwei Sätzen, so treten gravierende Probleme auf, die durch eine Erweiterung der Prädikatenlogik oft nicht überzeugend gelöst werden. Besonders deutlich wird dieses Problem bei der Behandlung anaphorischer Ausdrücke, wie schon ein so simpler Text wie (3) zeigt:

(3)   Ein Dinosaurierjunges kriecht aus einem Ei. Es beschnuppert einen Zweig. Das Ei ist kaputt.

Versuchen Sie **probeweise**, diesem Text eine prädikatenlogische Formel zuzuordnen. Kann man sie aus den Formeln für die einzelnen Sätze erhalten? Wie ist die Regel für Pronomina? Treten überflüssige Quantoren oder ungebundene Variablen auf?

Jede Diskursrepräsentationsstruktur DRS besteht aus einem Universum U (das ist die Menge der beteiligten Diskursreferenten) und einer Menge von Bedingungen, Konditionen (Con) (das ist die Menge der Prädikate und Relationen, die bezüglich der Diskursreferenten gelten sollen).

Die Wahrheit überprüft man, indem man das, was als Modell in der Diskursrepräsentation aufgebaut wurde, mit der Realität vergleicht. Stimmt beides überein, so ist die Diskursrepräsentationsstruktur wahr, ansonsten falsch.

Eine Diskursrepräsentationsstruktur ist wahr, wenn sie in das (Welt-)Modell eingebettet werden kann.

Zur Kennzeichnung der Diskursreferenten werden unterschiedliche Verfahrensweisen angewendet: entweder x, y, z, u ... ähnlich wie in der Prädikatenlogik oder a1, a2, a3, a4, a5 etc. Die letzte Methode empfiehlt sich bei komplexeren oder längeren Texten mit vielen Diskursreferenten und wird auch hier verwendet.

Regeln für die Erstellung einer Diskursrepräsentationsstruktur DRS:

1. Am Anfang steht eine leere Diskursrepräsentationsstruktur.

2. Jede Repräsentation eines Satzes erweitert eine bestehende Diskursrepräsentationsstruktur.

3. Jede Diskursrepräsentation enthält ein Universum der Diskursreferenten.

4. Die Verarbeitung eines Satzes erfolgt prinzipiell von links nach rechts.

Es gibt zwei prinzipiell äquivalente Verfahrensweisen zur Erstellung von Diskursrepräsentationsstrukturen. Bei der ersten kann man die schrittweise Zerlegung des Satzes besser verfolgen, die zweite ist später bei komplexeren Texten übersichtlicher, da sie nur das Endergebnis angibt und auf eine Dokumentation der vielen verschiedenen Zwischenschritte verzichtet. Bei beiden Systemen gilt:

1) Eine indefinite NP (z. B. *ein Mann*) führt einen neuen Diskursreferenten ein.

2) Eine definite NP (z. B. *das Mädchen*) nimmt einen schon vorhandenen geeigneten Diskursreferenten auf (wird mit diesem gleichgesetzt).

3) Eigennamen werden als Identitätsbeziehung mit einem Diskursreferenten angesehen (z. B. a1 = Tobias). Sie führen Diskursreferenten in der Hauptmatrix ein.

4) Kennzeichnungen und einstellige Prädikate werden wie in der Prädikatenlogik dargestellt (z. B. M (x) oder Mann (x)).

(4)   Ein Dinosaurierjunges kriecht aus einem Ei.

a1   a2
Ein Dinosaurierjunges kriecht aus einem Ei.
Dinosaurierjunges (a1)
a1 kriecht aus einem Ei
Ei (a2)
a1 kriecht aus a2

Der Satz *Ein Dinosaurierjunges kriecht aus einem Ei* enthält als erste Konstituente die NP *ein Dinosaurierjunges.* Dies ist eine indefinite NP, also wird ein neuer Diskursreferent (hier a1) eingeführt. Eingeführt heißt, dass er oben in die erste Zeile geschrieben wird. Dort stehen dann alle Elemente aus U, also alle Diskursreferenten. Zur besseren Übersichtlichkeit sind U und Con durch einen Strich getrennt. Dies ist nicht bei allen Autoren der Fall.

Ein Dinosaurierjunges enthält noch die Kennzeichnung *Dinosaurierjunges,* also wird dies in die Formel „Dinosaurierjunges (a1)" umgewandelt. Dann wird in dem Satz die NP durch den Diskursreferenten ersetzt. Das Ergebnis ist: „a1 kriecht aus dem Ei". Das Verb wird hier nicht weiter analysiert. Dann kommt die zweite NP (*einem Ei*). Es wird wieder ein neuer Diskursreferent eingeführt (a2), dann die Kennzeichnung interpretiert (das ergibt „Ei (a2)") und zum Schluss der Diskursreferent a2 für die NP eingesetzt.

Einfacher, aber mit demselben Ergebnis, gelingt das Verfahren nach der zweiten Methode. Auch hier wird prinzipiell immer von links nach rechts vorgegangen, aber es werden alle Zwischenschritte weggelassen und nur die Ergebnisse aufgelistet.

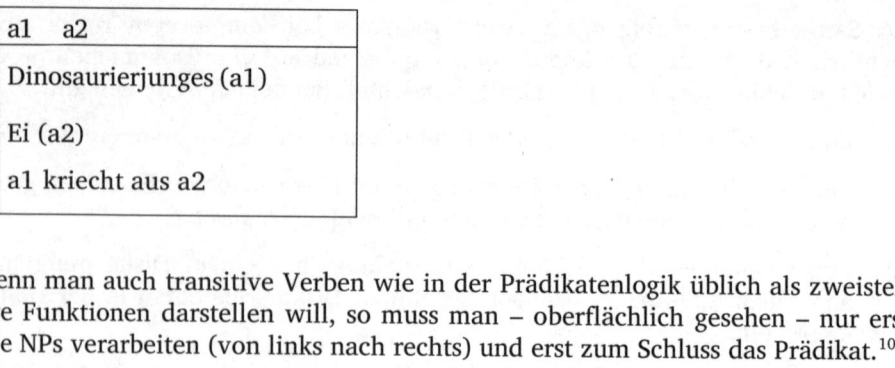

Wenn man auch transitive Verben wie in der Prädikatenlogik üblich als zweistellige Funktionen darstellen will, so muss man – oberflächlich gesehen – nur erst alle NPs verarbeiten (von links nach rechts) und erst zum Schluss das Prädikat.[10]

a1   a2
Dinosaurierjunges (a1)
Ei (a2)
kriechen aus (a1, a2)

Für jeden weiteren Satz wird eine neue DRS erstellt und anschließend überprüft, wie diese neue Struktur in die Haupt-DRS eingebaut werden kann. Dabei sind bestimmte Regeln zu beachten, die vor allem die Behandlung koreferenter Pronomina betreffen.

1. Jede neue DRS wird in die Haupt-DRS eingebaut, es sei denn, eine Regel sagt etwas anderes.

2. Für jeden Diskursreferenten einer definiten NP muss ein passender Diskursreferent in der gleichgeordneten oder in der übergeordneten DRS gesucht werden. Mit diesem wird er gleichgesetzt und durch ihn ersetzt.

3. Personalpronomina sind definite NPs, haben aber keine weiteren Kennzeichnungen.

Diese Formulierungen erscheinen zunächst etwas nebulös, sie werden aber im Folgenden klarer werden.

---

[10]   Nach dem zugrunde gelegten formalen Mechanismus liegt auch hier eine strikte Von-links-nach-rechts-Bearbeitung vor, dies ist jedoch in einer informellen Darstellung nicht ohne größeren Aufwand einsichtig zu machen.

Erstellen Sie die Diskursrepräsentationsstrukturen für die folgenden beiden Sätze:

a) *Es beschnuppert einen Zweig.*

b) *Das Ei ist kaputt.*

Die beiden Diskursrepräsentationsstrukturen für die obigen Sätze sind:

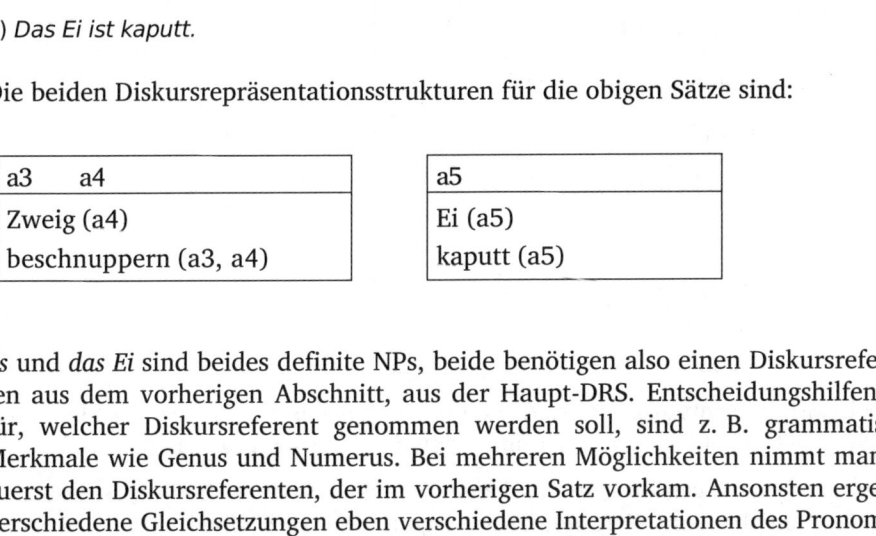

a3   a4
Zweig (a4)
beschnuppern (a3, a4)

a5
Ei (a5)
kaputt (a5)

Es und *das Ei* sind beides definite NPs, beide benötigen also einen Diskursreferenten aus dem vorherigen Abschnitt, aus der Haupt-DRS. Entscheidungshilfen dafür, welcher Diskursreferent genommen werden soll, sind z. B. grammatische Merkmale wie Genus und Numerus. Bei mehreren Möglichkeiten nimmt man oft zuerst den Diskursreferenten, der im vorherigen Satz vorkam. Ansonsten ergeben verschiedene Gleichsetzungen eben verschiedene Interpretationen des Pronomens oder der definiten NP. Die naheliegende Interpretation ist, dass a3 mit a1 gleichgesetzt wird und a5 mit a2. Nun muss man laut Regel in den beiden Diskursrepräsentationen a3 durch a1 ersetzen und a5 durch a2. Den nun erhaltenen Inhalt überträgt man in die Haupt-DRS. Doppelte Informationen werden gestrichen (hier Ei (a2)). Das Ergebnis ist die Diskursrepräsentationsstruktur von folgendem Text:

(5)   Ein Dinosaurierjunges kriecht aus einem Ei. Es beschnuppert einen Zweig. Das Ei ist kaputt.

a1   a2   a4
Dinosaurierjunges (a1)
Ei (a2)
kriechen aus (a1, a2)
Zweig (a4)
beschnuppern (a1, a4)
kaputt (a2)

Welche DRS ergibt sich, wenn man a3 mit a2 gleichsetzt? Welche Interpretation des Textes ergibt sich dann?

Durch eine andere Gleichsetzung der Referenten ergibt sich auch eine veränderte Interpretation der definiten NP. So kann man z. B. a3 mit a2 gleichsetzen.

a1   a2   a4
Dinosaurierjunges (al)
Ei (a2)
kriechen aus (a1, a2)
Zweig (a4)
beschnuppern (a2, a4)
kaputt (a2)

Diese DRS repräsentiert eine Interpretation, in der das Ei, aus dem das Dinosaurierjunge gekrochen ist, kaputt ist und einen Zweig beschnuppert.

Zu diesem System gehört – wie zu jedem formalen System einer Satzsemantik – auch die Angabe von Wahrheitsbedingungen. Die DRS sind partielle Modelle einer (möglichen) Welt. Das bedeutet: Sie stellen einen Ausschnitt dieser Welt dar. Nur wenn dieses Modell in das Modell von der Welt eingepasst werden kann, ohne dass Widersprüche auftreten, ist die DRS und somit der Text wahr.

 1. Welche der beiden obigen DRS ist wahr in Bezug auf die durch das Bild dargestellte Situation?

Konditionale Sätze und auch allquantifizierte Ausdrücke werden anders behandelt. Alle Sätze, die in der Prädikatenlogik durch eine Implikation dargestellt werden, sind in der Diskursrepräsentationstheorie so zu behandeln.

Konditionalsätze und allquantifizierte NPs führen eine komplexe untergeordnete DRS ein. Diese besteht aus jeweils einer eigenen DRS für Antezendens und Konsequens, die durch das Zeichen ⇒ verknüpft sind.

(6)   Alle Atomkraftwerke strahlen.

a1
Atomkraftwerk (a1)

$\Rightarrow$

strahlen (a1)

2. Wie ist die DRS für *Alle Studenten lesen ein Buch* in der präferierten Lesart
($\forall$ x $\exists$ y [S (x) & L (x, y)])?

Eine Negation wird dadurch dargestellt, dass eine neue Diskursrepräsentation aufgebaut wird, in die die negierten Teile eingebettet werden. Dieser ist das Symbol NEG vorangestellt. NEG-DRS ist wahr, wenn es keine Einbettung in das Weltmodell gibt.

Bei einer Negation schreibt man NEG an die Stelle, wo sonst die Bedingungen folgen würden, und öffnet dann einen neuen Kasten. Darin trägt man die Diskursrepräsentationen für die negierten Bedingungen ein.

Die Stellung der Negation bei allquantifizierten Sätzen wird bei einer Paraphrasierung durch einen Konditionalsatz deutlicher: *Wenn etwas ein Mensch ist, dann ist es nicht allwissend.*

(7)   Kein Mensch ist allwissend.

a1
Mensch (a1)

$\Rightarrow$

NEG

allwissend a1

(8)   Dagobert ist reich. Donald ist nicht reich.

a1 a2
a1 = Dagobert reich (a1)
a2 = Donald
NEG
reich (a2)

Wie ist die Diskursrepräsentation von folgendem Text?

Alfred Jodokus Quack steht vor einem Teich. Wenn kein Krokodil hungrig ist, springt er ins Wasser. Er schwimmt zu einem Krokodil. Es beachtet ihn nicht.

---

a1   a2   a3   a6

a1 = Alfred Jodokus Quack
Teich (a2)

a3		
Krokodil (a3)		

⇒

NEG	
hungrig (a3)	

⇒

Wasser (a1)
springen in (a1, a2)

Krokodil (a3)
schwimmen zu (a1, a6)

NEG | beachten (a6, a1) |

Drei Dinge sind zu beachten:

1) Eigennamen führen immer einen Diskursreferenten in der Haupt-DRS ein. Hier wirkt sich das allerdings nicht aus (vgl. aber die Aufgaben).

2) Der Diskursreferent einer definiten NP kann nur mit einem Diskursreferenten der gleichen oder einer übergeordneten DRS gleichgesetzt werden. Für *Es* in *Es beachtet ihn nicht* kann nur die Variable a6 genommen werden, da nur a6, nicht aber a3 in der übergeordneten Haupt-DRS angesiedelt ist.

3) Dies hat auch sprachliche Auswirkungen. Wenn man den Satz *Er schwimmt zu einem Krokodil* in dem obigen Text weglässt, dann ist eine Interpretation von *es* nicht möglich (es kann weder mit a1 oder a2 (aus grammatischen Gründen) noch mit a3 gleichgesetzt werden (da diese weder in der gleichen noch in der übergeordneten DRS vorkommt)). Also gibt es keine Möglichkeit für eine Interpretation dieses Pronomens. Tatsächlich ist der resultierende Text auch nicht wohlgeformt.

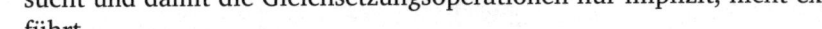
(9)   Alfred Jodokus Quack steht vor einem Teich. Wenn kein Krokodil
       hungrig ist, springt er ins Wasser. *Es beachtet ihn nicht.

Wer a4 statt a6 geschrieben hat, hat ebenfalls Recht. Diese Nummerierung ergibt
sich, wenn man gleich den richtigen Diskursreferenten für eine definite NP aus-
sucht und damit die Gleichsetzungsoperationen nur implizit, nicht explizit durch-
führt.

1. Erstellen Sie jeweils eine DRS für die folgenden Texte.

    a) Manfred sucht einen Schuh. Er findet ihn nicht. Burghard hat ihn versteckt.

    b) Wenn ein Mensch einen Hund schlägt, dann ist er ein Tierquäler.

2. Erstellen Sie die DRS für folgenden Text:

    *Wenn ein Arzt Burghard eine Spritze gibt, jammert er nicht. Jede Spritze ist
    ihm willkommen.*

Welches Pronomen könnte nicht interpretiert werden, wenn Eigennamen Diskursreferenten nur in der aktuellen Matrix einführten, und nicht in der Hauptmatrix?

Lektüre:

Kolb 1987, Kamp 1981, Kamp/Reyle 1993, Asher/Lascarides 2003.

8   Schlusswort: Der Vorhang zu und viele Fragen offen?

Das *Arbeitsbuch Semantik* stellt den Versuch dar, einen kritischen Überblick über die Fragen, Probleme und Ergebnisse der modernen Semantikforschung zu geben. Von bereits vorliegenden Arbeitsbüchern unterscheidet es sich zum einen dadurch, dass eine sehr breit gefächerte, möglichst viele Aspekte erfassende Darstellung angestrebt wird, zum anderen dadurch, dass zu jedem Themenbereich Fragen und Aufgaben gestellt werden, die zu einem tieferen Verständnis führen und die Leser(innen) zum „Selber-Ausprobieren" anregen sollen. Das Buch ist nicht nur als Grundlage für Seminare gedacht, sondern kann von Studenten und anderen an der Sprache Interessierten auch als Arbeitsbuch zum Eigenstudium verwendet werden. Es soll die Leser(innen) in die Lage versetzen, sich selbständig mit weiterführender Literatur zur Semantik auseinanderzusetzen.

In Teil I werden die allgemeinen Grundlagen und kognitiven Aspekte der Semantik vorgestellt. Zahlreiche Querverweise zu anderen Disziplinen (Philosophie, Kognitionspsychologie, Neuropsychologie) sollen die fächerübergreifende Relevanz semantischer Fragen, ihre Einbettung in die grundlegende Wissenschaftsproblematik verdeutlichen.

Teil II ist weitgehend praxisorientiert. Beabsichtigt ist weniger die Diskussion der philosophischen Basis unterschiedlicher formaler Semantiksysteme, vielmehr soll hier die Fertigkeit im Umgang mit formalen Systemen vermittelt werden. Der Schwerpunkt liegt dabei auf den Logikansätzen, die als Grundlage in der formalen Semantik immer vorausgesetzt werden: Aussagenlogik und Prädikatenlogik. In weiterführende Ansätze wurde ein Einblick vermittelt und die Bandbreite und Richtung der weiteren Forschungsentwicklung aufgezeigt.

Trotz allem Bemühen um eine umfassende Einführung konnten viele Themen nur kurz umrissen werden, eine Reihe von Fragen nur skizzenhaft formuliert werden. Dies liegt u. a. auch daran, dass viele Bereiche der Semantik noch intensiver untersucht werden müssen, bevor adäquate Erklärungen möglich sind. So bedürfen die zentralen Fragen nach der Repräsentation und der Aktivierung von Bedeutungen im mentalen Lexikon weiterer empirischer Untersuchungen. Auch das Verhältnis zwischen semantischen und konzeptuellen Repräsentationen ist beim derzeitigen Forschungsstand noch explikationsbedürftig. In der formalen Semantik ist einerseits die Grundsatzdiskussion zwischen wahrheitswertfunktionaler Semantik und Situationssemantik noch nicht entschieden, andererseits müssen noch viele Einzelfragen, die sich aus der Verwendung natürlicher Sprachen im Vergleich zu formalen Sprachen ergeben, gelöst werden. Dies betrifft sowohl die adäquate formale Darstellung der Semantik einzelner Ausdrücke als auch die Kombination von Satzformeln zu Textformeln. Die Entwicklung von textsemantischen Ansätzen ist ein Gebiet, das noch viele unerforschte Bereiche bereithält.

Wenn es uns gelang, ein wenig von der Faszination, die für uns mit der Beschäftigung mit semantischen Fragen einhergeht, an unsere Leser(innen) weiterzugeben, ist ein wichtiges Ziel dieses Buches erreicht.

9 Lösungsvorschläge

Es handelt sich hierbei nicht immer um erschöpfende Antworten, insbesondere bei Aufgaben, die zur Diskussion anregen oder strittige Fälle thematisieren. Die Lösungsvorschläge sollen dem Leser eine Art Feedback und Kontrollmöglichkeit geben.

Teil I

Kapitel 1

S. 21: Dieser Zustand ist bei gesunden Sprechern nicht gegeben (nur bei Aphasikern); Wörter unserer Sprache haben für uns automatisch Bedeutungen.

S. 23: 1. s. Bloomfield 1933!

2. s. Kap. 1.3!

S. 26: 1. Ausdrücke verweisen auf denselben Referenten, nämlich Napoleon, haben aber unterschiedliche Bedeutungen.

2. *miauen, zischen, hauchen, rascheln* usw.

3. *bow-wow, cuckoo, moo, toutou, coucou, mou.*

4. „Die poetische Funktion projiziert das Prinzip der Äquivalenz von der Achse der Selektion auf die Achse der Kombination. Die Äquivalenz wird zum konstitutiven Verfahren der Sequenz erhoben." (Jakobson 1960: 94) Wenn also aus Gruppen von einander ähnlichen oder identischen Einheiten (also Buchstaben, Wörter, Phrasen, Sätze, die einem Paradigma zugehörig sind) mehrere hintereinander kombiniert werden (was normalerweise in einem Syntagma nicht passiert), so führt dies zu ästhetischen Effekten und einer Entautomatisierung bei der Wahrnehmung der Zeichen, da das Augenmerk nicht auf dem Was, sondern dem Wie der Äußerung/des Textes liegt (wie bei Alliteration und Wortwiederholung in *leise, leise, leise,* syntaktischem Parallelismus, Aneinanderreihung von bedeutungsähnlichen Adjektiven wie in *süßer, goldener, herrlicher, lichtdurchfluteter Herbst*).

S. 30: Für ein Konzept kann es viele verschiedene Wörter mit unterschiedlichen Bedeutungen geben: z. B. für das Konzept HUND: *Hund, Dackel, Köter, Vieh* usw. Ein Wort kann mehrere konzeptuelle Varianten abdecken (vgl. hierzu 2.2!).

S. 31: 1. Missachtung der konventionell festgelegten Bedeutung von sprachlichen Ausdrücken; *an nichts Besonderes* hat nicht die Bedeutung von *an dich.*

2. Ironische Äußerungen werden vor dem Hintergrund allgemeiner Gesprächsprinzipien aus der jeweiligen Situation heraus interpretiert (vgl. hierzu 3.3).

S. 36f.: 1. Zukünftige Handlung, die am nächsten Tag stattfinden soll, wird vorausgesagt; *morgen* kann aber auch (in der näheren Zukunft) bedeuten; *es* kann das Paket, eine Umweltkatastrophe usw. meinen (s. hierzu 3.4).

2. *Ich komme!* kann als Drohung oder als Versprechen gemeint sein.

3. Lexikalische Bedeutung: Der zum Zeitpunkt der Äußerung amtierende Regierungschef äußert sich in absehbarer Zeit mündlich vor einem Publikum. Kontext 1: Aktuelle Bedeutung: Der Bundeskanzler Gerhard Schröder spricht gleich vor den Abgeordneten. Kommunikativer Sinn: Der Saaldiener bittet die Besucher des Bundestages um Verständnis, dass der Raum jetzt nicht besichtigt werden kann. Kontext 2: Aktuelle Bedeutung: Der Bundeskanzler Helmut Kohl spricht gleich vor der CDU-Fraktion. Kommunikativer Sinn: Der CDU-Generalsekretär fordert seine Parteigenossen, die sich noch beim Frühstück befinden, dazu auf, das Frühstück zu beenden und sich schnell in den Plenarsaal zu begeben.

4. Die terminologische Unterscheidung wird vorgenommen, um zusätzliche Bedeutungen, die sich aus der Situation ergeben (*Implikaturen*, auch: *konversationelle* oder *pragmatische Implikaturen*, entsprechend auch: *implikatieren*) von zusätzlichen Bedeutungen abzugrenzen, die sich aus der wörtlichen Bedeutung von Ausdrücken ergeben (*Implikationen*, *Präsuppositionen*, auch: *konventionelle Implikationen*, entsprechend auch: *implizieren*).

5. Semantische Implikaturen: ,Es gibt eine (und zwar genau eine) Frau'. ,Die Tür war vorher zu'. Pragmatische: entstehen je nach Situation (z. B. ,Ich habe die Tür nicht geöffnet, ich bin nicht schuld, dass das Kaninchen hinausgehoppelt ist').

S. 39: Unsere Erkenntnisfähigkeit wird von den semantischen Strukturen determiniert; gerade über diese Strukturen wollen wir etwas erfahren. Erkenntnismittel und Erkenntnisobjekt fallen also zusammen.

Kapitel 2

S. 42: *Mann* (,menschlich, erwachsen, männlich') vs. *Junge* (,menschlich, nicht erwachsen, männlich'), *Greis* (,menschlich, sehr alt, männlich'), *Ochse* (,tierisch, erwachsen, männlich'), *Kind* (,menschlich, nicht erwachsen').

S. 46: Jeder Vater ist auch ein Mann, aber nicht jeder Mann ist ein Vater.

S. 47: 1. schwimmen (Fortbewegung im Wasser, mit Armen und Beinen), tauchen (s. schwimmen, unter Wasser), paddeln (s. schwimmen, mit schnellen, kurzen Arm- und Beinbewegungen), kraulen (s. schwimmen, mit weitausholenden Armbewegungen).

2. x verursacht (y heißt z); x wird zu (x ist tot).

S. 48f.: 1. Behausung, Differenzierung durch: groß/klein, armselig/prächtig, aus Stoff/Holz/Stein, feststehend/auf Rädern, langfristiges vs. kurzfristiges Wohnen, für Geld usw. Weltwissen entscheidet über die Abgrenzung von *Burg, Schloss* und *Palast.* Einordnung von *Heim* ist schwierig. Auch die Abgrenzung von *glühen, funkeln* usw. ist sehr schwierig; oft findet sich kein Differenzierungskriterium. Am besten macht man sich die Unterschiede klar, wenn man die Wörter in bestimmte Kotexte einsetzt. *Seine Augen glühten/*glimmerten* usw. *Die Sterne funkeln/leuchten/*glühen* usw.

2. Es handelt sich bei allen aufgezählten Tätigkeiten um Spiele.

3. Die/Eine Frau gibt dem Jungen Milch (weiße Flüssigkeit).

4. Menschlich x und weiblich x und nicht erwachsen x verursacht (x hat z; y hat nicht z) und menschlich y und männlich y und Bruder von x (Kind von x Eltern) und nicht belebt z und zum Lesen z.

5. *töten, schneiden* usw.; *dulden, erlauben* usw.; *haben, bewohnen* usw.

6. Zustandsverben: *liegen* (mit dem ganzen Körper auf einer Fläche) und *stehen* (mit den Beinen auf einer Oberfläche); Handlungsverben: *laufen* (mit den Beinen schnell auf dem Boden fortbewegen) und *fliegen* (in der Luft fortbewegen).

7. a) universal gültig (bezogen auf die wörtliche Bedeutung von weiblich); b)-f) dagegen nur mit Einschränkungen; g) ist an die persönliche Meinung gebunden.

S. 59: 1. Grippe ist bei uns der typischste Vertreter der Kategorie KRANKHEIT (jedenfalls wurde diese Krankheit in mehreren Umfragen am häufigsten genannt). Die Befragten unterschieden dabei zwischen a) besonders schwerer Krankheit (Prototyp: Krebs) und b) besonders häufig auftretender Krankheit (Prototyp: Grippe). Diese Angabe variiert aber auch je nach individueller Lebensgeschichte.

2. Stereotype Vorstellung, dass die Deutschen stets arbeiten, während die Italiener und Franzosen das Leben genießen.

3. Wald: Bodenfläche mit Bäumen, öffentlich zugänglich.

4. Strauch: eine Art kleiner Baum, hat keinen Stamm; nur ein Experte kann hier verbindlich Auskunft geben!

 e unterscheiden sich durch konnotative Merkmale. *Penner* und *Säufer* d pejorativ konnotiert.

 mmel (Pferd, Belag), *Aufzug* (Lift, Aufmachung), *Birne* (Frucht, Glüh- , Kopf), *Araber* (Mensch, Pferderasse).

 nymie: *Arzt* und *Doktor* sind nur in bestimmten Kontexten (z. B. nkenhaus, in der Arztpraxis) synonym verwendbar (vgl. *Ist der tor da?*). Nicht jeder Arzt ist Doktor (d. h. berechtigt, den Dok- u führen)! Vgl. *Ich gehe zum Arzt/*Doktor.* Vgl. aber auch: *Ich* *muss zum Onkel Doktor!* Bei *Leiche* steht der körperliche Aspekt im Vordergrund: vgl. *Die Tote/Verstorbene/*Leiche war meine Freundin.* vs. *Hat man schon die Leiche/*Verstorbene/$^?$Tote gefunden? Knast* usw.: sind Quasi-Synonyme, d. h. die denotative Bedeutung stimmt überein, die konnotative nicht. *Tempo* ist ein Markenname von Papiertaschentüchern. Mittlerweile wird *Tempo* aber generell mit der Bedeutung Papiertaschentuch benutzt. Vgl. *Hast du mal ein Tempo?* Hier wird nicht nach der Marke gefragt, sondern nach irgendeinem Taschentuch.

2. Inkompatibilität: *betrunken* kann man definieren als „physische und psychische Instabilität aufgrund übermäßigen Alkoholgenusses"; in Opposition zu *nüchtern*; *natürlich* vs. *künstlich*: Kontradiktion; *gut* und *böse*: m. E. Grenzfall zwischen Antonymie und Kontradiktion; *hart* und *weich*: Antonymie; *teuer* und *billig*: Antonymie; *fruchtbar* und *unfruchtbar*: Kontradiktion.

3. a) Ambiguität: Doppeldeutigkeit von *Zug*; der Patient wählt die falsche Lesart.

   b) *Birne*: Obst, Kopf, Glühbirne (haben ähnliche Form).

   c) *Schrift*: individuelle Schrift, Schrift einer Sprachgemeinschaft, Schrift als menschliches Kulturgut usw.

4. *Mantel, Jacke, Anorak, Parka, Cape, Trenchcoat, Wollmantel, Kurzmantel* usw.; Hyperonym: *Schreibwaren*; *Lesewaren*?

5. z. B. *Arm* und *Hand*, *Fuß* und *Bein*.

6. s. Schwarz-Friesel ^{2}2013: Kap. 8.1.

S. 68:   1. *lächeln, grinsen, schmunzeln, strahlen, kichern, kieksen, feixen, glucksen, prusten, grölen, griemeln* usw.

2. Geschmacks- und Geruchsadjektive; semantische Abgrenzung u. a. durch (auf die Geschmacks- bzw. Geruchsorgane einwirkend), (Duft bzw. Gestank), (schwach bzw. intensiv), (nach Fäulnis riechend).

3. Schallverben, akustische Verben; Fortbewegung, auf dem Boden, auf allen Vieren; in der Luft; mit beiden Beinen auf dem Boden.

S. 72:   1. Es werden lexikalische Differenzierungen vorgenommen (z. B. *road, street*; *lazy, idle*; *edge, rim, border, brim*) oder, es müssen Umschreibungen vorgenommen werden (z. B. *brothers and sisters, broken pieces*).

2. Beispiele für lexikalische Lücken im perzeptuellen Bereich lassen sich leicht finden (vgl. Text); wir werden uns dessen aber meistens nicht bewusst.

3. Nein, gibt es nicht. Wir müssen paraphrasieren.

S. 74f.: 1. a) und b) Sprachdeterminismus, c)–e) Sprache als Medium.

2. Wir können lexikalische Differenzierungen u. a. durch Umschreibungen ausgleichen.

3. Nein, denn lexikalische Lücken können durch Paraphrasen überbrückt werden.

4. Annahme, dass ein reduzierter Wortschatz zu einem reduzierten Denken führt.

5. Dieses Phänomen zeigt, dass nicht alle Konzepte mit sprachlichen Ausdrücken belegt sind (s. 1.2.2).

S. 77: Instrument.

S. 78: *töten*: x tötet y; *schenken*: x schenkt y z; *kaufen*: x kauft y von z für w.

S. 79f.: 1. a) *geben* erfordert zwei Argumente;

b) *miauen* verlangt als Agens-Argument Katze;

c) *trinken* erfordert ein belebtes Agens und ein unbelebtes, flüssiges Objekt;

d) *garantieren* erfordert noch die Angabe dessen, was garantiert wird;

e) *weinen* hat kein Objekt (aber: *Sonja weint um einen Freund!*);

f) falscher Kasus: Nominativ ist gefordert;

g) Greise sind nicht jung, sondern sehr alt; *auf* erfordert eine Ortsangabe; *ist* erfordert eine nähere Bestimmung (z. B. *glücklich*).

2. *besuchen*: auf der syntaktischen Ebene 2, auf der semantisch-konzeptuellen Ebene 3 (Ort des Besuches!); *helfen*: syntaktisch 2, semantisch-konzeptuell 3 (x hilft y bei z); *atmen*: ein Argument (= Agens) auf beiden Ebenen; *lieben*: syntaktisch 2 Argumente (möglich ist aber auch in bestimmten Kontexten: *Anna liebt*), semantisch 2; *versprechen*: syntaktisch 3, semantisch 3 (x verspricht y, dass z), *besitzen*: syntaktisch und semantisch 2.

3. a) Agens, Zeit, Experiencer, Lokativ, Objekt;

b) Instrument, *Wunder*: mit den Rollen nicht bestimmbar!

S. 86: 1. Der Betroffene könnte den Satz gar nicht mehr äußern!

2. Phonologische Ähnlichkeit, Umschreibung, Beispielnennung, ein Teil für das Ganze, Ortsangabe, Resultatsangabe, Funktionsangabe.

3. Dass Hyperonymie- und Kohyponymie-Relationen in der linken Hemisphäre repräsentiert werden.

Kapitel 3

S. 91: Die Prädikabilität ist bei Abstrakta viel weiter als bei Konkreta.

S. 95: 1. a) perzeptueller Referent;

b) mentales Bild eines perzeptuellen Referenten (reproduktiv aktivierte Repräsentation);

c) mentales Bild (produktiv aktivierte bzw. konstruierte Repräsentation).

2. Auf Sinneseindrücke, auf Handlungen und auf Gefühlszustände.

3. Es handelt sich um Personen, die aus unterschiedlichen Welten stammen. Märchenwelt, historische Welt, Fabelwelt, gegenwärtige, reale Welt.

S. 99f.: 1. Prinzip der Quantität (A gibt nicht genügend Informationen);

2. Prinzip der Quantität (und der Modalität?);

3. Modalität;

4. Relevanz;

5. Relevanz?;

6. Relevanz.

S. 102: 1. a) *Sie* (personale Deixis);

b) *wir* (personale Deixis), *heute* (temporale Deixis);

c) *du* (personale Deixis);

d) *Ihr* (personale Deixis), *hier* (lokale Deixis);

e) *dort* (lokale Deixis);

f) *Sie* (personale Deixis), *davon* (bezieht sich auf vorher Erwähntes: anaphorische Referenz).

2. Es handelt sich um eine wiederaufnehmende, anaphorische Referenz (s. 3.5!).

3. Kontext A: *Morgen* bezieht sich auf den nächsten Tag, *hier* bezieht sich auf das Zimmer der Tochter; *anders* bedeutet aufgeräumt.

Kontext B: *Morgen* bezieht sich auf die nahe Zukunft (in den nächsten Wochen und Monaten), *hier* bezieht sich auf den Wahlkreis, *anders* bedeutet politisch verändert.

Kontext C: *Morgen* bezieht sich auf die allgemeine Zukunft der Menschheit, *hier* bezieht sich auf die ganze Welt, *anders* bedeutet katastrophale Lebensbedingungen.

S. 106: Es ist dasselbe Haus, das mental mitgedacht wird. *Das Haus* (R1) *gefällt mir heute noch so gut wie* (R1) *neulich.*

S. 110: Bei Arztbesuch usw. handelt es sich um institutionelle Handlungsabläufe, die nach ganz bestimmten, vorgegebenen Mustern ablaufen. Bei Einkaufsbummel usw. dagegen handelt es sich um individuell gestaltbare, also Variationen zulassende Handlungsabläufe.

S. 111f.: 1. Die Aktivierung des BAUM-Schemas hilft nur zu einem kleinen Teil bei der Interpretation des Kafka-Textes. Viele kreative Schlussfolgerungs- und Analogieprozesse sind hier noch gefordert.

2. Es kann dieselbe Frau sein, es kann aber auch stets eine andere Frau sein.

3. Es handelt sich um eine partielle Koreferenz.

4. a) STRASSENBAHN-Schema hat Default FAHRER(IN);

b) BUCH-Schema hat Default EINBAND;

c) EINBRECHEN-Schema involviert VERBRECHER/RÄUBER; ein Mord involviert immer eine Leiche.

5. Dürrenmatt-Text: explizite Koreferenz (z. B. *Mercedes/Wagen/Automobil*); implizite Koreferenz (z. B. *Wagen/Steuer, Fremder/Schläfen*).

6. (z. B. E. Hemingway 1952, *The old man and the sea*; T. Mann 1948, *Joseph und seine Brüder*); Kataphorische Verwendung: baut Erwartungshaltung auf, Spannungssteigerung.

7. SCHUHKAUF-Skript: Potenzieller Kunde: Laden betreten, Schuhe anschauen und anprobieren, Probe laufen im Laden, bei Gefallen: Verkäufer(in) Bescheid geben, Verkäufer(in): Schuhe einpacken, Kunde: Schuhe bezahlen, Verlassen des Ladens mit den Schuhen und mit weniger Geld in der Brieftasche.

8. Dass Professoren normalerweise Artikel usw. schreiben und publizieren.

Kapitel 4

S. 116: 1. Metonymische Konstruktionen.

2. Teile werden zum Referieren auf das Ganze gesetzt.

3. Restaurant (von einem Kellner zum Kollegen).

4. s. Text!

5. Idiomatische Wendung wörtlich genommen.

6. Zunächst ist die Kombination von TREPPENSTUFEN (Ursprungskonzept), einem Konkretum, und GEIST, einem Abstraktum, metaphorisch. Zusätzlich werden METAPHERN (Zielkonzept) in Analogie zu TREPPENSTUFEN gesetzt.

7. Lesen Sie hierzu den Abschnitt in Skirl/Schwarz-Friesel [2]2013: Kap. 3.

S. 121: 1. Durch Paraphrasierung möglich: Kritik am Seminar, Ausweis für Studenten; aber: Fete am Ende des Semesters, Klausur am Ende des Semesters.

2. Lexikalisierte, nicht transparente Komposita; z. B. ist *Scheinheiligkeit* keine Heiligkeit des Scheins!

3. Hier ist die individuelle Kreativität gefragt!

4. Potenzielle Mehrdeutigkeit der Komposita: z. B. *Spinnenhemd*; Hemd, das mit Spinnen bedruckt ist, Hemd, über das eine Spinne gelaufen ist oder in dem eine Spinne saß, Hemd zum Fangen von Spinnen usw. Nur der dazugehörige Kontext kann diese Mehrdeutigkeit auflösen.

5. Kompositum wird in nicht-lexikalisierter Interpretationsvariante von dem Jungen benutzt.

6. Beide Kompositummetaphern wurden 2008 im politischen Diskurs über die Firma Nokia und ihre geplante Aufgabe des Standorts Dtl. geprägt. Bei *Subventionsheuschrecke* ist B, das Determinatum, d. h. die zweite Konstituente, metaphorisch, das Konzept *Heuschrecke* gibt den Ursprungsbereich für A (*Subventionen*). Dieses Konzept wird dadurch auf spezifische Weise konzeptualisiert (vorherrschendes Merkmal: ,gefräßig'). In *Karawanen-Kapitalismus* ist A, das Determinans, also die erste Konstituente metaphorisch: Kapitalismus (Zielkonzept) wird durch Ursprungsbereich Karawane spezifisch referenzialisiert (Merkmal: ,von Ort zu Ort ziehend').

S. 129f.: 1. s. Schwarz-Friesel ²2013: Kap. 11.5 und Schwarz-Friesel/Reinharz 2013: S. 49f.

2. s. Klein/von Stutterheim 2007 (Einleitungsartikel), Schwarz-Friesel ²2013: 216–217.

3. s. die Erörterungen auf Homepage „Unwörter-des-Jahres" o. ä.

4. s. Thibodeau/Boroditsky 2013, Schwarz-Friesel/Kromminga 2014 (Einleitungsartikel) und Schwarz-Friesel 2010; zum Emotionspotenzial sprachlicher Äußerungen vgl. Schwarz-Friesel ²2013: Kap. 6.

Teil II

Kapitel 5

S. 130: 1. b) impliziert a),

2. a) impliziert b).

S. 136: 1. a) 2 impliziert 1,

b) 1 impliziert 2,

c) konträr (vgl. aber *ein Fahrrad*),

d) konträr (vgl. *blau, rot*),

e) kontradiktorisch.

2. Man kann sie zugleich behaupten, wenn man für *eine Rose* und *eine Nelke* verschiedene Referenten annimmt. Dies darf man aber bei der Bestimmung semantischer Relationen nicht machen, da sonst keine Bestimmung semantischer Relationen möglich wäre. Alle Sätze wären dann kompatibel, da sie dann nicht mehr miteinander zu tun haben als Steffis Fahrrad mit dem Flugvermögen von Vögeln.

Kapitel 6

S. 141: $[p \& (q \lor \neg r)] \rightarrow [(q \lor \neg q) \lor (\neg (p \& r))]$

S. 145: 1. Zur Lösung vergleichen Sie bitte mit der Wahrheitswertetafel im Text.

2. a) $p \rightarrow \neg (\neg p)$

b) $(p \rightarrow q) \rightarrow (\neg p \rightarrow \neg q)$

c) $(p \rightarrow q) \rightarrow (\neg q \rightarrow \neg p)$

a) und c) sind Tautologien, b) nicht. Bei b) ist der Schluss falsch (Wahrheitswert f), wenn p falsch ist, aber q wahr (wenn der Sprecher also ein Million gewinnt, obwohl er nicht im Lotto spielt (sondern z. B. beim großen Preis)).

p	p	→	¬	(¬	p)
w	w	**w**	w	f	w
f	f	**w**	f	w	f

p	q	(p	→	q)	→	(¬	p	→	¬	q)
w	w	w	w	w	**w**	f	w	w	f	w
w	f	w	f	f	**w**	f	w	w	w	f
f	w	f	w	w	**f**	w	f	f	f	w
f	f	f	w	f	**w**	w	f	w	w	f

p	q	(p	→	q)	→	(¬	q	→	¬	p)
w	w	w	w	w	**w**	f	w	w	f	w
w	f	w	f	f	**w**	w	f	f	f	w
f	W	f	w	w	**w**	f	w	w	w	f
f	f	f	w	f	**w**	w	f	w	w	f

S. 151: ∀x [(L (x) → K (c, x)], der Unterschied liegt in der Reihenfolge der Argumente des Prädikats K für *kennen*. ∃ x [L (x) & K (c, x)].

S. 152: a) ∀ x [M (x) → A (x)] d) P (b)

b) ∃ x [A (x) & N (x) & K (b, x)] e) ∃ x [A (x) & N (x) & V (b, x)]

c) ∀ x [A (x) & N (x) → T (x)] f) ∀ x [R (x) & A (x) → S (L (x))]

S. 153: ∀ x [M (x) → ¬ B (x, b)], ∀ x [M (x) → ¬ P (x)].

Der Junktor muss geändert werden.

S. 155: 1. d) ist kontradiktorisch zu a) und c),

2. e) impliziert d); c), a) implizieren b), f).

Formeln mit Angabe der Zeilennummer aus der Übersichtstabelle:

a) ¬ ∃ x [T (x) & N (x)] Zeile 2 d) ¬ ∀ x [T (x) → ¬ N (x)] Zeile 1

b) ∃ x [T (x) & ¬ N (x)] Zeile 4 e) ∃ x [T (x) & ¬ N (x)] Zeile 3

c) ∀ x [T (x) → ¬ N (x)] Zeile 2 f) ∀ x [T (x) → N (x)] Zeile 4

S. 156: a) linke Zeichnung (Allquantor hat weiten Skopus),

b) rechte Zeichnung (Existenzquantor hat weiten Skopus).

S. 157: 1. Ja.

2. a) ∃ y ∀ x L (x, y), b) ∀ x ∃ y L (x, y), c) ∃ y ¬ ∃ x W (x, y),

d) ∀ x ∃ y W (x, y), e) ¬ ∃ x ∃ y W (x, y), f) ¬ ∀ x ∃ y W (x, y).

S. 160: a) R und b; b) Z, R und b; c) keine Konstante; d) L; e) W, S, hw.

S. 162: 1. a) wie intransitive Verben, b) wie transitive Verben.

2. λx L (x), λx S (x), λx M (x), λP (m), λP (y), λP (d), λx ∃y L (x, y), λx ∃y [H (x) & Sü (x, y)], λx [F (x) & BK (x)], λy λx S (x, y), λy λx S (x, y), λy λx K (x, y), λP λQ ∃x [P (x) & Q (x)], λP λQ ∀x [P (x) → Q (x)], λP λQ ∀x [P (x) → ¬ Q (x)], λQ ∀x [M (x) → ¬ Q (x)].

S. 163: λP P (b); λP [P (b)] T, Lambda-Konversion: T (b).

S. 163f.: 1. a) ∃ y [B (y) & L (m, y)], b) L (m)

2. a) λ x [B (x) & ¬ V (x)]

b) *Ein Junggeselle*: [λP λQ ∃x [P (x) & Q (x)]] (λx J (x)), Lambda-Konversion:

λQ ∃x [J (x) & Q (x)] (Endergebnis)

Ein Junggeselle ist erwachsen und nicht verheiratet:

(λQ ∃x [J (x) & Q (x)]) (λx [E (x) & ¬ V (x)]), Lambda-Konversion:

∃ x [J (x) & [E (x) & ¬ V (x)] (Endergebnis).

S. 167f.: 1. a) w, b) f, c) f, d) w, e) f, f) w, g) w, h) w, i) f

2. a) Nein, da das Individuum Manfred nicht zu der hier vorgegebenen Grundmenge der Individuen gehört.

b) Nein, da das Prädikat *tanzen* in diesem Weltausschnitt nicht definiert ist.

S. 172: 1. Generell: Für p liegt der Wahrheitswert fest: u. Für q gilt: q kann nicht unbestimmt sein, sondern nur wahr oder falsch, da in q weder Vagheiten noch Präsuppositionsverletzungen auftreten sollen.

a) Formel: p & -q. Die Konjunktion ist wahr, wenn Andrea nicht blond ist, und falsch, wenn sie blond ist.

b) Formel: p v q. Die Disjunktion ist wahr, wenn Andrea blond ist, und falsch, wenn sie nicht blond ist.

c) Formel: q → -p. Die Implikation ist unbestimmt, wenn Andrea blond ist, und wahr, wenn Andrea nicht blond ist.

d) Formel: p → q. Die Implikation ist immer wahr, da p unbestimmt ist.

2.

p	q	r	(p	&	q)	→	¬	r
w	w	w	w	w	w	**f**	f	w
w	w	f	w	w	w	**w**	w	f
w	w	u	w	w	w	**f**	f	u
w	f	w	w	f	f	**w**	f	w
w	f	f	w	f	f	**w**	w	f
w	f	u	w	f	f	**w**	f	u
w	u	w	w	u	u	**w**	f	w
w	u	f	w	u	u	**w**	w	f
w	u	u	w	u	u	**w**	f	u
f	w	w	f	f	w	**w**	f	w
f	w	f	f	f	w	**w**	w	f
f	w	u	f	f	w	**w**	f	u
f	f	w	f	f	f	**w**	f	w
f	f	f	f	f	f	**w**	w	f
f	f	u	f	f	f	**w**	f	u
f	u	w	f	f	u	**w**	f	w
f	u	f	f	f	u	**w**	w	f
f	u	u	f	f	u	**w**	f	u
u	w	w	u	u	w	**w**	f	w
u	w	f	u	u	w	**w**	w	f
u	w	u	u	u	w	**w**	f	u
u	f	w	u	f	f	**w**	f	w
u	f	f	u	f	f	**w**	w	f
u	f	u	u	f	f	**w**	f	u
u	u	w	u	u	u	**w**	f	w
u	u	f	u	u	u	**w**	w	f
u	u	u	u	u	u	**w**	f	u

Antwort ohne Tabelle: Eine Implikation hat den Wahrheitswert der Konsequens, wenn das Antezendens wahr ist, ansonsten ist sie wahr. Für alle Fälle, in denen p & q nicht wahr ist, ist die Implikation also wahr. p & q ist nur wahr, wenn beide wahr sind. Dann erhält die Implikation den Wahrheitswert von ¬ r. ¬ r ist wahr, wenn r falsch ist, ansonsten falsch. Also ist die Implikation falsch, wenn r wahr oder unbestimmt ist, und gleichzeitig p und q wahr sind.

Dieses Verfahren ist schneller als mit Hilfe der Wahrheitswertetafel.

S. 173: N ¬ p ≡ ¬ M p, M p ≡ ¬ N p, ¬ M ¬ p ≡ N p. In verständlicherem Deutsch: „Es ist notwendig, dass nicht p" ist äquivalent zu „es ist nicht möglich, dass p". „Es ist möglich, dass p" ist äquivalent zu „es ist nicht notwendig, dass p". „Es ist nicht möglich, dass nicht p" ist äquivalent zu „es ist notwendig, dass p".

S. 174: a) Interpretation 2; b) Interpretation 1.

S. 180: 1.

2.

3. a) $<e, t>$ bzw: $<s, <e, t>>$

   b) $<<e, t>, <<e, t>, t>>$ bzw.: $<s, <<e, t>, <<e, t>, t>>>$

   c) $<<e, t>, <e, t>>$ bzw.: $<s, <<e, t>, <e, t>>>$

   d) t

S. 184: 1. a) in e: in g1:   Buch, a; ja

   vorliest, Günther, Mona, a; ja

   Tochter (von), Mona, Günther; ja

   kennt, Mona, a; ja

   in g2:   liest, Mona, a; ja

   g2 < g1

   b) in E: in **g**:   sucht, **a**, **b**; ja

   verheiratet, **a**, **b**; ja

   Frau, **b**; ja

Ob a ein Mann ist, ist hier nicht eindeutig festgelegt, kann aber aus einer für diesen Kulturkreis gültigen Beschränkung für Situationen erschlossen werden. Sie lautet: Wenn zwei Personen miteinander verheiratet sind, ist eine Person eine Frau, die andere ein Mann.

   c) in E: in **g**:   Arzt, **a**; ja

   Hände, **b**; ja

   Teil von, **b**, **a**; ja

   waschen, **a**, **a**, **b**; ja

   in **g'**:   Patient, **c**; ja

   operiert, **a**, **c**; ja

   g < **g'**

   d) in e1:   in g1:   Autoschlüssel, a; ja

   gehört, Manfred, a; ja

   einsteckt, Günther, a; ja

   W_r, Günther, E1; nein

   E1: = in **g**:   Autoschlüssel, **b**; ja

   gehört, **c**; ja

   mit f (**b**) = a, f (**c**) = Manfred, f (**g**) = g1

   in g2:   geht, Günther; ja

in e2:   in g3:   Autoschlüssel, a; ja

gehört, Manfred, a; ja

sucht, Manfred, a; ja

in g4:   findet, Manfred, a; nein

in g5:   flucht, Manfred; ja

$g1 < g2 < g3 < g4 < g5$

$e1 < e2$

W_r ist die Wissensrelation. Außer der Wissensrelation gibt es noch weitere mentale Relationen (*glauben, meinen, sehen, dass*). Alle mentalen Relationen sind Relationen zwischen einem Individuum, das diesen mentalen Vorgang ausführt, und einem Konzept, das durch einen Ereignistyp dargestellt wird. Der Ereignistyp EI stellt hier den in dieser Situation relevanten Ausschnitt dessen dar, was Günther nicht weiß. F (x) ist die Verankerungsfunktion, die den Variablen des Ereignistyps die entsprechenden Konstanten zuordnet.

2. DU: = in **g**:   spricht, **a**; ja

wendet sich an, **a**, **b**; ja

äußert, **a**, α; ja

α ist die Variable für einen sprachlichen Ausdruck.

Kapitel 7

S. 188: Bei einer prädikatenlogischen Formalisierung werden definite NPs durch den Jota-Operator dargestellt, der aus einer Kennzeichnung ein Individuum macht. Treten später wieder Einheiten mit derselben Kennzeichnung, aber einer anderen Referenz auf, ergeben sich Zuordnungsprobleme. Weitere Probleme entstehen bei der Behandlung von Pronomina nach einer Allquantifikation. Mit welchem Junktor sollten die Aussagen verbunden werden (z. B. mit &)? Doppelt aufgeführte Quantoren müssen gestrichen werden, aber nicht immer. Es wird schwierig, die Regeln für die Variablengleichsetzung zu finden.

S. 192f.: 1. die erste DRS.

      2.

a1	⇒	a2
Student (a1)		lesen (a1, a2)

S. 195: 1. (a)

a1   a2   a3
a1 = Manfred Schuh (a2) sucht (a1, a2) NEG   findet (a1, a2) a3 = Burghard versteckt (a3, a2)

    (b)

a1 a2	⇒	
Mensch (a1) Hund (a2) schlägt (a1, a2)		Tierquäler (a1)

2.

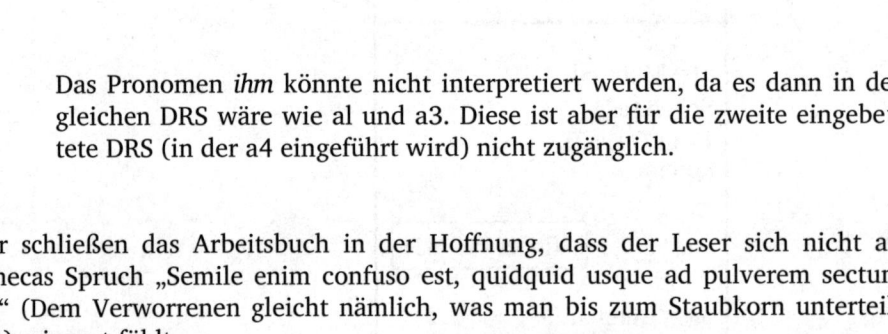

Das Pronomen *ihm* könnte nicht interpretiert werden, da es dann in der gleichen DRS wäre wie al und a3. Diese ist aber für die zweite eingebettete DRS (in der a4 eingeführt wird) nicht zugänglich.

Wir schließen das Arbeitsbuch in der Hoffnung, dass der Leser sich nicht an Senecas Spruch „Semile enim confuso est, quidquid usque ad pulverem sectum est" (Dem Verworrenen gleicht nämlich, was man bis zum Staubkorn unterteilt hat) erinnert fühlt.

10 Bibliographie

Adamzik, K., ³2010. *Sprache. Wege zum Verstehen.* 3., überarbeitete Auflage. Tübingen, Basel: Francke.

Aitchison, J., ⁴2012. *Words in the Mind. An Introduction to the Mental Lexicon.* Oxford: Blackwell.

Allan, K., 2001. *Natural Language Semantics.* Oxford: Blackwell.

Allwood, J./L.-G. Andersson/Ö. Dahl, 1973. *Logik für Linguisten.* Tübingen: Niemeyer (= Romanistische Arbeitshefte 8).

Allwood, J./P. Gärdenfors (eds.), 1999. *Cognitive Semantics. Meaning and Cognition.* Amsterdam, Philadelphia: Benjamins.

Asher, N./A. Lascarides, 2003. *Logics of Conversation.* Cambridge: Cambridge University Press.

Asher, N./A. Lascarides, 2008. Metaphor in Discourse. In: Bouillon, P./F. Busa (eds.), 2008. *The Language of Word Meaning.* Cambridge: Cambridge University Press, 262–290.

Bärenfänger, O., ²2009. Empirische Untersuchungen zur Repräsentation von Bedeutung: Die Prototypentheorie. In: Müller, H. M. (Hrsg.), ²2009, 199–209.

Bartlett, F., 1932. *Remembering. A Study in Experimental and Social Psychology.* Cambridge: Cambridge University Press.

Bartsch, R., 2002. Kompositionalität und ihre Grenzen. In: Cruse, D. A. et al. (Hrsg.), 2002, 570–577.

Bartsch, R./J. Lenerz/V. Ullmer-Ehrich, 1977. *Einführung in die Syntax.* Kronberg/Ts.: Scriptor (= Scriptor-Taschenbücher 19).

Barwise, J., 1991. Situationen und kleine Welten. In: Stechow, A. von/D. Wunderlich (Hrsg.), 1991, 80–90.

Barwise, J./J. Perry, 1987. *Situationen und Einstellungen. Grundlagen der Situationssemantik.* Berlin, New York: de Gruyter.

Bäuerle, R./T. E. Zimmermann, 1991. Fragesätze. In: Stechow, A. von/D. Wunderlich (Hrsg.), 1991, 333–348.

Baumgärtner, K., 1964. Zur strukturellen Semantik. In: *Zeitschrift für deutsche Sprache* 20, 79–90.

Baumgärtner, K., 1967. Die Struktur des Bedeutungsfeldes. In: Moser, H. (Hrsg.), 1967. *Satz und Wort im heutigen Deutsch.* Düsseldorf: Schwann, 165–167.

Beedham, C., 2005. *Language and Meaning. The Structural Creation of Reality.* Amsterdam: Benjamins (= Studies in Functional and Structural Linguistics 55).

Bennett, P., ²2004. *Semantics. An Introduction to Non-Lexical Aspects of Meaning.* München: LINCOM Europa.

Berlin, B./P. Kay, 1969. *Basic Color Terms. Their Universality and Evolution.* Berkeley [u. a.]: University of California Press.

Berman, S., 1991. *The Semantics of Open Sentences.* Dissertationsschrift, University of Massachusetts.

Bieri, P. (Hrsg.), ⁴2007. *Analytische Philosophie des Geistes.* 4., neu ausgestattete Auflage. Weinheim, Basel: Beltz.

Bierwisch, M., 1970. Semantics. In: Lyons, J. (ed.), 1970. *New Horizons in Linguistics*. Harmondsworth: Penguin, 166–184.

Bierwisch, M., 1979. Wörtliche Bedeutung – eine pragmatische Gretchenfrage. In: Grewendorf, G. (Hrsg.), 1979. *Sprechakttheorie und Semantik*. Frankfurt/M.: Suhrkamp (= stw 276), 119–148.

Bierwisch, M., 1980. Sprache und Gedächtnis: Ergebnisse und Probleme. In: Bierwisch, M. (Hrsg.), 1980. *Psychologische Effekte sprachlicher Strukturkomponenten*. München: Fink, 23–130.

Bierwisch, M., 1983a. Psychologische Aspekte der Semantik natürlicher Sprachen. In: Motsch, W./D. Viehweger (Hrsg.), 1983. *Richtungen der modernen Semantikforschung*. Berlin: Akademie, 15–64.

Bierwisch, M., 1983b. Semantische und konzeptuelle Repräsentation lexikalischer Einheiten. In: Růžička, R./W. Motsch (Hrsg.), 1983. *Untersuchungen zur Semantik*. Berlin: Akademie (= Studia grammatica 22), 61–99.

Bierwisch, M./E. Lang (Hrsg.), 1987. *Grammatische und konzeptuelle Aspekte von Dimensionsadjektiven*. Berlin: Akademie (= Studia grammatica 26/27).

Blank, A., 2001. *Einführung in die lexikalische Semantik für Romanisten*. Tübingen: Niemeyer (= Romanistische Arbeitshefte 45).

Blau, U., 1973. Zur dreiwertigen Logik der natürlichen Sprache. In: *Papiere zur Linguistik* 4, 20–96.

Blau, U., 1978. *Die dreiwertige Logik der Sprache. Ihre Syntax, Semantik und Anwendung in der Sprachanalyse*. Berlin, New York: de Gruyter.

Bloomfield, L., 1933. *Language*. London: Allen & Unwin.

Blühdorn, H. (Hrsg.), 2004. *Brücken schlagen. Grundlagen der Konnektorensemantik*. Berlin, New York: de Gruyter (= Linguistik – Impulse & Tendenzen 5).

Blutner, R., 1995. Prototypen und Kognitive Semantik. In: Harras, G. (Hrsg.), 1995, 227–270.

Bornkessel, I. et al. (eds.), 2006. *Semantic Role Universals and Argument Linking. Theoretical, Typological, and Psycholinguistic Perspectives*. Berlin, New York: de Gruyter (= Trends in Linguistics. Studies and Monographs [TiLSM] 165).

Boroditsky, L./L. A. Schmidt/W. Phillip, 2003. Sex, Syntax and Semantics. In: Gentner, D./S. Goldin-Meadow (eds.), 2003. *Language in Mind: Advances in the Study of Language and Cognition*. Cambridge/Mass.: MIT-Press, 61–80.

Bosshardt, H.-G. (Hrsg.), 1986. *Perspektiven auf Sprache. Interdisziplinäre Beiträge zum Gedenken an Hans Hörmann*. Berlin, New York: de Gruyter.

Brekle, H. E., [3]1991. *Semantik. Eine Einführung in die sprachwissenschaftliche Bedeutungslehre*. 3. Aufl., unveränd. Nachdr. der 2., verb. Aufl. München: Fink (= UTB 102).

Bublitz, W., [2]2009. *Englische Pragmatik. Eine Einführung*. 2., neu bearb. und erw. Auflage. Berlin: Schmidt (= Grundlagen der Anglistik und Amerikanistik 21).

Bühler, K., 1934. *Sprachtheorie. Die Darstellungsfunktion der Sprache*. Jena: Fischer.

Busse, D., 1992. *Textinterpretation. Sprachtheoretische Grundlagen einer explikativen Semantik*. Opladen: Westdeutscher Verlag.

Busse, D., 2009. *Semantik*. Paderborn: Fink (= UTB 3280).

Busse, D./T. Niehr/M. Wengeler (Hrsg.), 2005. *Brisante Semantik. Neuere Konzepte und Forschungsergebnisse einer kulturwissenschaftlichen Linguistik*. Tübingen: Niemeyer (= Reihe Germanistische Linguistik 259).

Cann, R., 1993. *Formal Semantics. An Introduction.* Cambridge: Cambridge University Press.

Carlson, G./F. J. Pelletier (eds.), 1995. *The Generic Book.* Chicago, London: University of Chicago Press.

Carnap, R., 1947. *Meaning and Necessity.* Chicago: University of Chicago Press.

Chierchia, G., 1993. Questions with Quantifiers. In: *Natural Language Semantics* 1, 181–234.

Chierchia, G./S. McConnell-Ginet, ²2000. *Meaning and Grammar. An Introduction to Semantics.* Cambridge/Mass.: MIT Press.

Chur, J., 1993. *Generische Nominalphrasen im Deutschen. Eine Untersuchung zu Referenz und Semantik.* Tübingen: Niemeyer (= LA 291).

Clark, H. H./E. Clark, 1977. *Psychology and Language.* New York: Harcourt.

Clark, H. H./R. Schreuder/S. Buttrick, 1983. Common Ground and the Understanding of Demonstrative Reference. In: *Journal of Verbal Learning and Verbal Behavior* 22, 245–258.

Cohen, R. et al., 1988. Sprache und Denken. Beiträge aus der Aphasieforschung. In: Stechow, A. von/M. T. Schepping (Hrsg.), 1988, 79–106.

Coleman, L./P. Kay, 1981. Prototype Semantics: The English Word "Lie". In: *Language* 57, 26–44.

Collins, A. M./E. P. Loftus, 1975. A Spreading-Activations Theory of Semantic Processing. In: *Psychological Review* 82, 407–428.

Consten, M., 2004. *Anaphorisch oder deiktisch? Zu einem integrativen Modell domänengebundener Referenz.* Tübingen: Niemeyer (= LA 484).

Consten, M./M. Schwarz-Friesel, ²2009. Anaphern. In: Hoffmann, L. (Hrsg.), ²2009. *Deutsche Wortarten.* Berlin, New York: de Gruyter, 265–292.

Cresswell, M. J., 1979. *Die Sprache der Logik und die Logik der Sprache.* Berlin, New York: de Gruyter.

Cresswell, M. J., 1991. Die Weltsituation. In: Stechow, A. von/D. Wunderlich (Hrsg.), 1991, 71–80.

Croft, W./D. A. Cruse, 2012. *Cognitive Linguistics.* Cambridge: Cambridge University Press.

Cruse, D. A., 2001. *Lexical Semantics.* Cambridge: Cambridge University Press.

Cruse, D. A., ³2011. *Meaning in Language. An Introduction to Semantics and Pragmatics.* Oxford: Oxford University Press.

Cruse, D. A. et al. (Hrsg.), 2002. *Lexikologie/Lexicology. Ein internationales Handbuch zur Natur und Struktur von Wörtern und Wortschätzen.* Berlin, New York: de Gruyter (= HSK 21.1).

De Beaugrande, R. A./U. Dressler, 1981. *Einführung in die Textlinguistik.* Tübingen: Niemeyer.

De Saussure, F., [1916] 2013. *Cours de linguistique générale.* Zweisprachige Ausgabe französisch-deutsch, mit einer Einleitung, Anmerkungen und Kommentar. Hg. von Peter Wunderli. Tübingen: Narr.

Deppermann, A., 2007. *Grammatik und Semantik aus gesprächsanalytischer Sicht.* Berlin, New York: de Gruyter (= Linguistik – Impulse & Tendenzen 14).

Deppermann, A./F. Spranz-Fogasy (Hrsg.), ²2006. *Be-deuten. Wie Bedeutung im Gespräch entsteht.* Tübingen: Stauffenburg.

Dietrich, R., ²2007. *Psycholinguistik*. 2., aktualisierte und erweiterte Auflage. Stuttgart: Metzler.

Dietrich, W., 2006. *Lexikalische Semantik und Korpuslinguistik*. Tübingen: Narr (= Tübinger Beiträge zur Linguistik 490).

Dirven, R./G. Radden (eds.), 1987. *Concepts of Case*. Tübingen: Narr.

Dölling, J., 1994. Sortale Selektionsbeschränkungen und systematische Bedeutungsvariationen. In: Schwarz, M. (Hrsg.), 1994, 41–59.

Dölling, J., 2005. Semantische Form und pragmatische Anreicherung: Situationsausdrücke in der Äußerungsinterpretation. In: *Zeitschrift für Sprachwissenschaft* 24, 159–225.

Donellan, K. S., 1966. Reference and Definite Descriptions. In: *Philosophical Review* 75, 281–304.

Dowty, D. R./R. E. Wall/S. F. Peters, 1992. *Introduction to Montague Semantics*. Dordrecht: Kluwer.

Droste, F. G., 1989. Possible Worlds in Linguistic Semantics. In: *Semiotics* 73, 1–27.

Edmonds, P./Hirst, G., 2002. Near-Synonymy and Lexical Choice. In: *Computational Linguistics* 28, 105–144.

Egg, M., 2004. Metonymie als Phänomen der Semantik-Pragmatik-Schnittstelle. In: *metaphorik.de* 6, 36–53.

Egg, M., 2005. *Flexible Semantics for Reinterpretation Phenomena*. Stanford: CSLI Publications.

Ehrich, V., 1992. *Hier und Jetzt. Studien zur lokalen und temporalen Deixis im Deutschen*. Tübingen: Niemeyer (= LA 283).

Eikmeyer, H.-J./H. Rieser (eds.), 1981. *Words, Worlds, and Contexts. New Approaches in Word Semantics*. Berlin, New York: de Gruyter (= Research in Text Theory).

Emmorey, K. D./V. A. Fromkin, 1988. The Mental Lexicon. In: Newmeyer, F. J. (ed.), 1988, 124–149.

Engelkamp, J., 1985. Die Repräsentation der Wortbedeutung. In: Schwarze, C./D. Wunderlich (Hrsg.), 1985, 292–313.

Engelkamp, J./T. Pechmann, 1988. Kritische Anmerkungen zum Begriff der mentalen Repräsentation. In: *Sprache und Kognition* 7, 1–10.

Epstein, R. L., ²2001a. *The Semantic Foundations of Logic. Volume 1: Propositional Logics*. Belmont/Calif.: Wadsworth.

Epstein, R. L., ²2001b. *The Semantic Foundations of Logic. Volume 2: Predicate Logic*. Belmont/Calif.: Wadsworth.

Everett. C.. 2013. *Linguistic Relativity. Evidence Across Languages and Cognitive Domains*. Berlin: de Gruyter.

Fanselow, G., 1981. *Zur Syntax und Semantik der Nominalkomposition. Ein Versuch praktischer Anwendung der Montague-Grammatik auf die Wortbildung im Deutschen*. Tübingen: Niemeyer (= LA 107).

Fauconnier, G./M. Turner, 2002. *The Way We Think: Conceptual Blending and the Mind's Hidden Complexities*. New York: Basic Books.

Fillmore, C. J., 1987. A Private History of the Concept 'Frame'. In: Dirven, R./G. Radden (eds.), 1987, 28–36.

Fischer, K., 2000. *From Cognitive Semantics to Lexical Pragmatics. The Functional Polysemy of Discourse Particles.* Berlin, New York: de Gruyter.

Flores d'Arcais, G. B., 1986. Konzeptuelle Strukturen und das mentale Lexikon. In: Bosshardt, H.-G. (Hrsg.), 1986, 130–147.

Fodor, J. A. et al., 1980. Against Definitions. In: *Cognition* 8, 263–267.

Frege, G., 1892. Über Sinn und Bedeutung. In: *Zeitschrift für Philosophie und Kritik* 100, 25–50.

Frege, G., [4]2001. *Schriften zur Logik und Sprachphilosophie. Aus dem Nachlaß.* 4., verbesserte Auflage. Hamburg: Meiner.

Friedrichsdorf, U., 1992. *Einführung in die klassische und intensionale Logik.* Braunschweig, Wiesbaden: Vieweg.

Fritz, G., [2]2006. *Historische Semantik.* 2., aktualisierte Auflage. Stuttgart: Metzler.

Fromkin, V./R. Rodman/N. Hyams, [10]2014. *An Introduction to Language.* Melbourne: Wadsworth.

Gardner, H., 1985. *The Mind's New Science.* New York: Basic Books.

Gebauer, H., 1978. *Montague-Grammatik. Eine Einführung mit Anwendungen auf das Deutsche.* Tübingen: Niemeyer (= Germanistische Arbeitshefte 24).

Geckeler, H., 1971. *Strukturelle Semantik und Wortfeldtheorie.* München: Fink.

Geckeler, H., 1988. Major Aspects of the Lexematics of the Tübingen School of Semantics. In: Hüllen, W./R. Schulze (eds.), 1988, 11–22.

Geeraerts, D., 1988. Where Does Prototypicality Come from? In: Rudzka-Ostyn, B. (ed.), 1988, 207–229.

Geideck, S./A. Liebert (Hrsg.), 2003. *Sinnformeln. Linguistische und soziologische Analysen von Leitbildern, Metaphern und anderen kollektiven Orientierungsmustern.* Berlin, New York: de Gruyter (= Linguistik – Impulse & Tendenzen 2).

Gentner, D., 1975. Evidence for the Psychological Reality of Semantic Components. The Verbs of Possession. In: Norman, D. A./D. E. Rumelhart (eds.), 1975, 211–246.

Gregory, R. L. (ed.), [2]2006. *The Oxford Companion to the Mind.* Oxford: Oxford University Press.

Greimas, A. J., 1966. *Sémantique structurale. Recherche de méthode.* Paris: Librairie Larousse (= Langue et Langage).

Grewendorf, G./F. Hamm/W. Sternefeld, [3]2008. *Sprachliches Wissen. Eine Einführung in moderne Theorien der grammatischen Beschreibung.* 3., durchges. Auflg. [Nachdr.]. Frankfurt/M.: Suhrkamp (= stw 695).

Grewendorf, G./D. Zaefferer, 1991. Theorien der Satzmodi. In: Stechow, A. von/D. Wunderlich (Hrsg.), 1991, 270–286.

Grice, H. P., 1975. Logic and Conversation. In: Cole, P./J. L. Morgan (eds.), 1975. *Syntax and Semantics. Vol. 3: Speech Acts.* New York: Seminar Press, 41–58.

Hamm, F./T. E. Zimmermann (eds.), 2002. *Semantics.* Hamburg: Buske (= Linguistische Berichte, Sonderheft 10).

Harras, G. (Hrsg.), 1995. *Die Ordnung der Wörter. Kognitive und lexikalische Strukturen.* Berlin, New York: de Gruyter.

Hartig, M., 1978. *Einführung in die Sprachphilosophie. Das Verhältnis von Sprache und Denken.* Stuttgart: Kohlhammer.

Härtl. H.. 2009. Linguistische Relativität und die „Sprache-und-Denken" Debatte: Implikationen. Probleme und mögliche Lösungen aus Sicht der kognitionswissenschaftlichen Linguistik. In: *Zeitschrift für angewandte Linguistik* 51, 45–81.

Hawkins, J., 1978. *Definiteness and Indefiniteness. A Study in Reference and Grammaticality Prediction*. London: Helm.

Heeschen, C./F. Reischies, ²1990. Zur Lateralisierung von Sprache. Argumente gegen eine Überbewertung der rechten Hemisphäre. In: Schnelle, H. (Hrsg.), ²1990. *Sprache und Gehirn. Roman Jakobson zu Ehren*. Frankfurt/M.: Suhrkamp, 41–58.

Heil, J., 1994. *First Order Logic. A Concise Introduction*. Boston: Jones and Bartlett.

Heim, I., 1983. File Change Semantics and the Familiarity-Theory of Definiteness. In: Bäuerle, R./C. Schwarze/A. von Stechow (eds.), 1983. *Meaning, Use, and Interpretation of Language*. Berlin, New York: de Gruyter, 164–189.

Heim, I./A. Kratzer, 2010. *Semantics in Generative Grammar*. Malden/Mass.: Blackwell.

Held, C., 2005. *Frege und das Grundproblem der Semantik*. Paderborn: Mentis.

Heringer, H. J./B. Strecker/R. Wimmer, 1980. *Syntax. Fragen – Lösungen – Alternativen*. München: Fink (= UTB 251).

Higginbotham, J., 1991. Interrogatives I. In: *MIT Working Papers* 15, 47–76.

Hillert, D., 1987. *Zur mentalen Repräsentation von Wortbedeutungen. Neuro- und psycholinguistische Überlegungen*. Tübingen: Narr.

Holenstein, E., 1985. *Sprachliche Universalien. Eine Untersuchung zur Natur des menschlichen Geistes*. Bochum: Brockmeyer (= Bochumer Beiträge zur Semiotik 1).

Hörmann, H., ⁴1994. *Meinen und Verstehen. Grundzüge einer psychologischen Semantik*. Frankfurt/M.: Suhrkamp.

Hughes, G. E./M. J. Cresswell, ²1974. *An Introduction to Modal Logic*. London: Methuen.

Hughes, G. E./M. J. Cresswell, 1984. *A Companion to Modal Logic*. London, New York: Methuen.

Hüllen, W./R. Schulze (eds.), 1988. *Understanding the Lexicon. Meaning, Sense and World Knowledge in Lexical Semantics*. Tübingen: Niemeyer.

Humboldt, W. von, 1836. *Über die Verschiedenheit des menschlichen Sprachbaues und ihren Einfluß auf die geistige Entwicklung des Menschengeschlechts*. Berlin: Dümmler.

Hurford, J. R./B. Heasley, ²2008. *Semantics. A Coursebook*. Cambridge: Cambridge University Press.

Jackendoff, R., 1983. *Semantics and Cognition*. Cambridge/Mass.: MIT Press.

Jackendoff, R., 1996. How Language Helps Us Think. In: Jackendoff, R./W. Chafe (eds.), 1996. *On Language and Consciousness. Special Issue of Pragmatics & Cognition* 4, 1–34.

Jackendoff, R., 2009. *Foundations of Language. Brain, Meaning, Grammar, Evolution*. Oxford: Oxford University Press.

Jakobson, R., 1960. Linguistik und Poetik. In: Ihwe, J. (Hrsg.), 1970. *Literaturwissenschaft und Linguistik. Ergebnisse und Perspektiven*. Frankfurt/M.: Athenäum, 142–178.

Jakobson, R., 1980. *The Framework of Language.* Ann Arbor: University of Michigan (= Michigan Studies in the Humanities 1).

Jakobson, R., 1981. *Poetry of Grammar and Grammar of Poetry.* The Hague: Mouton (= Selected Writings 3).

Jarvella, R. J./W. Klein (eds.), 1982. *Speech, Place and Action. Studies in Deixis and Related Topics.* Chichester: Wiley.

Joanette, Y./P. Goulet/D. Hannequin, 1990. *Right Hemisphere and Verbal Communication.* New York: Springer.

Johnson, M., 1992. Philosophical Implications of Cognitive Semantics. In: *Cognitive Linguistics* 3–4, 345–366.

Johnson-Laird, P. N., 1983. *Mental Models. Towards a Cognitive Science of Language, Inference, and Consciousness.* Cambridge/Mass.: Harvard University Press.

Johnson-Laird, P. N., 1987. The Mental Representation of the Meaning of Words. In: *Cognition* 25, 189–212.

Kailuweit, R./M. Hummel (Hrsg.), 2004. *Semantische Rollen.* Tübingen: Narr.

Kalinowski, G., 1972. *Einführung in die Normenlogik.* Frankfurt/M.: Athenäum.

Kamp, H., 1981. A Theory of Truth and Semantic Representation. In: Groenendijk, J. A. G./T. M. V. Janssen/M. J. B. Stokhof (eds.), 1981. *Formal Methods in the Study of Language.* Amsterdam: Mathematisch Centrum (= MCT 135).

Kamp, H./U. Reyle, 1993. *From Discourse to Logic. Introduction to Modeltheoretic Semantics of Natural Language, Formal Logic and Discourse Representation Theory.* Dordrecht: Kluwer.

Kanngießer, S., 1985. Strukturen der Wortbildung. In: Schwarze, C./D. Wunderlich (Hrsg.), 1985, 134–183.

Karttunen, L., 1976. Discourse Referents. In: McCawley, J. (ed.), 1976. *Notes from the Linguistic Underground.* New York: Academic Press (= Syntax and Semantics 7), 363–385.

Katz, J. J., 1972. *Semantic Theory.* New York: Harper & Row.

Katz, J. J./J. A. Fodor, 1963. The Structure of a Semantic Theory. In: *Language* 39, 170–210.

Kaufmann, I., 1995. *Konzeptuelle Grundlagen semantischer Dekompositionsstrukturen. Die Kombinatorik lokaler Verben und prädikativer Komplemente.* Tübingen: Niemeyer (= LA 335).

Keller, R., 1977. Verstehen wir, was ein Sprecher meint, oder was ein Ausdruck bedeutet? Zu einer Hermeneutik des Handelns. In: Baumgärtner, K. (Hrsg.), 1977. *Sprachliches Handeln.* Heidelberg: Quelle & Meyer, 1–27.

Kelter, S., 1990. *Aphasien. Hirnorganisch bedingte Sprachstörungen und Kognitive Wissenschaft.* Stuttgart: Kohlhammer.

Kelter, S., 1994. Kognitive Semantik und Aphasieforschung. In: Schwarz, M. (Hrsg.), 1994, 82–95.

Kempson, R. M., 1977. *Semantic Theory.* Cambridge: Cambridge University Press.

Kertész, A., 1995. *Die Ferse und der Schild. Über Möglichkeiten und Grenzen kognitionswissenschaftlicher Theorien der Erkenntnis.* Frankfurt/M.: Lang.

Kertész, A., 2004a. *Cognitive Semantics and Scientific Knowledge. Case Studies in the Cognitive Science of Science.* Amsterdam: Benjamins (= Converging Evidence in Language and Communication Research 4).

Kertész, A., 2004b. *Philosophie der Linguistik. Studien zur naturalisierten Wissenschaftstheorie.* Tübingen: Narr.

Kertész, A./M. Consten/M. Schwarz-Friesel, 2012. Introduction: Converging Data Sources in Cognitive Linguistics. In: *Language Sciences* 34, 651–655.

Kilian, J./T. Niehr/J. Schiewe, 2010. *Sprachkritik. Ansätze und Methoden der kritischen Sprachbetrachtung.* Berlin, New York: de Gruyter (= Germanistische Arbeitshefte 43).

Kleiber, G., ²1998. *Prototypensemantik. Eine Einführung.* Tübingen: Narr.

Klein, J. 2010, Sprache und Macht. In: *APuZ (Aus Politik und Zeitgeschichte, Beilage zur Wochenzeitung Das Parlament)* 8, 7–13.

Klein, W./C. von Stutterheim (Hrsg.), 2007. *Sprachliche Perspektivierung* (= Zeitschrift für Literaturwissenschaft und Linguistik 145).

Kolb, H.-P., 1987. Diskursrepräsentation und Deduktion. In: *Linguistische Berichte* 110, 247–282.

Konerding, K. P., 1993. *Frames und lexikalisches Bedeutungswissen. Untersuchungen zur linguistischen Grundlegung einer Frametheorie und zu ihrer Anwendung in der Lexikographie.* Tübingen: Niemeyer (= RGL 142).

Konerding, K. P., 2009. Unterspezifikation, Sorten und Qualia-Rollen: Skizze eines integrativen Modells. In: *Deutsche Sprache* 37, 5–32.

Kürschner, W., ³2007. *Taschenbuch Linguistik. Ein Studienbegleiter für Germanisten.* 3., durchgesehene Auflage. Berlin: Schmidt.

Kutschera, F. von, 1973. *Einführung in die Logik der Normen, Werte und Entscheidungen.* Freiburg, München: Alber.

Kutschera, F. von, ²1975. *Sprachphilosophie.* 2., völlig neu bearbeitete und erweiterte Auflage. München: Fink (= UTB 80).

Kutschera, F. von, 1976. *Einführung in die intensionale Semantik.* Berlin, New York: de Gruyter.

Labov, W., 1973. The Boundaries of Words and their Meanings. In: Bailey, C./R. Shuy (eds.), 1973. *New Ways of Analyzing Variation in English.* Washington/D. C.: Georgetown University Press, 340–373.

Lakoff, G., 1987. *Women, Fire, and Dangerous Things. What Categories Reveal about the Mind.* Chicago: University of Chicago Press.

Lakoff, G./M. Johnson, 1980. *Metaphors We Live by.* Chicago: University of Chicago Press.

Lang, E., 1983. Die logische Form eines Satzes als Gegenstand der linguistischen Semantik. In: Motsch, W./D. Viehweger (Hrsg.), 1983. *Richtungen der modernen Semantikforschung.* Berlin: Akademie, 65–144.

Lang, E., 1994. Semantische vs. konzeptuelle Struktur: Unterscheidung und Überschneidung. In: Schwarz, M. (Hrsg.), 1994, 25–40.

Lang, E., 1995. Das Spektrum der Antonymie. In: Harras, G. (Hrsg.), 1995, 30–98.

Langacker, R. W., 1988. A View of Linguistic Semantics. In: Rudzka-Ostyn, B. (ed.), 1988, 49–90.

Langer, S./D. Schnorbusch, 2005. *Semantik im Lexikon*. Tübingen: Narr (= Tübinger Beiträge zur Linguistik 479).

Lasswell, H. D., 1948. The Structure and Function of Communication in Society. In: Bryson, L. (ed.), 1948. *The Communication of Ideas. A Series of Addresses*. New York: Harper and Brothers, 37–51.

Leblanc, H., 1976. *Truth-Value Semantics*. Amsterdam [et al.]: North-Holland.

Lee, D., 2005. *Cognitive Linguistics. An Introduction*. South Melbourne: Oxford University Press.

Leech, G. N., ²1981. *Semantics. The Study of Meaning*. Second edition. Harmondsworth: Penguin.

Leech, G. N., 1983. *Principles of Pragmatics*. London: Longman.

Lehrer, A., 1990. Polysemy, Conventionality, and the Structure of the Lexicon. In: *Cognitive Linguistics* 1–2, 207–246.

Lerner, J.-Y./U. Schatz, 1989. Reflektiert die referentiell/nicht-referentielle Ambiguität zwei Gebrauchsweisen von Pronomina? In: *Zeitschrift für Sprachwissenschaft* 8, 3–52.

Leuninger, H., 1986. Mentales Lexikon, Basiskonzepte, Wahrnehmungsalternativen: Neuro- und psycholinguistische Überlegungen. In: *Linguistische Berichte* 103, 224–251.

Levin, B./S. Pinker (eds.), 1992. *Lexical and Conceptual Semantics*. Cambridge: Blackwell.

Levinson, S. C., 2000. *Presumptive Meanings. The Theory of Generalized Conversational Implicature*. Cambridge/MA, London: MIT Press.

Levinson, S. C., ³2000. *Pragmatik*. Neu übers. von Martina Wiese. Tübingen: Niemeyer.

Liebert, W.-A., 1992. *Metaphernbereiche der deutschen Alltagssprache. Kognitive Linguistik und die Perspektiven einer kognitiven Lexikographie*. Frankfurt/M.: Lang.

Liebert, W.-A., 2008. Metaphernforschung (Artikel 43). In: Fix, U./A. Gardt/J. Knape (Hrsg.), 2008. *Rhetorik und Stilistik. Ein internationales Handbuch historischer und systematischer Forschung*. Berlin, New York: de Gruyter (= HSK 31), 743–757.

Linke, A./M. Nussbaumer/P. R. Portmann, ⁵2004. *Studienbuch Linguistik*. 5., erweiterte Auflage. Tübingen: Niemeyer.

Lipka, L., 1987. Prototype Semantics or Feature Semantics: An Alternative? In: Lörscher, W./R. Schulze (eds.), 1987. *Perspectives on Language in Performance. Studies in Linguistics, Literary Criticism and Language Teaching and Learning to Honour Werner Hüllen on the Occasion of his Sixtieth Birthday*. Tübingen: Narr (= Tübinger Beiträge zur Linguistik 317), 282–298.

Lipka, L., ³2002. *English Lexicology. Lexical Structure, Word Semantics and Word-Formation*. Tübingen: Narr.

Löbner, S., 1990. *Wahr neben Falsch. Duale Operatoren als die Quantoren natürlicher Sprache*. Tübingen: Niemeyer (= LA 244).

Lohnstein, H., ²2011. *Formale Semantik und natürliche Sprache*. 2., durchgesehene und erweiterte Auflage. Berlin, New York: de Gruyter.

Lüdi, G., 1985. Zur Zerlegbarkeit von Wortbedeutungen. In: Schwarze, C./D. Wunderlich (Hrsg.), 1985, 64–102.

Lutzeier, P. R., 1981a. Words and Worlds. In: Eikmeyer, J./H. Rieser (eds.), 1981, 75–106.

Lutzeier, P. R., 1981b. *Wort und Feld. Wortsemantische Fragestellungen mit besonderer Berücksichtigung des Wortfeldbegriffes.* Tübingen: Niemeyer.

Lutzeier, P. R., 1985. *Linguistische Semantik.* Stuttgart: Metzler.

Lutzeier, P. R. (Hrsg.), 1993. *Studien zur Wortfeldtheorie – Studies in Lexical Field Theory.* Tübingen: Niemeyer (= LA 288).

Lycan, W. G. (ed.), 1998. *Mind and Cognition. A Reader.* Oxford: Blackwell.

Lyons, J., 1995. *Linguistic Semantics. An Introduction.* Cambridge: Cambridge University Press.

Maienborn, C., 2003. *Die logische Form von Kopula-Sätzen.* Berlin: Akademie.

Mangasser-Wahl, M. (Hrsg.), 2000. *Prototypentheorie in der Linguistik. Anwendungsbeispiele – Methodenreflexion – Perspektiven.* Tübingen: Stauffenburg.

Marslen-Wilson, W./E. Levy/L. K. Tyler, 1982. Producing Interpretable Discourse: the Establishment and Maintenance of Reference. In: Jarvella, R. J./W. Klein (eds.), 1982. *Speech, Place and Action. Studies in Deixis and Related Topics.* Chichester: Wiley, 339–378.

Marx, K., 2011. *Die Verarbeitung von Komplex-Anaphern. Neurolinguistische Untersuchungen zur kognitiven Textverstehenstheorie.* Berlin: TU-Verlag.

Marx, K./G. Weidacher, 2014. *Internetlinguistik. Ein Lehr- und Arbeitsbuch.* Tübingen: Narr.

Mates, B., ^{2}1978. *Elementare Logik. Prädikatenlogik der ersten Stufe.* 2., verbesserte Auflage. Göttingen: Vandenhoeck & Ruprecht.

McCawley, J. D., ^{2}1999. *Everything that Linguists have Always Wanted to Know about Logic – but were Ashamed to Ask.* Chicago, London: University of Chicago Press.

Medin, D. L./E. E. Smith, 1984. Concepts and Concept Formation. In: *Annual Review of Psychology* 35, 113–138.

Meibauer, J., ^{2}2001. *Pragmatik.* 2., verbesserte Auflage. Tübingen: Stauffenburg.

Meibauer, J. et al. ^{2}2007. *Einführung in die germanistische Linguistik.* 2., aktualisierte Auflage. Stuttgart: Metzler.

Meier, S., 2007. *Beleidigungen. Eine Untersuchung über Ehre und Ehrverletzung in der Alltagskommunikation.* Aachen: Skaker (= Essener Studien zur Semiotik und Kommunikationsforschung 20).

Menne, A., 1985. *Einführung in die formale Logik.* Darmstadt: Wissenschaftliche Buchgesellschaft.

Meyer, R., 1993. *Compound Comprehension in Isolation and Context. The Contribution of Conceptual and Discourse Knowledge to the Comprehension of German Novel Noun-Noun Compounds.* Tübingen: Niemeyer.

Meyer, R., 1994. Probleme von Zwei-Ebenen-Semantiken. In: *Kognitionswissenschaft* 4, 32–46.

Minsky, M., 1975. A Framework for Representing Knowledge. In: Winston, P. H. (ed.), 1975. *The Psychology of Computer Vision.* New York: McGraw-Hill, 211–280.

Müller, H. M. (Hrsg.), ^{2}2009. *Arbeitsbuch Linguistik.* Stuttgart: UTB.

Müller, R. A., 1991. *Der (un)teilbare Geist. Modularismus und Holismus in der Kognitionsforschung*. Berlin, New York: de Gruyter.

Murphy, M. L., 2003. *Semantic Relations and the Lexicon. Antonymy, Synonymy, and Other Paradigms*. Cambridge: Cambridge University Press.

Neisser, U. (ed.), 1987. *Concepts and Conceptual Development. Ecological and Intellectual Factors in Categorization. Papers from the First Emory Cognition Project Conference, held October 11–12 1984, Emory University*. Cambridge: Cambridge University Press.

Newmeyer, F. J. (ed.), 1988. *Linguistics: The Cambridge Survey. Vol. III. Language: Psychological and Biological Aspects*. Cambridge: Cambridge University Press.

Nirenburg, S./V. Raskin, 2004. *Ontological Semantics*. Cambridge/Mass.: MIT Press (= Language, Speech, and Communication).

Norman, D. A./D. E. Rumelhart (eds.), 1975. *Explorations in Cognition*. San Francisco: Freeman.

Nunberg, G., 1978. *The Pragmatics of Reference*. Bloomington/Ind.: Indiana University Linguistics Club.

Oehrle, R. T./E. Bach/D. Wheeler (eds.), 1988. *Categorial Grammars and Natural Language Structures*. Dordrecht: Reidel (= SLAP 32).

Ogden, C. K./J. A. Richards, 1923. *The Meaning of Meaning. A Study of the Influence of Language upon Thought and of the Science of Symbolism*. London: Routledge & Kegan Paul.

Osherson, D. N./E. E. Smith, 1981. On the Adequacy of Prototype Theory as a Theory of Concepts. In: *Cognition* 9, 35–58.

Palm, C., ²1997. *Phraseologie. Eine Einführung*. Tübingen: Narr (= Narr Studienbücher).

Petöfi, F./D. Franck (Hrsg.), 1973. *Präsuppositionen in Philosophie und Linguistik*. Frankfurt/M.: Athenäum (= Linguistische Forschungen 7).

Pishwa, H. (ed.), 2006. *Language and Memory. Aspects oft Knowledge Representation*. Berlin: de Gruyter (= Trends in Linguistics. Studies and Monographs [TiLSM] 173).

Platon, 1940. *Sämtliche Werke*. Berlin: Lambert Schneider.

Pörings, R./U. Schmitz (Hrsg.), ²2003. *Sprache und Sprachwissenschaft. Eine kognitiv orientierte Einführung*. 2., überarbeitete und aktualisierte Auflage. Tübingen: Narr.

Pohl, I. (Hrsg.), 1995. *Semantik von Wort, Satz und Text*. Frankfurt/M.: Lang.

Pohl, I./K. P. Konerding (Hrsg.), 2004. *Stabilität und Flexibilität in der Semantik. Strukturelle, kognitive, pragmatische und historische Perspektiven*. Frankfurt/M.: Lang.

Popper, K. R./J. C. Eccles, 1977. *The Self and Its Brain*. Berlin: Springer International.

Portner, P., 2005. *What is Meaning? Fundamentals of Formal Semantics*. Malden/Mass.: Blackwell (= Fundamentals of Linguistics).

Portner, P./B. Partee, 2008. *Formal Semantics. The Essential Readings*. Oxford: Blackwell (= Linguistics – The Essential Readings 2).

Porzig, W., 1934. Wesenhafte Bedeutungsbeziehungen. In: *Beiträge zur Geschichte der Deutschen Sprache und Literatur* 58, 70–97.

Posner, R., 1979. Bedeutung und Gebrauch der Satzverknüpfer in den natürlichen Sprachen. In: Grewendorf, G. (Hrsg.), 1979. *Sprechakttheorie und Semantik.* Frankfurt/M.: Suhrkamp (= stw 276), 345–385.

Proost, K./G. Harras/D. Glatz, 2006. *Domänen der Lexikalisierung kommunikativer Konzepte.* Tübingen: Narr (= Studien zur Deutschen Sprache 33).

Pulvermüller, F., 2005. Brain Mechanisms Linking Language and Action. In: *Nature Reviews Neuroscience* 6, 576–582.

Pulvermüller, F., 2012. Meaning and the Brain: The Neurosemantics of Referential, Interactive, and Combinatorial Knowledge. In: *Journal of Neurolinguistics* 25, 423–459.

Pustejovsky, J. (ed.), 1993. *Semantics and the Lexicon.* Dordrecht: Kluwer.

Putnam, H., 1979. Reference and Understanding. In: Margalit, A. (ed.), 1979. *Meaning and Use. Papers Presented at the Second Jerusalem Philosophical Encounter, April 1976.* Dordrecht: Reidel, 199–217.

Raible, W., 1981. Sem-Probleme oder: Gibt es semantische Merkmale? In: *Romanistisches Jahrbuch* 32, 27–40.

Rauh, G. (ed.), 1983. *Essays on Deixis.* Tübingen: Narr (= Tübinger Beiträge zur Linguistik 188).

Rauh, G., 1988. *Tiefenkasus, thematische Relationen und Thetarollen. Die Entwicklung einer Theorie von semantischen Relationen.* Tübingen: Narr (= Tübinger Beiträge zur Linguistik 309).

Ravin, Y./C. Leacock (eds.), 2002. *Polysemy. Theoretical and Computational Approaches.* Oxford: Oxford University Press.

Récanati, F., 2006. *Literal Meaning.* Cambridge: Cambridge University Press.

Rehkämper, K., 1991. *Sind mentale „Bilder" bildhaft? – Eine Frage zwischen Philosophie und Wissenschaft.* Dissertationsschrift, Universität Hamburg.

Reis, M., 1980. *Grundbegriffe der Semantik.* Arbeitspapier, Universität Köln.

Reisigl, M./R. Wodak, 2001. *Discourse and Discrimination. Rhetorics of Racism and Antisemitism.* London: Routledge.

Rickheit, G./L. Sichelschmidt/H. Strohner, [2]2007. *Psycholinguistik.* Tübingen: Stauffenburg (= Stauffenburg Einführungen 7).

Rickheit, G./H. Strohner, 1993. *Grundlagen der kognitiven Sprachverarbeitung. Modelle, Methoden, Ergebnisse.* Tübingen: Francke (= UTB 1735).

Rosch, E., 1977. Human Categorization. In: Warren, N. (ed.), 1977. *Studies in Cross-Cultural Psychology. Vol. 1.* London: Academic Press, 1–49.

Rothacker, E./G. Saile, 1986. *Ich weiß nicht, was soll es bedeuten. Grundfragen der Semantik.* Opladen: Westdeutscher Verlag.

Rudzka-Ostyn, B. (ed.), 1988. *Topics in Cognitive Linguistics.* Amsterdam: Benjamins.

Russell, B., 1905. On Denoting. In: *Mind. New Series* 14, 479–493.

Saeed, J., [3]2009. *Semantics.* Malden/Mass.: Wiley-Blackwell.

Schank, R. C./R. P. Abelson, 1977. *Scripts, Plans, Goals and Understanding.* Hillsdale/N. J.: Erlbaum.

Schepping, M.-T., 1985. Das Lexikon im Sprachvergleich. In: Schwarze, C./D. Wunderlich (Hrsg.), 1985, 184–195.

Schlaefer, M., [2]2009. *Lexikologie und Lexikographie. 2., durchgesehene Auflage.* Berlin: Schmidt.

Schmid, H.-J., 1993. *Cottage and Co., idea, start vs. begin. Die Kategorisierung als Grundprinzip einer differenzierten Bedeutungsbeschreibung.* Tübingen: Niemeyer (= LA 290).

Schmidt, S. J. (Hrsg.), [6]1994. *Der Diskurs des radikalen Konstruktivismus.* Frankfurt/M.: Suhrkamp (= stw 636).

Schneider, E. W., 1988. *Variabilität, Polysemie und Unschärfe der Wortbedeutung. Bd. 1. Theoretische und methodische Grundlagen.* Tübingen: Niemeyer (= LA 196).

Schwarz, M., 1992. *Kognitive Semantiktheorie und neuropsychologische Realität. Repräsentationale und prozedurale Aspekte der semantischen Kompetenz.* Tübingen: Niemeyer (= LA 273).

Schwarz, M. (Hrsg.), 1994. *Kognitive Semantik/Cognitive Semantics. Ergebnisse, Probleme, Perspektiven.* Tübingen: Narr (= Tübinger Beiträge zur Linguistik 395).

Schwarz, M., 1995a. Kognitivismus und Lexikon. In: Harras, G. (Hrsg.), 1995, 359–367.

Schwarz, M., 1995b. Accessing Semantic Information in Memory: The Mental Lexicon as a Semi-Module. In: Dirven, R./J. Vanparys (eds.), 1995. *Current Approaches to the Lexicon.* Frankfurt/M.: Lang, 63–71.

Schwarz, M., 1995c. Reference as Process – Towards a Theory of Cognitive Reference. In: Geiger, R. (ed.), 1995. *Reference in Multidisciplinary Perspective. Philosophical Object, Cognitive Subject, Intersubjective Process.* Hildesheim: Olms, 461–470.

Schwarz, M., 1996. Lexikalische und konzeptuelle Restriktionen beim Verstehen direkter und indirekter Anaphern im Text. In: Hundsnurscher, F./E. Weigand (Hrsg.), 1996. *Lexical Structures and Language Use. Vol. 2. Session Papers. Proceedings of the International Conference on Lexicology and Lexical Semantics, Münster, September 13–15, 1994.* Tübingen: Niemeyer (= Beiträge zur Dialogforschung 10), 399–407.

Schwarz, M., 2000. *Indirekte Anaphern in Texten. Studien zur domänengebundenen Kohärenz und Referenz im Deutschen.* Tübingen: Niemeyer (= LA 413).

Schwarz, M., 2002. Konzeptuelle Ansätze. Einebenen-Ansatz vs. Mehrebenen-Ansatz. In: Cruse, D. A. et al. (Hrsg.), 2002, 277–284.

Schwarz, M., 2008. Sprache, Kognition und Emotion: Neue Wege in der Kognitionswissenschaft. In: Kämper, H./L. M. Eichinger (Hrsg.), 2008. *Sprache – Kognition – Kultur. Sprache zwischen mentaler Struktur und kultureller Prägung.* Berlin, New York: de Gruyter (= IDS Jahrbuch 2007), 277–301.

Schwarz, M., [3]2008. *Einführung in die Kognitive Linguistik.* 3., vollst. überarb. und erw. Aufl. Tübingen: Francke (= UTB 1636).

Schwarz-Friesel, M., 2004. Kognitive Linguistik heute – Metaphernverstehen als Fallbeispiel. In: *Deutsch als Fremdsprache* 4, 83–89.

Schwarz-Friesel, M., 2009. Semantik. In: Wischmeyer, O. (Hrsg.), 2009. *Lexikon der Bibelhermeneutik. Begriffe – Methoden – Theorien – Konzepte.* Berlin: de Gruyter, 541–542.

Schwarz-Friesel, M., 2010. Expressive Bedeutung und E-Implikaturen. Zur Relevanz konzeptueller Bewertungen bei indirekten Sprechakten. Das Streichbarkeitskriterium und seine kognitive Realität. In: Rudnitzky, W. (Hrsg.), 2010. *Kultura kak tekst* (Kultur als Text). Moskau, Smolensk: SGT, 12–27.

Schwarz-Friesel, M., ²2013. *Sprache und Emotion.* Tübingen: Francke (= UTB 2939).

Schwarz-Friesel, M./M. Consten, 2011. Reference and Anaphora. In: Bublitz, W./N. R. Norrick (eds.), 2011. *Foundations of Pragmatics.* Berlin, Boston: de Gruyter (= Handbooks of Pragmatics 1), 347–372.

Schwarz-Friesel, M./M. Consten, 2014. *Einführung in die Textlinguistik.* Darmstadt: WBG.

Schwarz-Friesel, M./J.-H. Kromminga (Hrsg.), 2014. *Metaphern der Gewalt. Konzeptualisierungen von Terrorismus in den Medien vor und nach 9/11.* Tübingen: Francke.

Schwarz-Friesel, M./K. Marx, 2014. Sprachliche Kommunikation: Psycholinguistische Grundlagen. In: Blanz, M./A. Florack/U. Piontkowski (Hrsg.), 2014. *Kommunikation. Eine interdisziplinäre Einführung.* Stuttgart: Kohlhammer, 38–52.

Schwarz-Friesel, M./J. Reinharz, 2013. *Die Sprache der Judenfeindschaft im 21. Jahrhundert.* Berlin, New York: de Gruyter (= Europäisch-jüdische Studien – Beiträge 7).

Schwarze, C., 1982. Stereotyp und lexikalische Bedeutung. In: *Studium Linguistik* 13, 1–16.

Schwarze, C., 2001. *Introduction à la sémantique lexicale.* Tübingen: Narr.

Schwarze, C./D. Wunderlich (Hrsg.), 1985. *Handbuch der Lexikologie.* Königstein/Ts.: Athenäum.

Searle, J. R., 1971. *Sprechakte.* Frankfurt/M.: Suhrkamp.

Seiffert, H., 1973. *Einführung in die Logik. Logische Propädeutik und formale Logik.* München: Beck.

Skirl, H., 2009. *Emergenz als Phänomen der Semantik am Beispiel des Metaphernverstehens. Emergente konzeptuelle Merkmale an der Schnittstelle von Semantik und Pragmatik.* Tübingen: Narr (= Tübinger Beiträge zur Linguistik 515).

Skirl, H., 2010. Kompositummetaphern – semantische Innovation und textpragmatische Funktion. In: *metaphorik.de* 19, 23–46.

Skirl, H./M. Schwarz-Friesel, ²2013. *Metapher.* 2., aktualisierte Auflage. Heidelberg: Winter (= Kurze Einführungen in die germanistische Linguistik [KEGLI] 4).

Snodgrass, J. G., 1984. Concepts and Their Surface Representations. In: *Journal of Verbal Learning and Verbal Behavior* 23, 3–22.

Sperber, D./O. Wilson, 1986. *Relevance.* Cambridge/Mass.: Harvard University Press.

Spitzmüller, J./I. H. Warnke, 2011. *Diskurslinguistik. Eine Einführung in Theorien und Methoden der transtextuellen Sprachanalyse.* Berlin, Boston: de Gruyter (= de Gruyter Studium).

Stachowiak, F. J., 1982. Haben Wortbedeutungen eine gesonderte mentale Repräsentation gegenüber dem Weltwissen? Neurolinguistische Überlegungen. In: *Linguistische Berichte* 79, 12–29.

Stangor, C., 2009. The Study of Stereotyping, Prejudice, and Discrimination Within Social Psychology. A Quick History of Theory and Research. In: Nelson, T. D. (ed.), 2009. *Handbook of Prejudice, Stereotyping, and Discrimination.* New York: Psychology Press, 1–22.

Stechow, A. von, 1988. Fortschritte in der Semantik. In: Stechow, A. von/M. T. Schepping (Hrsg.), 1988, 3–26.

Stechow, A. von/M. T. Schepping (Hrsg.), 1988. *Fortschritte in der Semantik. Ergebnisse aus dem Sonderforschungsbereich 99 „Grammatik und sprachliche Prozesse" in Konstanz.* Weinheim: VCH.

Stechow, A. von/D. Wunderlich (Hrsg.), 1991. *Semantik. Ein internationales Handbuch der zeitgenössischen Forschung.* Berlin, New York: de Gruyter (= HSK 6).

Steinbach, M., [2]2007. Semantik. In: Meibauer, J. et al. [2]2007, 162–207.

Steinbach, M. et al. (Hrsg.), 2007. *Schnittstellen der germanistischen Linguistik.* Stuttgart: Metzler.

Stillings, N. A. et al. (eds.), [2]1995. *Cognitive Science. An Introduction.* Cambridge/Mass.: MIT Press.

Strawson, P. F., 1950. On Referring. In: *Mind. New Series* 59, 235, 320–344.

Swinney, D. A., 1979. Lexical Access During Sentence Comprehension: (Re)consideration of Context Effects. In: *Journal of Verbal Learning and Verbal Behavior* 18, 6, 645–659.

Talmy, L., 2003. *Toward a Cognitive Semantics.* Cambridge/Mass.: MIT Press (= Language, Speech and Communication).

Tarski, A., [5]1977. *Einführung in die mathematische Logik.* 5. Auflage, erweitert um den Beitrag „Wahrheit und Beweis". Göttingen: Vandenhoeck & Ruprecht.

Taylor, J. R., [3]2009. *Linguistic Categorization. Prototypes in Linguistic Theory.* Oxford: Oxford University Press.

TerMeulen, A. G. B./W. Abraham (eds.), 2004. *The Composition of Meaning. From Lexeme to Discourse.* Amsterdam: Benjamins (= Amsterdam Studies in the Theory and History of Linguistic Science 4, Current Issues in Linguistic Theory 255).

Thibodeau P. H./L. Boroditsky, 2013. Natural Language Metaphors Covertly Influence Reasoning. In: *PLoS ONE* 8, e52961.

Trier, J., 1931. *Der deutsche Wortschatz im Sinnbezirk des Verstandes. Die Geschichte des sprachlichen Feldes.* Heidelberg: Winter.

Tugendhat, E., [6]1994. *Vorlesungen zur Einführung in die sprachanalytische Philosophie.* Frankfurt/M.: Suhrkamp (= stw 45).

Tyler, L. K./W. Marslen-Wilson, 1982. The Resolution of Discourse Anaphors. Some on-line Studies. In: *Text* 2, 263–291.

Ulrich, W., 1977. *Linguistik für den Deutschunterricht.* Braunschweig: Westermann.

Ungerer, F./H. J. Schmid, [2]2007. *An Introduction to Cognitive Linguistics.* Harlow: Longman.

Urchs, M., 1993. *Klassische Logik. Eine Einführung.* Berlin: Akademie.

Vanderwart, M., 1984. Priming by Pictures in Lexical Decision. In: *Journal of Verbal Learning and Verbal Behavior* 23, 67–83.

Van Dijk, T. A., 2006. Discourse and Manipulation. In: *Discourse & Society* 17, 359–383.

Vater, H., [3]1996. *Einführung in die Raum-Linguistik.* 3., verbesserte Auflage. Hürth: Gabel Verlag (= KLAGE 24).

Vater, H., [4]2002. *Einführung in die Sprachwissenschaft.* 4., vollständig überarbeitete und erweiterte Auflage. München: Fink.

Vater, H., 2005. *Referenz-Linguistik*. München: Fink (= UTB 2685).

Vygotsky, L. S., [1934] 1962. *Thought and Language*. Cambridge/Mass.: MIT Press. [Dt. Übersetzung: Wygotski, L. S., [1934] ⁵1974. Denken und Sprechen. 5., korrigierte Auflage. Frankfurt/M.: Fischer.]

Wall, R., 1973. *Einführung in die Logik und Mathematik für Linguisten. 1. Bd. Logik und Mengenlehre*. Kronberg/Ts.: Scriptor.

Walther, J., 1985. *Logik der Fragen*. Berlin, New York: de Gruyter.

Warnke, I., 1995. Sem-Isomorphie. Überlegungen zum Problem wortartenheterogener Bedeutungsverwandtschaft. In: *Zeitschrift für Dialektologie und Linguistik* 2, 166–181.

Werlen, I., 2002. *Sprachliche Relativität. Eine problemorientierte Einführung*. Tübingen, Basel: Francke.

Werning, M./E. Machery/G. Schurz (eds.), 2005. *The Compositionality of Meaning and Content. Volume I: Foundational Issues*. Frankfurt/M.: Ontos (= Linguistics & Philosophy).

Whorf, B. L., 1956. *Language, Thought and Reality. Selected Writings*. New York: Wiley.

Wierzbicka, A., 1992. *Semantics, Culture, and Cognition. Universal Human Concepts in Culture-Specific Configurations*. New York [et al.]: Oxford University Press.

Willems, K., 1994. Das Unbestimmtheitsprinzip und die Grundformen der Komposition. Wissenschaftskritische Bemerkungen zu den semantischen Kategorien in der neueren Wortbildungslehre In: *Wirkendes Wort. Deutsche Sprache und Literatur in Forschung und Lehre* 44, 349–364.

Wimmer, R., 1979. *Referenzsemantik. Untersuchung zur Festlegung von Bezeichnungsfunktionen sprachlicher Ausdrücke am Beispiel des Deutschen*. Tübingen: Niemeyer (= RGL 19).

Wittgenstein, L., [1921] 2003. *Tractatus logico-philosophicus*. Frankfurt/M.: Suhrkamp.

Wittgenstein, L., [1953] 1960. *Philosophische Untersuchungen*. Frankfurt/M.: Suhrkamp.

Wunderlich, D., ²1991. *Arbeitsbuch Semantik*. 2., ergänzte Auflage. Frankfurt/M.: Hain.

Zaefferer, D., 1984. *Frageausdrücke und Fragen im Deutschen. Zu ihrer Syntax, Semantik und Pragmatik*. München: Fink (= Studien zur theoretischen Linguistik 2).

Zimmer, D. E., 2008. *So kommt der Mensch zur Sprache. Über Spracherwerb, Sprachentstehung, Sprache und Denken*. Aktualisierte Neuausgabe. München: Heyne.

Zimmermann, T. E., 2014. *Einführung in die Semantik*. Darmstadt: WBG (= Einführung Germanistik).

11   Glossar

Das Glossar enthält nicht die Definitionen aller im *Arbeitsbuch Semantik* verwendeten Fachtermini. Es handelt sich um eine **Auswahl** der wichtigsten Begriffe, die immer wieder auftauchen. Die dazugehörigen Erläuterungen sind keinesfalls als erschöpfende Definitionen anzusehen (vgl. dazu entsprechende Fachlexika), vielmehr sind sie Erinnerungshilfen und kurze Erklärungen.

Aktivierungsausbreitung: Prozess auf der Ebene des Langzeitgedächtnisses (LZG), wobei die Aktivierung eines Lexikoneintrages im mentalen Lexikon eine Mit- bzw. Voraktivierung bedeutungsähnlicher Einträge auslöst (s. Priming-Experimente).

Ambiguität: Mehrdeutigkeit (s. Polysemie und Homonymie).

Anaphorik: Art der Referenz; Phänomen der Wiederaufnahme von Referenten in Texten mittels Anapher(n), (s. auch Koreferenz).

Anomalie: semantische Unverträglichkeit (z. B. bei *junger Greis*).

Antezedent (auch: Antezedens-Ausdruck/Achtung: etwas anderes als Antezedens in formaler Semantik): sprachlicher Bezugspunkt bei anaphorischer Referenz.

Antezendens: erster Teil einer Implikation (Wenn-Teil).

Antonymie: semantische Relation des Kontrastes zwischen graduierbaren Wörtern (z. B. *warm* und *kalt*, *klein* und *groß*) (s. Kontradiktion).

Aphasie: bezeichnet eine Störung des Sprachsystems und/oder der Anwendung dieses Kenntnissystems nach abgeschlossenem Spracherwerb, die auf Hirnschädigungen (verursacht durch Tumor, Unfall oder Gefäßerkrankungen) zurückzuführen ist.

Appellativa: Gattungsnamen (wie *Baum*, *Tisch*), bezeichnen Kategorien.

arbiträr: (d. h. willkürlich und ohne inhärente Motivation) ist das Verhältnis zwischen Inhalt und Ausdruck eines sprachlichen Zeichens. Die Relation zwischen den beiden Komponenten beruht auf gesellschaftlicher Absprache, ist also konventionell festgelegt und nicht naturgegeben (vgl. *arbre*, *tree*, *Baum*).

Argument: nennt man in der formalen Logik und in der Linguistik den Mitspieler eines Prädikats (s. Valenz).

Assoziation: ist ein Terminus aus der Psychologie, der die Verknüpfung von zwei Bewusstseinsinhalten benennt (z. B. *Tod* und *Grab*, *Glück* und *Lachen*).

Ausdruck: eines sprachlichen Zeichens ist die materielle, wahrnehmbare (lautliche bzw. schriftliche) und formbezogene Repräsentation.

Aussagenlogik: mathematisches Logiksystem, das die Verknüpfungen von einfachen, nicht analysierten Aussagen zu komplexen Aussagen untersucht.

Basiskonzepte: sind Konzepte mit einem Abstraktionsgrad (z. B. *Tisch* vs. *Möbelstück* und *Gartentisch*), die ein Vorstellungsbild ermöglichen.

Bedeutung: mentale Einheit, die an sprachlichen Ausdruck geknüpft ist und bestimmte konzeptuelle Informationen repräsentiert. Jede Bedeutung ist ein Konzept, aber nicht jedes Konzept eine Bedeutung.

Bedeutungsfeld: ist eine andere Bezeichnung für semantisches Feld und bezeichnet eine Menge von Wörtern, die Ähnlichkeiten in der Bedeutung aufweisen und im LZG eng verknüpft miteinander abgespeichert sind (s. Priming-Experimente und Wortfeld).

Bedeutungskonstitution: Prozess, in dem aktuelle Bedeutung einer Äußerung erstellt wird.

Bedeutungsrelationen: (s. Sinnrelationen).

Bedeutungswandel: Prozess, in dem Bedeutungen von Wörtern enger oder weiter werden (vgl. mhd. *frouve* und heutiges *Frau, wip* und *Weib*); wird in der diachronen Sprachwissenschaft untersucht.

Begriff (s. Konzept): ist der im deutschsprachigen Raum z. T. benutzte Terminus für mentale Informationseinheiten, die in der Interaktion mit der Umwelt durch Abstraktion und Klassifikation entstehen.

Behaviorismus: ist eine psychologische Richtung, die Anfang des 20. Jahrhunderts dominant war. Im Behaviorismus ist nur das Beobachtbare Gegenstand wissenschaftlicher Untersuchungen. Geistige Strukturen und Prozesse fallen in den Bereich der Blackbox und entziehen sich einer objektiven, mit naturwissenschaftlichen Methoden messbaren Untersuchung.

binär: Zweiteilung; in der semantischen Merkmaltheorie arbeitet man mit binären Merkmalen (z. B. +/- belebt).

Cortex: derjenige Teil des Gehirns, der neuronal primär für die geistigen Leistungen des Menschen verantwortlich ist.

Defaults: Standardannahmen über Gegenstände, Sachverhalte usw. (z. B. ‚jedes Gesicht hat eine Nase'). Bei Schema- und Skriptaktivierung: Besetzung einer Rolle mit einem typischen Objekt. Z. B. wird im Skript SUPPE ESSEN als Default angenommen, dass die Nahrungsaufnahme mit einem Löffel (und nicht mit einem Strohhalm) erfolgt.

Deixis: kontextabhängige Bezugnahme auf Aspekte der Sprechsituation (z. B. *hier, heute, ich* ...). Man unterscheidet Personen-, Raum- und Zeitdeixis.

dekomponieren: Bedeutungen in kleinere Bestandteile (Merkmale, Seme) zerlegen (Nomen: Dekomposition).

Denotation: mit diesem Terminus bezeichnet man die Grundbedeutung eines Wortes. Diese legt das Referenzpotenzial fest. Oft haben Wortbedeutungen aber auch zusätzliche, emotional gefärbte Informationen (s. Konnotationen).

Disjunktion: logische Formel für Sätze, die mit dem Junktor v (oder) verbunden sind.

Diskursreferenten: Platzhalter für Individuen in Diskursrepräsentationsstrukturen oder Diskursnetzwerken. S. auch Textreferent.

Diskursrepräsentationsstruktur: aus einem deklarativen Text erstellte semantische Struktur, der Wahrheitswerte zugeordnet werden. Der Skopus von Variablen wird durch Rechtecke (boxes) veranschaulicht.

DRS: Abkürzung für Diskursrepräsentationsstruktur.

Ebene der Kategorisierung, horizontale: betrifft die Binnenstruktur von Konzeptkategorien, d. h. die Organisation auf einer Abstraktionsstufe (so sind Veilchen, Nelke, Aster etc. Vertreter von BLUME, Mikado, Schach, Ringelrein Vertreter von SPIEL), s. Ebene der Kategorisierung, vertikale.

Ebene der Kategorisierung, vertikale: betrifft die hierarchische Ordnung von Konzepten (so sind PFLANZE, BLUME, ROSE unterschiedlichen Abstraktionsstufen zuzuordnen und stehen – von unten nach oben betrachtet – in der Relation der Inklusion), s. Ebene der Kategorisierung, horizontale.

Elaboration: Anreicherung einer referenziell unterspezifizierten Sequenz durch konzeptuelles Wissen.

Ereignissemantik: Semantik, in der die Extension eines Satzes ein Ereignis ist, kein Wahrheitswert.

Ereignistyp: in der Situationssemantik ein Ereignis mit Variablen. Werden alle Variablen verankert, entsteht eine Situation oder ein Ereignis.

Evaluierung: Bewertung von Gegenständen und Sachverhalten.

Existenzpräsupposition: die bei einem Satz und bei seinem kontradiktorischen Gegenteil vorausgesetzte Annahme, dass alle erwähnten Referenten existieren. (*Der König hat eine Glatze/hat keine Glatze*: präsupponiert ‚Es gibt einen König‘).

Extension: die Menge aller Referenten, die von einem Ausdruck bezeichnet werden können; (in formaler Logik:) von Termen: die Individuen, auf die diese Terme referieren; von Prädikaten: Mengen von Individuen, auf die das Prädikat zutrifft; von Sätzen: Wahrheitswerte.

Extensionalisator: Wandelt eine intensionale Interpretation in eine extensionale Interpretation um.

Funktion: ordnet jedem Element des Definitionsbereichs genau ein Element des Wertebereichs zu. Kann auch durch folgende Schreibweise dargestellt werden: $<x, y>$. Das ist dasselbe wie $f(x) = y$.

Funktion, partielle: Funktion, die nur für einen Teilbereich des Definitionsbereichs definiert ist.

Hemisphäre: Hirnhälfte.

Homonymie: lexikalische Mehrdeutigkeit. Bei gleicher Ausdrucksform (z. B. *Futter*) liegen unterschiedliche Bedeutungen (‚Futter für Tiere‘ vs. ‚Futter in Kleidungsstücken‘) mit unterschiedlicher etymologischer Herkunft vor.

Hyperonym: Oberbegriff (*Tier* ist Hyperonym von *Katze*).

Hyponym: Unterbegriff (*Katze* ist Hyponym zu *Tier*).

Hyponymie/Hyperonymie: semantische Relation (Unter- bzw. Überordnung) z. B. zwischen *Blume* und *Rose*.

Implikation: semantisch Implizites (auch: konventionelle Implikatur); in formaler Semantik: logische Formel für Sätze, die durch den Junktor → (wenn-dann) verbunden sind.

Implikaturen: implizite konversationelle Bedeutungen (pragmatische Andeutungen), etwas Gemeintes, aber nicht explizit Ausgedrücktes, die sich in der Gesprächssituation ergeben können. S. auch indirekte Sprechakte.

Inferenzen: Schlussfolgerungen, die auf allgemeinem Weltwissen basieren.

Inkompatibilität: semantische Unverträglichkeit zwischen Wörtern und Sätzen (s. Antonymie und Kontradiktion).

Intension: s. auch Denotation; (in formaler Semantik): Funktion, die einem Ausdruck die Extensionen dieses Ausdrucks in allen möglichen Welten zuordnet.

Intensionalisator: Operator, der aus einer Extension eine Intension erzeugt.

Jota-Operator: in der Prädikatenlogik ein Operator, der aus einer Kennzeichnung eine Individuenkonstante erzeugt. Dient zur Formalisierung von definiten Kennzeichnungen. Formel: ι x K (x).

Junktor: Operator, der elementare Sätze zu komplexen Aussagen verknüpft (&, v, →, ¬ ...).

Kategorialgrammatik: Grammatiksystem mit parallelem Aufbau von Syntax und Semantik. Basiskategorien sind Eigenname (oder NP) und Satz, alle anderen Kategorien werden als Funktoren aus diesen beiden Kategorien definiert.

Kategorie, semantische: ein Konzept, das Informationen über eine Klasse von Gegenständen (Phänomenen) repräsentiert (z. B. die Kategorie BAUM); (s. Type-Konzepte).

Kognition: ist der Sammelbegriff für alle geistigen Strukturen und Fähigkeiten, über die ein Mensch verfügt.

Kohyponymie: semantische Relation zwischen Wörtern mit gleichem Hyperonym (*Rose, Tulpe, Nelke* sind Kohyponyme zu *Blume*).

Kompetenz, kommunikative (pragmatische): ist die soziale Fähigkeit, die sprachlichen Kenntnisse situationsadäquat und hörerorientiert anzuwenden.

Kompetenz, sprachliche: bezeichnet die Fähigkeit des Menschen, Sprache zu produzieren und zu verstehen. Die repräsentationale Kompetenz ist das im LZG gespeicherte Kenntnissystem Sprache mit seinen Subsystemen Phonologie, Morphologie, Syntax und Semantik. Die prozedurale Kompetenz involviert die Fähigkeit, diese Kenntnisse zu aktivieren und zu benutzen.

Komposita (Sg.: Kompositum): komplexe Wörter, die aus mindestens zwei eigenständigen Wörtern zusammengesetzt sind (z. B. *Winterkleid, Sahnetorte*).

Konjunktion: logische Formel für Sätze, die durch den Junktor & (und) verbunden sind.

Konnotationen: sind emotionale, oft pejorative Zusatzinformationen einer Wortbedeutung (vgl. *Penner, Bulle* vs. *Obdachloser, Polizist*). Konnotationen sind in einer Sprachgemeinschaft bekannt und intersubjektiv (anders als die Assoziationen, die individuell entstehen).

Konsequens: zweiter Teil einer Implikation (Dann-Teil).

Kontext: die situative Umgebung einer sprachlichen Äußerung (die durch Sprecher, Hörer, deren Relation, Zeit, Raum/Ort bestimmt wird).

Kontext, kognitionsinhärenter: die mentale Umgebung eines Lexems im Langzeitgedächtnis, d. h. sein konzeptueller Skopus (*ermorden* z. B. hat die Bedeutung ‚x tötet y mit Absicht') im LZG ist eng an diese semantische Verbinformation geknüpft, aber zusätzlich sind noch Informationen über Begleitumstände (mit Pistole, Gift ...), Motive (aus Habgier, Eifersucht ...), Konsequenzen (Polizei ermittelt ...) abgespeichert.

Kontradiktion:
1. komplexer Satz, der immer falsch ist (z. B. p & ¬i p); (s. Tautologie).
2. semantische Relation des Gegensatzes bei Wörtern (z. B. zwischen *tot* und *lebendig, ledig* und *verheiratet*).
3. semantische Relation zwischen Sätzen, bei denen sich aus der Wahrheit des einen die Falschheit des anderen ergibt und umgekehrt.

konträr: semantische Relation zwischen Sätzen, die zusammen falsch sein können, aber nie zusammen wahr sind.

Konzept (z. T. auch Begriff genannt): ist eine mentale Informationseinheit, in der wir Wissen über die Welt abspeichern; (s. Token- und Type-Konzepte).

Koreferenz: wenn mit mehreren Ausdrücken auf ein und denselben Referenten Bezug genommen wird (z. B. mit *der Sieger von Austerlitz* und *der Verlierer von Waterloo* auf Napoleon).

Kotext: die sprachliche Umgebung eines Ausdrucks (z. B. stellen *Der* und *sieht sich um* den Kotext für *Mann* in dem Satz *Der Mann sieht sich um.* dar).

KZG (Kurzzeitgedächtnis): ein Gedächtnisspeicher, der zeitlich auf wenige Sekunden und kapazitär auf 7–9 Einheiten begrenzt ist.

Lambda-Abstraktion: Operation in der Logik, bei der aus Sätzen Wortbedeutungen abgeleitet werden können.

Lambda-Konversion: Ersetzung einer Variablen in einer Lambda-Formel durch eine Konstante. Gegenteil von Lambda-Abstraktion.

Lexem: Wort als Eintrag im mentalen Lexikon.

Lexikon, mentales: Teil des LZG, in dem alle Informationen über die Wörter einer Sprache gespeichert sind. Diese Informationen sind in Form von sogenannten Lexikoneinträgen repräsentiert.

Logik, dreiwertige: Logik mit drei Wahrheitswerten (w, f, u), in der das tertium non datur (jeder Satz ist entweder wahr oder falsch) nicht gilt.

Lücke, lexikalische: wenn für einen bestimmten Sachverhalt kein spezifisches Wort im Wortschatz einer Sprache existiert (z. B. für nicht-mehr-durstig-sein; vs. *hungrig – satt*).

LZG (Langzeitgedächtnis): Gedächtnisspeicher, in dem all unser Wissen langfristig gespeichert ist.

mental: ein anderer Terminus für geistig und kognitiv.

Merkmal, semantisches (s. auch Sem): kleinster, nicht weiter zu analysierender Grundbestandteil von Bedeutungen (z. B. ‚Lebewesen‘ und ‚sprachfähig‘ bei *Mensch*).

Merkmaltheorie, semantische: Ansatz, der Bedeutungen als Bündel von Merkmalen beschreibt; kategorisiert Bedeutungen als in systematischen Beziehungen zu anderen Bedeutungen stehende Einheiten.

Meronymie: Teil-Ganzes-Beziehung (Nase ist Teil von Gesicht, Lenkrad ist Teil von Auto).

Metapher: eine besondere Form des nicht-wörtlichen Gebrauchs eines Ausdrucks in einer bestimmten Kommunikationssituation (z. B. *Die Frau ist ein Atomreaktor*); Relation zwischen zwei unterschiedlichen Konzepten wird etabliert: *Frau* (Zielkonzept) wird qua Analogie charakterisiert durch *Atomreaktor* (Ursprungskonzept) als ‚gefährlich, impulsiv, aggressiv‘.

Metasprache: Sprache, die auf Sprache Bezug nimmt, z. B. „*Blume* (= das Wort Blume) hat fünf Buchstaben“, im Ggs. zu Objektsprache: „Eine Blume ist eine Pflanze“.

Modul: in sich abgeschlossene Funktionseinheit.

Modularität: funktionale Aufteilung in autonome Areale bzw. Prozessoren. Man geht in einigen Sprachtheorien davon aus, dass die Sprache ein modular strukturiertes Kenntnissystem ist, das nach eigenen Prinzipien aufgebaut ist.

paradigmatisch: Einheiten, die miteinander austauschbar sind und an der gleichen Stelle in einem Syntagma eingesetzt werden können (z. B. alle Nomen, die Tiere bezeichnen oder alle Adjektive, die auf Sinneseigenschaften referieren); eine Menge von sprachlichen Ausdrücken mit gemeinsamen Merkmalen steht zueinander in einer paradigmatischen Beziehung.

Perspektivierung: spezifische Referenzialisierung von Sachverhalten aufgrund subjektiver Sichtweise.

Perzepte: Wahrnehmungseinheiten, die für uns den Status realer, objektiv existierender Einheiten haben.

Polysemie: lexikalische Mehrdeutigkeit. Ein Ausdruck weist mehrere, voneinander abgeleitete Bedeutungen auf (z. B. *Birne* i. S. v. Frucht, Glühbirne, Kopfform).

Prädikatenlogik: Formale Logik zur Beschreibung der inneren Struktur von Aussagesätzen.

Präsupposition: In der Logik eine Redevoraussetzung, die bei einem Satz und seiner Negation gilt; (s. Existenzpräsupposition).

Priming-Experimente: zeigen, dass bedeutungsähnliche Wörter offensichtlich zusammen im LZG abgespeichert sind und in Verarbeitungsprozessen mitaktiviert werden (z. B. Prime: *Krankenschwester*; Zielwort: *Krankenhaus*; *Krankenhaus* wird schneller verstanden als z. B. *Baum*).

Prototyp: mentale Repräsentation des typischen Vertreters einer bestimmten Konzeptkategorie (z. B. ROTKEHLCHEN (und nicht HUHN) als typischer Vertreter für die Kategorie VOGEL in unserer Kultur). Merkmalorientiert ist der Prototyp das Konzept, das eine Kategorie durch typische Merkmale besonders gut repräsentiert.

Quantor, generalisierter: Interpretation einer (quantifizierten) NP oder eines Eigennamens als Menge von Eigenschaften.

Referenten: sind die (außersprachlichen) Gegenstände, auf die wir im Referenzakt Bezug nehmen. S. auch Textreferent.

Referenz: benennt die Relation zwischen sprachlichen Ausdrücken und außersprachlichen Gegenständen (im weitesten Sinn), die von Sprechern/Hörern im Prozess der Referenzialisierung etabliert wird.

Relation, semantische: Beziehung, die zwischen Bedeutungen besteht (z. B. Relation der Überordnung bei *Rose, Blume* und *Pflanze*).

Relativitätsprinzip, sprachliches: These, dass die Sprache unser Denken und Wahrnehmen determiniert (auch: Sprachdeterminismus).

Repräsentation: die Art und Weise, wie Informationen gespeichert werden.

Rollen, thematische: semantische Funktionen der Argumente als Agens, Experiencer usw.

Schemata: sind komplexe Wissenseinheiten im LZG, die Informationen über Bereiche unserer Umwelt auf eine organisierte Weise abspeichern (z. B. AUTO-Schema, HAUS-Schema); (s. auch Skripts).

Selektionsbeschränkungen: regeln die Verknüpfbarkeit sprachlicher Einheiten zu semantisch sinnvollen Phrasen und Sätzen (*essen* involviert eine Agens-Rolle (jemand isst) und eine Objekt-Rolle (etwas wird gegessen)).

Sem: kleinste semantische Einheit (s. Merkmal).

Semantik, kognitive: Teildisziplin der Kognitiven Linguistik; beschäftigt sich mit der Schnittstelle von semantischem und konzeptuellem System sowie der Repräsentation und Verarbeitung von Wort-, Satz- und Textbedeutungen.

Semantik, linguistische: Teildisziplin der Linguistik, die sich mit den Bedeutungen sprachlicher Ausdrücke beschäftigt.

Sinnrelationen: Beziehungen zwischen den Bedeutungen von Wörtern (s. Bedeutungsrelationen, semantische Relation).

Situation: Grundbegriff der formalen Situationssemantik. Formalisiert werden nur die sogenannten abstrakten Situationen, die als Funktion von einem raumzeitlichen Gebiet zu einem Situationstyp aufgefasst werden. Ein Situationstyp ist eine partielle Funktion von Relationen mit ihren Argumenten zu Wahrheitswerten.

Situationssemantik: Semantik, die als Referenz eines Satzes die beschriebene Situation und nicht den Wahrheitswert annimmt.

Skopus: Bereich, in dem eine Variable gebunden ist. Wird in der Prädikatenlogik durch Klammern angezeigt.

Skripts: sind dynamische Schemata in unserem LZG, die standardisierte Handlungsabfolgen repräsentieren (z. B. BESUCH EINES RESTAURANTS, ARZTBESUCH).

Sprechakte: verbale Handlungen; direkte Sprechakte: Der Sprecher sagt x und meint auch x (*Mach sofort das Fenster zu!*); indirekte Sprechakte: Der Sprecher sagt x, meint aber y. (*Es zieht doch mächtig hier im Raum.*) Der Hörer muss das tatsächlich Gemeinte implikatieren (s. Implikatur)

Stereotyp: mentale Repräsentation von zumeist Menschen(gruppen) durch einige festgelegte Merkmale; Stereotype sind die Basis von Vorurteilen.

Subkategorisierungsregeln: legen die syntaktische Umgebung lexikalischer Einheiten fest (*essen* verlangt mindestens ein grammatisches Argument in der Subjektposition).

subkonträr: semantische Relation zwischen Sätzen, die zusammen wahr, aber nie zusammen falsch sein können.

Synchronie: Ansatz in der Linguistik, der sich mit Sprachzuständen beschäftigt; die Diachronie analysiert Sprachwandelprozesse und historische Phänomene.

Synonymie: Bedeutungsgleichheit (z. B. bei *Orange* und *Apfelsine*, *anfangen* und *beginnen*).

syntagmatisch: lineare Abfolge von sprachlichen Ausdrücken (z. B. bildet der Satz *Die Katze schnurrt behaglich* ein Syntagma).

Tautologie: komplexer Satz, der immer wahr ist. Gegenteil von Kontradiktion.

Textreferent: die geistige Repräsentation eines sprachlich benannten Referenten.

Textweltmodell (TWM): die mentale Repräsentation von Sachverhalten, auf die in einem Text referiert wird. Das TWM entsteht während der Textrezeption, indem Textinformationen durch konzeptuelles Wissen ergänzt werden (s. auch Elaboration und Unterspezifikation).

Token-Konzepte: repräsentieren Informationen über individuelle, partikulare Gegenstände (z. B. das Konzept über meinen Studenten Manfred C. aus dem Pro-Seminar Ib, WS 1991/92); (s. Type-Konzepte).

Transparenz, semantische: betrifft die Interpretierbarkeit komplexer Wörter wie *Haustürschloss*. Bei semantisch transparenten Komposita lässt sich die Bedeutung aus den Bedeutungen der einzelnen Komponenten erschließen (vgl. dagegen *Scheinheiligkeit*).

Type-Konzepte: repräsentieren Informationen über eine ganze Klasse von Gegenständen, Sachverhalten usw. (z. B. über die Klasse STUDENT).

Unterspezifikation, referenzielle: wenn nicht alle Informationen versprachlicht werden, die für die Referenzialisierung und den Aufbau eines Textweltmodells benötigt werden.

Valenz: gibt an, wie viele Leerstellen ein Wort eröffnet (s. Argument; Selektionsbeschränkungen; Subkategorisierungsregeln).

Wahrheitswertetafel: Verfahren in der Aussagenlogik zur Berechnung der Wahrheitswerte einer komplexen Formel aus den möglichen Kombinationen der Wahrheitswerte der einfachen Formeln.

Welten, mögliche: alternative Modelle zur aktuellen Welt/Situation. Meist durch die Menge der Propositionen, die in ihr Gültigkeit haben, definiert, aber nie ausformuliert.

Weltwissen (auch: enzyklopädisches, konzeptuelles Wissen): unser gesamtes, im LZG gespeichertes Wissen über Personen, Objekte, Sachverhalte, Situationen, Handlungen usw.

Wort: grundlegende Kommunikationseinheit der Sprache, die morphologisch einfach (*gut*) oder komplex (*gutmütig*) sein kann; besteht aus Inhalt (Bedeutung) und Ausdruck. Es gibt sogenannte Inhaltswörter wie *Baum*, *Kuh* und grammatische Wörter wie *in*, *zu*, *weil*. Wörter sind sprachliche Zeichen.

Wortfeld: stellt eine Menge von Wörtern der gleichen Wortart dar, die sich semantisch ähnlich sind (z. B. Notenbezeichnungen, Farbwörter, Wahrnehmungsverben).

Zeichen: besteht aus zwei Komponenten: Inhalt und Ausdruck. Mit sprachlichen Zeichen können wir referieren, d. h. auf unsere Umwelt Bezug nehmen.

Monika Schwarz-Friesel

Sprache und Emotion

UTB M
2., aktualisierte und erweiterte Auflage 2013
XIV, 410 Seiten
€[D] 24,99/SFr 34,70
ISBN 978-3-8252-4039-4

Emotionen sind für das menschliche Leben und Erleben konstitutive Phänomene: Sie bestimmen maßgeblich unsere Bewusstseins-, Denk- und Handlungsprozesse. Mittels der Sprache werden Emotionen ausgedrückt und benannt, geweckt, intensiviert oder generiert. Das vorliegende Buch zeigt, wie vielfältig die sprachlichen Möglichkeiten sind, unserer Gefühlswelt Ausdruck zu verleihen. Emotion wird zunächst als mehrdimensionales Kenntnis- und Bewertungssystem definiert und es wird ein integrativer Ansatz vorgestellt, demzufolge Sprache, Kognition und Emotion relevante Schnittstellen haben. Anhand innovativer Fallstudien werden die textuellen Manifestationen zentraler Gefühle erörtert, die eine besonders intensive Symbiose von Emotion und Sprache aufweisen: Angst, Trauer, Liebe, Verzweiflung und Hass.

Die Neuauflage wurde ergänzt und umfassend aktualisiert.

JETZT BESTELLEN!

Narr Francke Attempto Verlag GmbH+Co. KG • Dischingerweg 5 • D-72070 Tübingen
Tel. +49 (07071) 9797-0 • Fax +49 (07071) 97 97-11 • info@francke.de • **www.francke.de**